सुधाकंठ भूपेन हाजरिका

जीवन और गीत

सुधाकंठ भूपेन हाजरिका
जीवन और गीत

योजना एवं सम्पादन
डॉ. रीतामणि वैश्य

वाणी प्रकाशन
प्रकाशन के उत्कृष्टतम 62 वर्ष

सजिल्द पहला संस्करण : 2025

vaniprakashan.com

वाणी प्रकाशन

4695, 21-ए, दरियागंज, नयी दिल्ली-110 002

फ़ोन : + 91 11 23273167, 23275710

शाखाएँ

अशोक राजपथ, पटना-800 004, बिहार

कॉफ़ी हाउस कैम्पस, महात्मा गांधी मार्ग, प्रयागराज-211 001, उत्तर प्रदेश

महात्मा गांधी अन्तरराष्ट्रीय हिन्दी विश्वविद्यालय, वर्धा-442 001, महाराष्ट्र

sales@vaniprakashan.in

vaniprakashan@gmail.com

Sudhakantha Bhupen Hajarika : Jeevan Aur Geet

Planned Edited by Dr. Rita Moni Baishya

ISBN : 978-93-7112-864-3

Criticism

मूल्य : ₹ 695

आर. टेक ऑफ़सेट, दिल्ली-110 032 में मुद्रित

वाणी प्रकाशन का लोगो मक़बूल फ़िदा हुसैन की कूची से

प्राक्कथन

भूपेन हाजरिका असमीया जातीय जीवन के बड़े नायक हैं। हाजरिका शंकरदेव और माधवदेव के बाद असमीया साहित्य एवं संस्कृति को शसक्त रूप से नेतृत्व देनेवाले विरल व्यक्तित्व के अधिकारी पुरुष हैं। भूपेन हाजरिका पर हिन्दी में लिखा गया यह पहला ग्रन्थ है। इस ग्रन्थ में भूपेन हाजरिका के व्यक्तित्व एवं कृतित्व के बहुरंगी आयाम पर प्रकाशित डालने का प्रयास किया गया है। भूपेन हाजरिका की ख्याति का मूलाधार हैं उनके गीत। उनके गीतों के सुमधर रस की धारा असमीया लोगों के हृदय में निरंतर प्रवाहमान है। भूपेन हाजरिका असमीया लोगों के नस-नस में समाये हुये हैं। इतना ही नहीं हमारे देश और विदेशों में भी उनके गीत बहुत अधिक समादृत हैं। इसीलिए हाजरिका के कुछ चुने हुए कालजयी गीतों का हिन्दी अनुवाद भी किया गया है। भूपेन हाजरिका पर मामणि रयछम गोस्वामी और अवनी कुमार भागवती द्वारा लिखी गयी दो कविताओं के अनूदित रूप भी यहाँ संकलित हैं।

भूपेन हाजरिका के अमृत कंठ से एक ओर असम तथा पूर्वोत्तर के शेष राज्यों की रंग बिरंगी सांस्कृतिक विविधता मुखरित हुई है, तो दूसरी ओर पीड़ित, शोषित, वंचित जनता की अनुभूति को वाणी मिली है। असमीया भाषा के इन अमर गीतों के अनुवाद में यह ध्यान दिया गया है कि इन्हें हिन्दी में भी मूल संवेदना के साथ मूल सूर में गाया जा सके।

यह ग्रन्थ इन लेखकों की ओर से भारत-रत्न भूपेन हाजरिका के प्रति भावभीनी श्रद्धांजलि है।

ग्रन्थ में आवश्यकतानुसार हाजरिका के गीतों की पंक्तियों का लिप्यंतरण किया गया है। असमीया भाषा में 'स' उच्चारणवाले दो वर्ण हैं–'च' और 'छ'। असमीया भाषा में 'स' के लिए कोमल 'ह' का उच्चारण होता है। असमीया के 'स', 'च' और 'छ' इन तीनों वर्णों के लिए हिन्दी लिप्यंतरण में क्रमशः 'स', 'च' और 'छ' रखे गये हैं। हिन्दी भाषा के 'य' वर्ण के लिए असमीया भाषा में दो वर्ण चलते

हैं–एक का उच्चारण 'य' ही है और दूसरे का उच्चारण 'ज' होता है। असमीया 'य' के लिए हिन्दी में भी 'य' रखा गया है। असमीया 'य' के 'ज' वाले उच्चारण के लिए लिप्यंतरण में 'य़' रखा गया है।

डॉ. रीतामणि वैश्य
गौहाटी विश्वविद्यालय गुवाहाटी, असम
22.5.2022

अनुक्रम

भूपेन हाजरिका का जीवन और कर्म

डॉ. संजीव मंडल

जीवनवृत्त

किसी रचनाकार को समझने के लिए उनके जीवनवृत्त को जानना ज़रूरी होता है। उसके जीवन में घटी घटनाओं को जानकर हम उसकी रचनाओं को बेहतर तरीक़े से समझ और मूल्यांकित कर सकते हैं। भूपेन हाजरिका एक गीतकार, संगीतकार, फ़िल्म निर्देशक, पटकथा लेखक, समाजसेवी, राजनीतिज्ञ सभी कुछ थे। उनको 2019 में मरणोपरान्त भारत के सर्वोच्च नागरिक सम्मान भारत-रत्न से सम्मानित किया गया था।

जन्म और शिक्षा जीवन

भूपेन हाजरिका का जन्म असम की शदिया नामक स्थान में 1926 ई. के 8 सितम्बर को शान्तिप्रिया हाजरिका के गर्भ से हुआ था। उनके पिता का नाम नीलकान्त हाजरिका था। नीलकान्त हाजरिका शदिया के एक एम.ई. स्कूल में कार्यरत थे। भूपेन हाजरिका अपने माता-पिता के ज्येष्ठ पुत्र थे। भूपेन हाजरिका के जन्म के चार साल बाद नीलकान्त हाजरिका को गौहाटी के कॉटन कॉलेजियट हाइस्कूल में नौकरी मिली और वे सपरिवार गौहाटी आ गये। गौहाटी के भरलुमुख में वे एक तरह से अपने ससुराल में ही रहने लगे।

भूपेन हाजरिका ने प्रारम्भिक शिक्षा घर पर ही प्राप्त की। 1933 ई. में उन्हें भरलुमुख के सोणाराम स्कूल में तीसरी कक्षा में दाख़िला दे दिया गया। 1935 ई. में नीलकान्त हाजरिका असम के धुबुरी के विद्यालयों के उप-निरीक्षक के पद का कार्यभार ग्रहण करने धुबुरी चले गये। वहाँ भूपेन हाजरिका को धुबुरी के प्राइमरी

स्कूल में दाख़िला दे दिया गया। कुछ ही दिनों बाद नीलकान्त हाजरिका डिप्टी कलेक्टर होकर सपरिवार तेजपुर चले गये। तेजपुर में भूपेन हाजरिका को छठी कक्षा में दाख़िला दे दिया गया। 1940 ई. में भूपेन हाजरिका ने दसवीं की परीक्षा पास की। उसके बाद वे आगे की पढ़ाई के लिए गौहाटी के कॉटन कॉलेज में आये।

कॉटन कॉलेज में जब वे पढ़ रहे थे, उस समय उन्हें बाणीकान्त काकति, सूर्य्य कुमार भूँञा, बिरिंचि कुमार बरुवा जैसे कृति शिक्षकों से सीखने का अवसर प्राप्त हुआ था। 1942 ई. में भूपेन हाजरिका ने आई.ए. की परीक्षा उत्तीर्ण की। इस समय भारतीय स्वतन्त्रता आन्दोलन देश के कोने-कोने में व्याप्त हो चुका था। आम लोगों के साथ-साथ शिक्षकों एवं छात्रों ने भी इस आन्दोलन में भाग लेना आरम्भ कर दिया था। इसी कारण शैक्षिक वातावरण ख़राब हो गया था। भारतीय स्वतन्त्रता आन्दोलन के साथ-साथ द्वितीय विश्वयुद्ध का प्रभाव भी असम पर पड़ने लगा था। असम के भिन्न-भिन्न स्थानों में छावनी डालने के साथ ही कॉटन कॉलेज में भी अंग्रेज़ सेना ने छावनी डाल दी थी। भूपेन हाजरिका के पिता को यह भय हुआ कि उनके बेटे का एक शैक्षिक वर्ष नष्ट हो जायेगा। इसी कारण उन्होंने भूपेन हाजरिका को आगे की पढ़ाई के लिए बनारस हिन्दू विश्वविद्यालय भेज दिया। उस समय असम से बहुत सारे छात्र बनारस हिन्दू विश्वविद्यालय दाख़िले के लिए पहुँचे थे। इस कारण भूपेन हाजरिका को पहले दाख़िला लेने में कठिनाई का सामना करना पड़ा। परन्तु वे निराश नहीं हुए और विश्वविद्यालय के उप-कुलपति डॉ. सर्वपल्ली राधाकृष्णन से मिलकर अपनी समस्या उनके सामने रखी। उप-कुलपति ने भूपेन हाजरिका के आवेदन को मंजूर करने का आदेश दिया। उनके आदेशानुसार भूपेन हाजरिका को दर्शन विषय में ऑनार्स के साथ बी.ए. में दाख़िला मिल गया।

राजनीति विज्ञान भूपेन हाजरिका का एक प्रिय विषय था। इसी वजह से वे उस समय की लोकप्रिय भिन्न-भिन्न राजनीतिक विचारधाराओं से परिचित हुए। बनारस में शिक्षा के दौरान मदनमहोन मालवीय, उप-कुलपति सर्वपल्ली राधाकृष्णन जैसे प्रसिद्ध विद्वानों से उन्हें बहुत कुछ सीखने को मिला। बनारस में रहते समय भूपेन हाजरिका चित्रकला के प्रति आकर्षित हो गये थे। इसी दौरान उन्होंने प्रसिद्ध रणदाचरण वकील के 'स्कूल ऑफ़ आर्ट्स' नामक चित्रांकन विद्यालय में दाख़िला लिया। इस समय भूपेन हाजरिका ने बहुत से सुन्दर चित्र भी बनाये थे। पर संरक्षण के अभाव में वे सभी नष्ट हो गये। 1946 ई. में भूपेन हाजरिका ने राजनीति विज्ञान विषय में स्नातकोत्तर डिग्री प्राप्त की। भूपेन हाजरिका उस साल बनारस हिन्दू

विश्वविद्यालय से स्नातकोत्तर उत्तीर्ण होने वाले कनिष्ठतम छात्र थे। केवल बीस वर्ष की आयु में भूपेन हाजरिका ने एम.ए. की डिग्री प्राप्त की। उन्होंने हार्डिंग विश्वविद्यालय के आर्ल लॉ कॉलेज में भी दाख़िला लिया था। परन्तु घर की कमज़ोर आर्थिक अवस्था के कारण पढ़ाई जारी नहीं रख पाये। 1949 ई. में तत्कालीन असम के मुख्यमंत्री लोकप्रिय गोपीनाथ बरदलै के अनुग्रह पर असम सरकार से छात्रवृत्ति लेकर वे कोलम्बिया विश्वविद्यालय में जनसंचार विषय में शोध करने गये। भूपेन हाजरिका राजनीति विज्ञान विषय में एम.ए. उत्तीर्ण होकर शोध के लिए गये थे फिर भी उन्हें जनसंचार विषय में एम.ए. करके शोध करना पड़ा। उनके शोध का विषय था–'Role of Mass Communication in India's Adult Education' ('भारत की प्रौढ़ शिक्षा में जनसंचार की भूमिका') और शोध के निर्देशक थे डॉ. पॉल विट और डॉ. ब्रांड स्टेटर नामक अमेरिका के दो मसहूर विद्वान। इसके साथ ही भारत के भूतपूर्व राष्ट्रपति डॉ. जाकिर हुसैन ने भी भूपेन हाजरिका के निर्देशक के तौर पर मदद की थी। इस प्राकर अन्त में 1952 ई. में भूपेन हाजरिका ने कोलम्बिया विश्वविद्यालय से पीएच.डी. डिग्री प्राप्त की। 1949 ई. में न्यूयॉर्क में रहते समय भूपेन हाजरिका ने भारतीय छात्र संस्था के मुखपत्र 'न्यू इण्डिया' के सम्पादन का सुअवसर भी प्राप्त किया था। न्यूयॉर्क में इन सबके आलावा भी भूपेन हाजरिका ने विभिन्न क्षेत्रों में प्रतिभा के विकास का अवसर प्राप्त किया था। उनमें से पॉल रॉबसन के 'जेकारसन स्कूल ऑफ़ सोसियल साइंस' से जुड़ना, Prang Education Centre में एकल चित्र प्रदर्शनी का आयोजन, Art Student League से जुड़ना, भारतीय लोकसंगीत कार्यक्रम में हिस्सा लेकर एलिना रुजवेल्ट से स्वर्ण पदक प्राप्त करना आदि उल्लेखनीय हैं। जनसंचार में एम.ए. करते वक्त भूपेन हाजरिका ने न्यूयॉर्क में टी.वी. में पहली बार कार्यक्रम करने का अवसर प्राप्त किया था।

कर्म जीवन

भूपेन हाजरिका एक पत्रकार बनना चाहते थे। परन्तु बनारस विश्वविद्यालय से शिक्षा समाप्त करके आने के बाद भूपेन हाजरिका को परिवार का दायित्व लेना पड़ा। इसीकारण 1946 ई. में भूपेन हाजरिका ने गौहाटी के संदिकै बालिका महाविद्यालय में प्रवक्ता के तौर पर नौकरी प्रारम्भ की। पर यौवन की मस्ती में मस्त छात्राओं के द्वारा भूपेन हाजरिका के द्वारा रचे गीतों का मज़ाक उड़ाये जाने पर उन्होंने प्रवक्ता की नौकरी छोड़ दी। कुछ दिन बाद बी. बरुवा कॉलेज के रात्रि शाखा में भूपेन

हाजरिका ने पुन: अध्यापन कार्य करना आरम्भ किया। पर सिर्फ़ छ: महीने बाद ही भूपेन हाजरिका ने उस नौकरी को भी छोड़ दिया। बी. बरुवा कॉलेज में नौकरी करते वक्त भूपेन हाजरिका की तनख्वाह सिर्फ़ 125 रुपये थी। यह बात जानकर सूर्य्य कुमार भूँञा ने महीने में 75 रुपये की वृत्ति देकर उन्हें पुरातत्त्व विभाग में शोधार्थी के तौर पर काम करने का अवसर दिया। उनका काम था हस्तलिखित पुस्तकों का वर्ग विभाजन करना और उन सब का अंग्रेज़ी में अनुवाद करना। 1948 ई. में 'ऑल इण्डिया रेडिओ' की दो शाखाएँ एक गौहाटी में और दूसरा शिलांग में स्थापित हुई। भूपेन हाजरिका ने शिलांग केन्द्र में प्रोग्राम एसिस्टेंट के तौर पर नौकरी की। उसी साल भूपेन हाजरिका ने सती बेउला और सिराज फ़िल्म में संगीत निर्देशक के तौर पर काम किया। सिराज फ़िल्म में उन्होंने अभिनय भी किया। उसके बाद दिल्ली में डेढ़ महीने के प्रशिक्षण के बाद उन्होंने गौहाटी के रेडिओ केन्द्र में प्रोग्राम एसिस्टेंट के तौर पर नौकरी की। नौकरी करते हुए उन्होंने कई मूल्यवान गीतों की रचना की। अकाशवाणी केन्द्र में नौकरी शुरू करने के डेढ़ साल बाद भूपेन हाजरिका ने अमेरिका के कोलम्बिया विश्वविद्यालय में शोध करने का सुअवसर पाकर नौकरी से अवकाश लिया।

बचपन से ही भूपेन हाजरिका बहुत मेहनती थे। इसीकारण जेब-ख़र्च निकालने के लिए अमेरिका में रहते वक्त इंटरनेशनल हाउस में एक घण्टा लिफ्ट चलाने का काम किया था। इस तरह वे प्रति घण्टा चार डॉलर कमा लेते थे। इसके साथ ही अमेरिका में रहते वक्त कभी सुइमिंगपुल के गुसलखाने में औरतों द्वारा छोड़ी गयी बिकिनियों को धूप में सूखने देने की नौकरी करने में भी उन्होंने कभी संकोच नहीं किया। भूपेन हाजरिका के लिए कोई काम छोटा-बड़ा नहीं था। इसीलिए वे समय नष्ट न करके जब जो काम मिल जाता था, कर लेते थे। अमेरिका में रहते वक्त विश्वविद्यालय की गर्मियों की छुट्टी में वे हॉलीवुड जाकर वहाँ फ़िल्म-सूटिंग में सहायता करने का काम भी करते थे। अमेरिका में रहते वक्त महीने में 100 डॉलर मेहनताने पर दस महीने के लिए राष्ट्रसंघ में काम करने का अवसर भी प्राप्त हुआ था।

1952 ई. में अमेरिका में शोधकार्य समाप्त करके भूपेन हाजरिका स्वदेश लौट आये। 1954 ई. में वे गौहाटी विश्वविद्यालय में प्रवक्ता के पद पर नियुक्त हुए। गौहाटी विश्वविद्यालय में नियुक्त होने से पहले उन्होंने 'डेपुटि डाइरेक्टर ऑफ़ फ़िल्म्स' का पद, पेरिस के एयर इण्डिया इंटरनेशनल के मास कमिउनिकेशन

ऑफ़िसर जैसे पद ठुकराए। मातृभूमि के प्रति अगाध प्रेम ही इसका कारण था। गौहाटी विश्वविद्यालय में उन्हें सप्ताह में तेरह क्लास लेनी पड़ती थी। 1954 ई. में ही भूपेन हाजरिका ने कोलकाता के ओवलिंटन स्कोयेर में गणनाट्य संघ के प्रथम प्रादेशिक सम्मेलन में संगीत का कार्यक्रम किया और पटना, मद्रास तथा मुम्बई में मघाइ ओजा के द्वारा ढोल का और अपना गीत का कार्यक्रम किया। इसके साथ ही हेमांग विश्वास के सहयोग में गौहाटी में भी गणनाट्य संघ का अधिवेशन आयोजित किया। 1955 ई. में दिल्ली में अनुष्ठित अन्तर विश्वविद्यालय युव महोत्सव में भूपेन हाजरिका के निर्देशन में गौहाटी विश्वविद्यालय ने श्रेष्ठ दल का सम्मान अर्जित किया।

1955 ई. के जून महीने में भूपेन हाजरिका रूस के हेलसिंकि में आयोजित विश्व शान्ति सन्मेलन में भारतीय दल के एक प्रतिनिधि के तौर पर हिस्सा लिया था। इसके लिए उन्होंने विश्वविद्यालय से 45 दिन की छुट्टी ली थी। पर उन्हें आने में तीन दिन अधिक लगे थे। तीन दिन देर से आने के कारण विश्वविद्यालय ने भूपेन हाजरिका के तीन दिन की तनख्वाह काट दी। इससे दु:खी होकर भूपेन हाजरिका ने प्रवक्ता का पद त्याग दिया। संगीत-सिनेमा और साहित्य-साधना को ही जीवन का व्रत मानकर 1955 ई. के अन्त की तरफ़ वे कोलकाता चले गये। विश्वविद्यालय की नौकरी छोड़ने का फैसला लेने के समय ही नटसूर्य फणी शर्मा ने उन्हें नव-निर्मित फ़िल्म पियली फूकन के संगीत निर्देशन का दायित्व दिया। कोलकाता आकर भूपेन हाजरिका ने स्वरचित एक कहानी को आधार बनाकर एक नयी असमीया फ़िल्म बनाने की परिकल्पना की। फ़िल्म का नाम 'एरा बाटर सुर' रखा गया। भूपेन हाजरिका ने जीवन में कई असमीया, बंगाली और हिन्दी भाषा में फ़िल्में बनायीं। साथ ही बहुत सी फ़िल्मों के संगीत निर्देशन का दायित्व भी निभाया।

1977 ई. में भूपेन हाजरिका 9 सालों के लिए भारतीय चलचित्र के केन्द्रीय बोर्ड के सदस्य मनोनीत हुए। 1985 ई. में भूपेन हाजरिका को दूरदर्शन के जुरि बोर्ड के चेयरमेन का दायित्व दिया गया। उसी वर्ष उन्हें ऑल इण्डिया रेडियो के 'Emeritus Producer' के रूप में स्वीकृति मिली। 1985 ई. में ही भूपेन हाजरिका भारत के राष्ट्रीय फ़िल्म एवार्ड के जुरि बोर्ड के अध्यक्ष मनोनीत हुए। 1986 ई. में भूपेन हाजरिका जातीय स्तर पर दूरदर्शन के लिए चलचित्र ख़रीदने और चुनाव के लिए जो समिति बनी उसके सदस्य मनोनीत हुए। उसी साल चार साल के लिए फ़िल्म फाइनेंस कोर्पोरेशन (पूर्व भारत) के पटकथा समिति (Script Committee) के सदस्य और 1990 ई. में All India Film Development

Corporation Board of Directors (अखिल भारतीय फ़िल्म विकास निगम निदेशक मंडल) के सदस्य मनोनीत हुए। 1991 ई. में भूपेन हाजरिका राष्ट्रीय चलचित्र उन्नयन निगम और पुरस्कार समिति के 17 सदस्यीय जुरि के सदस्य मनोनीत हुए। उसी साल वे केरल के त्रिवेन्द्रम में आयोजित अन्तरराष्ट्रीय शिशु चलचित्र महोत्सव के उपलक्ष्य में चिलड्रेन फ़िल्म सोसाइटी के द्वारा गठित Board of Directors (निदेशक मंडल) के सदस्य मनोनीत हुए। 1994 ई. में वे कोलकाता में आयोजित भारत के अन्तरराष्ट्रीय चलचित्र महोत्सव के उपलक्ष्य में इण्डियन पेनोरामा शाखा के चलचित्र निर्वाचक मंडली के चेयरमेन और 2001 ई. में संगीत नाटक अकादमी के अध्यक्ष नियुक्त हुए। 2003 ई. में इलेक्ट्रोनिक प्रचार माध्यम के सर्वोच्च कर्तृपक्ष प्रसार भारती बोर्ड के सदस्य मनोनीत हुए थे।

दाम्पत्य जीवन

भूपेन हाजरिका जब कोलम्बिया विश्वविद्यालय में शोधकार्य कर रहे थे, तब उनका परिचय प्रियम्वदा पटेल नामक युवती से हुआ। प्रियम्वदा पटेल गुजरात की रहनेवाली थी और सरदार बल्लभभाई पटेल के परिवार की थी। वह कोलम्बिया विश्वविद्यालय में ही अन्तरराष्ट्रीय सम्पर्क (International Relations) विषय में एम.ए. कर रही थी। भूपेन हाजरिका को इस युवती से धीरे-धीरे प्रेम हो गया। इस प्रेम को परिणति देते हुए 1950 ई. में भूपेन हाजरिका और प्रियम्वदा पटेल ने विवाह कर लिया।

विवाह के तीन-चार दिन बाद ही प्रियम्वदा अपने पिता की कर्मस्थली उगाण्डा की राजधानी काम्पाला चली गयी। प्रियम्वदा और भूपेन हाजरिका को एक पुत्ररत्न की प्राप्ति हुई। उसका नाम उन्होंने रखा पुण्णाग वि हाजरिका। प्यार से सभी उसे 'तेज़' बुलाते थे। भूपेन हाजरिका का शोधकार्य समाप्त न होने तक पत्नी प्रियम्वदा पुत्र के साथ बरोदा के अपने पितृगृह में स्थायी रूप से रहने लगी।

भूपेन हाजरिका 1952 ई. में अपना शोधकार्य समाप्त कर भारत लौटे और सीधे बरोदा अपने पत्नी-पुत्र के पास गये। फिर उन्हें लेकर असम आ गये। गौहाटी विश्वविद्यालय की नौकरी छोड़ने के बाद पत्नी और पुत्र को अपने ससुराल बरोदा भेजकर वे जीविका की तलाश में कोलकाता चले गये। कोलकाता से ही वे अपनी पत्नी की आर्थिक रूप से मदद भी करते रहे। 1956 ई. में भूपेन हाजरिका द्वारा निर्देशित फ़िल्म 'एरा बाटर सुर' में प्रियम्वदा ने एक स्त्री-चरित्र में अभिनय किया था।

कोलकाता में संगीत और फ़िल्म के काम में व्यस्त भूपेन हाजरिका के पास प्रियम्वदा पितृगृह बरोदा से बीच-बीच में आती रहती थी। भूपेन हाजरिका की आर्थिक हालत ठीक नहीं थी। इसीकारण प्रियम्वदा स्थायी रूप से उनके साथ नहीं रह सकती थी। भूपेन हाजरिका भी अपनी पत्नी-पुत्र से मिलने बरोदा जाते रहते थे। पर 1963 ई. में प्रियम्वदा और भूपेन हाजरिका अलग हो गये। प्रियम्वदा पुत्र 'तेज़' को लेकर कनाडा चली गयी और जीवन के अन्तिम दिनों तक वही स्थायी रूप से रहीं।

प्रियम्वदा से विच्छेद के बाद भूपेन हाजरिका के जीवन में उनके सांस्कृतिक कर्म की सहयोगी के रूप में कल्पना लाजमी नामक महिला का आगमन हुआ। कल्पना लाजमी प्रसिद्ध हिन्दी फ़िल्मों के निर्देशक श्याम बेनेगल की भांजी थी। 1977 ई. से कल्पना लाजमी भूपेन हाजरिका के साथ स्थायी तौर से रहने लगी।

राजनैतिक जीवन

बनारस में अध्ययन करने के दौरान भूपेन हाजरिका छात्र-राजनीति के प्रति आकर्षित हुए थे। वे छात्र नेता बनकर छात्रों को सही दिशा दिखाना चाहते थे। इसी चाह को पूरा करने के लिए वे छात्र कॉमन रूम के सम्पादक के पद के लिए विश्वविद्यालय के चुनाव में खड़े हुए। उनके प्रतिद्वन्दी थे छायलाबा के महाराजकुमार। उन्होंने अपने प्रतिद्वन्दी को बुरी तरह पराजित किया था। भूपेन हाजरिका जब शोधकार्य करने के लिए न्यूयॉर्क के हवाई अड्डे पर उतरे थे, तो उन्हें गिरफ़्तार करके इलिस नामक द्वीप में एक हफ्ते तक बंदी बनाकर रखा गया था। एक हफ्ते बाद ही भूपेन हाजरिका अपनी गिरफ़्तारी का कारण जान पाये थे। अमेरिकी प्रशासन ने भूपेन हाजरिका को गलती से R.C.P.I. का सदस्य मान लिया था। पर बाद में असलियत जानकर बाइज्जत छोड़ दिया था। 1968 ई. में जनता के आग्रह पर भूपेन हाजरिका असम के नाओबैचा चुनाव क्षेत्र से निर्दलीय उम्मीदवार के तौर पर चुनाव लड़कर विधायक बने थे। पर 1971 ई. में असम के एक क्षेत्रीय पार्टी 'जन गणतान्त्रिक असम दल' की तरफ़ से मंगलदै लोकसभा चुनाव क्षेत्र से चुनाव लड़कर हार गये थे। फिर 2004 ई. में अन्तिम बार के लिए लोकसभा के चुनाव में गौहाटी लोकसभा चुनाव क्षेत्र से भारतीय जनता पार्टी की तरफ़ से चुनाव लड़कर हार गये थे।

मृत्यु

भूपेन हाजरिका ने 2011 ई. के 5 नवम्बर को कोकिलाबेन धीरूभाई अम्बानी अस्पताल में देह त्याग दिया। 9 नवम्बर को गौहाटी विश्वविद्यालय के प्रांगन में भूपेन

हाजरिका का दाह-संस्कार किया गया। उनके दाह-संस्कार के स्थान को 'समाधि क्षेत्र' नाम से संरक्षित किया गया है। उनकी मृत्यु के समय जो दीया जलाया गया था, वह आज भी 'समाधि क्षेत्र' में निरन्तर जल रहा है।

व्यक्तित्व

एक रचनाकार की रचनाओं को समझने के लिए उनके व्यक्तित्व को समझना ज़रूरी है। रचनाकार के अनुभव ही उनकी रचनाओं में व्यक्त होते हैं। भूपेन हाजरिका का व्यक्तित्व बहुरंगी था। उनके व्यक्तित्व को समझने पर हम उनकी रचनाओं को आसानी से समझ सकते हैं। उनके व्यक्तित्व को हम उनकी रचनाओं एवं कर्मों द्वारा भी समझ सकते हैं। आगे उनके व्यक्तित्व के विविध पहलुआ को समझने का प्रयास किया गया है।

समन्वयवादी पुरुष

भूपेन हाजरिका आधुनिक काल के युग-पुरुष थे। युग-पुरुष समन्वय की विचारधारा को फैलाते हैं। वे विभिन्न जाति-धर्म-सम्प्रदाय के बीच समन्वय करना चाहते है। मनुष्य को सुख-शान्ति से जीना है तो समन्वय ही एक मात्र रास्ता है। इस धरती पर कितने ही अलग-अलग जाति-धर्मों के लोग रहते हैं। जब तक इन्हें समन्वय के माध्यम से जोड़ा नहीं जाता, तब तक मानवता का महान उद्देश्य पूरा नहीं होता। ब्रह्मपुत्र नदी असम की अलग-अलग जाति-जनजाति, धर्म-सम्प्रदाय के लोगों को एक करने का साधन रही है। भूपेन हाजरिका ब्रह्मपुत्र के दोनों किनारे पर बसने वाले लोगों को एक करना चाहते थे। असम के लोगों का समन्वय करके असम को मजबूत करने का उनका सपना था। उनके गीत 'महाबाहु ब्रह्मपुत्र महामिलनर तीर्थ' की निम्नलिखित पंक्तियों से उनके समन्वयवादी मन को समझा जा सकता है–

'किछु लब लागे, किछु दिब लागे, जीन यावले हॅले
मिलिब लागे, मिलाब लागे, रबीन्द्रनाथेओ कॅले, "[1]

अर्थात् अगर हम एक होना चाहते है तो हमें कुछ लेना होगा, कुछ देना होगा, हमें मिलना होगा, मिलाना होगा।

अलग-अलग संस्कृतियों के लोग अपनी संस्कृति से कुछ देंगे, दूसरी संस्कृति से कुछ लेंगे तभी हम एक हो पायेंगे। हम में सौहार्द की भावना विकसित होगी।

यायावरी प्रवृत्ति

कलाकार प्राय: यायावरी वृत्ति के होते हैं। वे सारी धरती को अपना घर मानते हैं। दुनिया के किसी भी कोने में हो रहे अन्याय-अत्याचार को देखकर दु:खी होते है। भूपेन हाजरिका भी सभी को अपना मानते थे। वे इस दुनिया को ही अपना घर मानते थे। वे घुमक्कड़ स्वभाव के व्यक्ति थे। किसी एक जगह या एक कार्य में उनका मन नहीं लगता था, हमेशा नये गीत रचने में लगे रहते थे। अपने जीवन में उन्होंने देश-विदेश की कितनी ही यात्राएँ कीं। उनके हृदय में अपनों के लिए जितनी जगह थी परायों के लिए भी उतनी ही जगह थी या ऐसा भी कह सकते है कि वे किसी को पराया मानते ही नहीं थे।

उनके 'मइ एटि यायाबर' गीत में वे अपने को एक यायावर कहते हैं—

'धरार दिहिङे-दिपाङे लवराँ
निबिचारि निजा घर
सेये मइ यायाबर
मइ एटि यायाबर।'[2]

अर्थात् इस धरती के हर कोने में मैं घूमता हूँ। पर अपना घर मैं नहीं खोजता हूँ। इसीलिए मैं एक यायावर हूँ।

उनका कहीं घर नहीं है। वे इस दुनिया को ही अपना घर मानते हैं। इसलिए उनको घर की तलाश भी नहीं है।

मानवप्रेमी

भूपेन हाजरिका मनुष्य मात्र से प्रेम करते थे। मनुष्य के दु:ख-दर्द को महसूस करके अपने गीतों के माध्यम से वे उसे वाणी देते थे। वे मनुष्य के दिल को समझते थे। आधुनिक समय में मानवता के ख़त्म हो जाने को लेकर वे चिन्तित थे। मानव के अस्तित्व रक्षा के लिए लोगों के दिल में मानवता की भावना का रहना अनिवार्य शर्त मानते थे। 'मानुहे मानुहर बाबे' गीत में वे लिखते हैं—

'मानुहे मानुहर बाबे
यदिहे अकणो नेभाबे
अकणि सहानुभूतिरे
भाबिव कोनेनो कोवा-समनीया?'[3]

अर्थात् अगर मनुष्य ही मनुष्य की फिक्र नहीं करेगा। अगर मनुष्य के दिल में मनुष्य के लिए सहानुभूति नहीं होगी तो कौन है जो मनुष्य के बारे में सोचेगा।

भूपेन हाजरिका का मानना था–मनुष्य को ही मनुष्य के बारे में सोचना होगा, उनकी फिक्र करनी होगी, उनके दु:ख को दूर करना होगा। दानव कभी मानव नहीं बन सकता। यदि कभी दानव ने मानवता दिखायी उस दिन मानव को शर्म से मर जाना होगा। हम यदि किसी को जीने में सहायता करे तो हमारा क्या नुक़सान है, एक दु:खी दु:ख से उबर जायेगा। यही मानवता है।

देशप्रेमी

भूपेन हाजरिका अपने देश को बहुत प्यार करते थे। इस देश का विकास हो यह वे दिल से चाहते थे। भारत के पराधीन रहने से वे दु:खी थे। पर जब भारत स्वाधीन हो गया तब वे बहुत उत्साहित हो गये थे। भारत के स्वाधीन होने पर इस देश को विकास के पथ पर द्रुतगति से अग्रसर होते हुए देखना चाहते थे। विदेश में प्राप्त मोटी तनख्वाह वाली नौकरियाँ वे इसलिए ठुकरा आये थे कि उन्हें अपने देश से प्रेम था और अपने देश के लिए वे कुछ करना चाहते थे। इस देश की मिट्टी से उन्हें मोह था। 'अॅ भारतीरे अॅ पृथिवीरे' गीत में वे कहते हैं–

'भारतीर दृष्टि भारतीर कृष्टि
सकलो महीयान हॅल
महामानवर महा वाणीयेइ
याचे निते महाबल।'[4]

अर्थात्, भारत की कला, भारत की संस्कृति भारत की स्वतन्त्रता से महिमामंडित हो गयी। महामानव की महावाणी हर दिन हमें बल प्रदान करती है।

प्रकृतिप्रेमी

मनुष्य मात्र को ही प्रकृति से मोह होता है। भूपेन हाजरिका को भी प्रकृति से गहरा लगाव था। असम की प्रकृति बहुत सुन्दर है। जीवन के आरम्भिक दिनों में उन्होंने यहाँ की प्रकृतिक शोभा के बीच विचरण किया। उनके मानस पर इसका गहरा प्रभाव पड़ा। भूपेन हाजरिका को पेड़-पौधों, नदी-झरनों, चाँद-सूरज, जंगल-ज़मीन, जीव-जन्तु से बेहद प्रेम था। उनका यह प्रकृतिप्रेमी मन उनके गीतों में भी प्रतिफलित

हुआ है। अपने गीतों में वे प्रकृति को अपनी संवेदनाओं को प्रकट करने का साधन भी बनाया है। उनके 'शिलङरे गधूलि' गीत में उनके प्रकृतिप्रेमी मन को देखा जा सकता है–

'सरु सरु जिरजिरीया
निजरार पारते
हाँहि हाँहि तुमिये मये सिदिना
परिबये खुजिछिलों पिछलि।'[5]

अर्थात्, छोटे-छोटे झरनों के किनारों पर हम हँस-हँसकर उस दिन फिसल कर गिरने वाले थे।

'काजिरङा काजिरङा' गीत में उनके प्रकृति से लगाव देख सकते हैं–

'काजिरङार चिरसेउज परिवेश
हस्ती व्याघ्ररे बास
एक खड़गर गँड़ पृथिवीये चाय
पखीर सुवदी प्रकाश।'[6]

अर्थात् काजिरङा के सदाबहार परिवेश में हाथी, बाघ बसते हैं। एक सिंग वाला गैंडा दुनिया यही देखती है। यहाँ पक्षी का कलरव सुनाई देता है।

कृतित्व

किसी भी व्यक्ति का महत्त्व उनके काम से होता है। उस व्यक्ति ने अपने जीवन में कौन से काम किये, इस दुनिया को वह क्या क्या दे गया, इन्हीं बातों को लोग याद रखते हैं और यही बातें व्यक्ति को जीवन में मान-सम्मान, रूतबा सब कुछ देती हैं। भूपेन हाजरिका ने अपने बहुरंगी जीवन में बहुत ऐसे काम अंजाम दिये ,बहुत-सा ऐसा इस दुनिया के लिए छोड़ा या दुनिया को दे गये जिसके कारण हम आज भी उन्हें याद करते हैं और सदा लोग उन्हें याद करते रहेंगे।

गीतकार

गायक, चलचित्र निर्माता, संगीतकार, सम्पादक, नाटककार आदि के रूप में अपनी प्रतिभा का परिचय देने वाले भूपेन हाजरिका का एक सशक्त रूप है उनका गीतकार होना। उनके गीतों को ध्यान से पढ़ने या सुनने से यह बहुत स्पष्ट रूप में उजागर हो जाता है कि उनके गीत संगीत के लिए जितने नहीं बने हैं, उससे कहीं ज़्यादा उनके

गीतों का कथा-तत्त्व प्रधान है। अर्थात् उनके गीतों में वे जो कहना चाहते हैं, वह ज़्यादा महत्त्व रखता है, सुर या संगीत आदि की बात बाद में आती है।

भूपेन हाजरिका ने ईश्वर के प्रति अपनी भक्ति समर्पित करके आध्यात्मिक गीत भी रचे हैं, राजनीति और सामाजिक क्षेत्र में अन्याय-अत्याचारों को ख़त्म करने के लिए विप्लव करने की धारणा से परिचालित विप्लवी गीत भी, सभी प्रकार के विभेद भुला कर मानवप्रेम की वकालत करने वाले मानवप्रेमी गीत लिखे हैं तो समाज को सुधारने के लिए, समाज के प्रति अपने दायित्व को समझकर सामजिक गीत लिखे हैं, वही प्रेम की कोमल अनुभूति को प्रतिफलित करने वाले गीतों की भी रचना की हैं', देशभक्ति के गीत भी लिखे हैं।

भूपेन हाजरिका के गीतों में प्रगतिशील तत्त्व जिसप्रकार विद्यमान है उसी प्रकार रोमांटिक तत्त्व भी। वे प्रगतिवादी (जहाँ प्रगतिशील तत्त्वों की प्रमुखता होती जा रही थी) और रोमांटिक युगों की सन्धि रेखा को छूने वाले समय के गीतकार हैं।

संगीतकार

भूपेन हाजरिका एक सफल संगीतकार भी थे। उन्होंने असमीया, बांग्ला, हिन्दी, भोजपुरी, मलयालम, बड़ो, कार्बि आदि भारतीय भाषाओं के चलचित्रों में संगीतकार के रूप में कार्य किया हैं। उनके संगीत में असम के स्थानीय, जनजातीय, बांग्ला, हिंदुस्तानी, पाश्चात्य संगीत के तत्त्व मिश्रित हैं। भूपेन हाजरिका के ननिहाल में संगीत का बड़ा ही अच्छा परिवेश था। इस परिवेश ने भूपेन हाजरिका के संगीत के प्रति रुचि बढ़ाई थी। ज्योतिप्रसाद आगरवाला, विष्णु प्रसाद राभा के सान्निध्य ने भी भूपेन हाजरिका के संगीतकार रूप को बाहर निकालने में मदद की। भूपेन हाजरिका ने ख़ुद भी इन दोनों संगीत सम्राटों को अपने मार्गदर्शक गुरु के रूप में स्वीकार है। साथ ही भूपेन हाजरिका के संगीतकार बनने के पीछे पिता नीलकान्त हाजरिका की प्रेरणा भी रही है। उनके पिता द्वारा रचित गीत 'अ' मइना केतिया आहिलि तइ' को गाकर तथा सुर देकर भूपेन हाजरिका ने अपने संगीतकार जीवन की शुरुआत की थी।

1939 ई. में 'अग्नियुगर फिरिङति मइ' शीर्षक गीत का संगीत देते वक्त भूपेन हाजरिका मार्क्स-लेनिन को नहीं जानते थे। परन्तु अपने गुरु विष्णु प्रसाद राभा की मार्क्सवादी-लेनिनवादी विचारधारा का प्रभाव उन पर ज़रूर पड़ा था।

भूपेन हाजरिका के बतौर संगीत निर्देशक काम करने वाली असमीया फ़िल्में—

'सती बेउला' (1948), 'चिराज' (1949), 'पियलि फुकन' (1955), 'एरा बाटर सुर' (1956), 'धुमुहा' (1957), 'केचा सोण' (1959), 'पुवति निशार सपोन'

(1959), 'शंकुन्तला' (1961), 'मणिराम देवान' (1963), 'प्रतिध्वनि' (1964), 'लटिघटि' (1966), 'भाग्य' (1968), 'चिकमिक बिजुली' (1969), 'चामेलि मेमचाब' (1975), 'खोज' (1975), 'पलाशर रङ' (1976), 'रूपकोँवर ज्योति प्रसाद आरु जयमती' (1976), 'बनहंस' (1976), 'बनजुँइ' (1977), 'बृंदाबन' (1978), 'मन प्रजापति' (1979), 'अकण' (1980), 'अपरूपा' (1980), 'माँ' (1983), 'अंगीकार' (1985), 'युगे युगे संग्राम' (1986), 'संकल्प' (1986), 'स्वीकारोक्ति' (1986), 'प्रतिशोध' (1987), 'चिराज' (1989), 'मिरि जीयरी' (1990), 'पानी' (1990), 'प्रियजन' (1993), 'अशांत प्रहर' (1994), 'सती राधिका' (2004)।

भूपेन हाजरिका के बतौर संगीत निर्देशक काम करने वाली बंगाली फ़िल्में—

'जीवन-तृष्णा' (1957), 'कोड़ अॅ कमल' (1957), 'असमाप्त' (1957), 'माहुत बन्धुरे' (1958), 'जोनाकीर आलो' (1958), 'दुइ बेचेरा' (1959), 'एखाने पिंजर' (1971), 'दम्पति' (1976), 'महुया' (1977), 'सीमाना पेरिये' (बांग्लादेश, 1977), 'नागिनी कन्यार काहिनी' (1979), 'कालो सिंदूर' (1984), 'चामेलि मेमसाब', 'कोमल गांधार', 'बन्धु'।

भूपेन हाजरिका के बतौर संगीत निर्देशक काम करने वाली हिन्दी फ़िल्में–

'आरोप' (1973), 'मेरा धरम मेरी माँ' (1975), 'अपेक्षा' (1984), 'एकपल' (1986), 'चामेलि मेमचाब', 'रुदालि' (1992), 'मिल गया मंजिल मुझे', 'दरमिया' (1977), 'साज' (1991), 'गजगामिनी' (2001), 'क्यों' (2003)।

इसके साथ ही भूपेन हाजरिका ने 'लोहित किनारे' (1988) नामक दूरदर्शन के हिन्दी धारावाहिक, 'सत मइया की महिमा' नामक भोजपुरी फ़िल्म, 'रिङ रिङ तङ' (1987) नामक कार्बी फ़िल्म, 'देशदानम्' (1997) नामक मलायलम फ़िल्म में भी संगीत निर्देशक के तौर पर काम किया। आत्माराम के 'ये गुलिस्ता हमारा', नामक हिन्दी फ़िल्म में उन्होंने सलाहकार के तौर पर काम किया।

नाटककार

ज्योतिप्रसाद आगरवाला, विष्णु प्रसाद राभा, फणी शर्मा आदि महान कलाकारों से भूपेन हाजरिका ने नाट्यकला का ज्ञान प्राप्त किया था। इन्हीं महान कलाकारों से प्रेरित होकर उन्होंने नाटक लिखने का प्रयास भी किया था।

हाजरिका ने 1954 ई. में गौहाटी विश्वविद्यालय में कार्यरत अवस्था में एक रेडियो नाटक लिखा था–'एराबाटर सुर'। यह नाटक भूपेन हाजरिका का आत्मजीवनीमूलक नाटक है। बाद में इसे उन्होंने फ़िल्म का रूप दिया।

1965 ई. में भारत-पाक युद्ध की पटभूमि पर आधारित 'आब्दुल हामिद' नामक देश प्रेममूलक नाटक की भी उन्होंने रचना की थी।

भूपेन हाजरिका के बतौर कहानी और पटकथा लेखक काम करने वाली फ़िल्में–

'एरा बाटर सुर' (1956), 'माहुत बन्धुरे' (1958), 'शकुन्तला' (1961), 'लटिघटि' (1966), 'चिकमिक बिजुली' (1969), 'रूपकोँवर ज्योति प्रसाद आरु जयमती' (1976), भाग्य (हिन्दी फ़िल्म तकदीर का असमीया रूपान्तर, 1968)।

फ़िल्म निर्देशक

1956 ई. में भूपेन हाजरिका ने आत्मजीवनीमूलक कहानी के आधार पर 'एराबाटर सुर' नामक असमीया फ़िल्म का निर्देशन किया था। यह भूपेन हाजरिका का निर्देशक के तौर पर पहली फ़िल्म थी। इस फ़िल्म में लता मंगेशकर ने भी गीत गाया है।

भूपेन हाजरिका के द्वारा निर्देशित की गयी फ़िल्में और डक्यूमेंटरी–

'एरा बाटर सुर' (1956), 'माहुत बन्धुरे' (1958), 'शंकुन्तला' (1961), 'प्रतिध्वनि' (1964), 'लटिघटि' (1966), 'भाग्य' (1968), 'चिकमिक बिजुली' (1969), 'मेरा धरम मेरी माँ' (1975), 'रूपकोँवर ज्योति प्रसाद आरु जयमती' (1976), 'थ्रॉ मेलॉडी एण्ड रीद्म' (1977), 'मन प्रजापति' (1979), 'एलंग दा रिभार ब्रह्मपुत्र' (1981), 'सत्रज एण्ड नामघरस ऑफ़ आसाम' (1981), 'चिराज' (पुनर्निमाण, 1989), 'मिरि जियरी' (1990), 'ग्लिम्पसेस ऑफ़ दा मिष्टी इष्ट' (1996), 'दा ब्रह्मपुत्र: आन एण्डलेस जॉर्नी' (2006)।

बांग्ला भाषा की फ़िल्म 'माहुत बन्धुरे' (1958) का निर्देशन भी भूपेन हाजरिका ने किया है। 'मेरा धरम मेरी माँ' (1977) नामक हिन्दी फ़िल्म भी उनके द्वारा निर्देशित है।

गद्यकार

भूपेन हाजरिका ने गीत लिखने के साथ-साथ गद्य की भी रचना की। उनके गद्य अलग-अलग विषयों पर लिखे गये हैं और साहित्य गुण से सम्पन्न हैं। उनके

यह गद्य निबन्ध के रूप में समसामयिक समाचार पत्र–'सादिन', 'आकाशवाणी', 'जनमभूमि', 'आमार देश' आदि में प्रकाशित हुए थे। इसके साथ ही उनका गद्य उनके द्वारा सम्पादित 'गति', 'आमार प्रतिनिधि', 'बिन्दु', 'प्रतिध्वनि' आदि पत्रिकाओं में भी प्रकाशित हुए थे। 1960 ई. में 'आमार प्रतिनिधि' पत्रिका में 'शिल्पीर पृथिवीत' (शिल्पी की दुनिया) स्तम्भ के अन्तर्गत उनके कई निबन्ध प्रकाशित हुए थे।

कवि

गीतों और गद्य साहित्य की तुलना में भूपेन हाजरिका की कविता बहुत ही कम है। केवल 42 कविताएँ ही भूपेन हाजरिका ने लिखी हैं। उनकी कविताएँ समसामयिक पत्र-पत्रिकाओं में बिखरी हुई हैं। भूपेन हाजरिका के जीवन काल में उनका कोई कविता संग्रह प्रकाशित नहीं हुआ था। पर सूर्य हाजरिका ने 2008 ई. में 'डॉ. भूपेन हाजरिका रचनावली' में 'कविता' शीर्षक एक अध्याय में भूपेन हाजरिका के स्वरचित और उनके द्वारा अनुदित कविताएँ रखी हैं। 'कविता' शीर्षक अध्याय में रखी गयी स्वरचित और अनुदित कविताओं को ही 2011 ई. में रतिमोहन नाथ ने 'डॉ. भूपेन हाजरिकार कविता' नाम से एक पुस्तक सम्पादित करके प्रकाशित की है।

भूपेन हाजरिका की कविताओं की संख्या बहुत कम होने पर भी उनकी गुणवत्ता बहुत अधिक है। उनकी कविताओं के विषय नये हैं। साथ ही उनमें आधुनिक कविताओं की स्वस्थ प्रवृत्तियाँ विद्यमान हैं।

सम्पादक

1950-51 ई. में अमेरिका के कोलम्बिया विश्वविद्यालय में शोध करते वक्त भूपेन हाजरिका उस विश्वविद्यालय के अध्ययनरत 'भारतीय छात्र संस्था' के सम्पादक थे। उसी साल वहाँ से प्रकाशित होने वाले 'न्यू इण्डिया' पत्रिका के सम्पादन का भार उन्होंने लिया था। इस पत्रिका का उनके द्वारा लिखा गया सम्पादकीय था 'Education for millions'। 1964 में उन्होंने 'गति' नामक पत्रिका का सम्पादन किया। फिर 1965 से 1981 तक 'आमार प्रतिनिधि', 1970 में 'बिन्दु', फिर 1983 में 'प्रतिध्वनि' पत्रिका का सम्पादन किया। 1990 में 'प्रतिध्वनि' का प्रकाशन बन्द हो जाने के बाद सम्पादक-जीवन समाप्त हो जाता है।

आजीवन कला की साधना करने वाले भूपेन हाजरिका को कई पुरस्कार और सम्मान मिले हैं। इनमें से प्रमुख हैं–'पद्मश्री' (1977), 'श्रीमंत शेकरदेव पुरस्कार' (1987), 'संगीत नाटक अकादमी पुरस्कार' (1988), 'दादा साहेब फाल्के पुरस्कार' (1992), मध्यप्रदेश सरकार का 'लता मंगेशकर पुरस्कार' (2000), 'पद्मभूषण' (2001), असम साहित्य सभा का 'साहित्याचार्य' समान (2008), असम सरकार का 'असम रत्न' पुरस्कार (2008), संगीत नाटक अकादमी का सर्वोच्च समान अकादमी फेलोशिप और 'संगीत रत्न' समान (2009), 'भारत रत्न' (मरणोपरान्त 2019) आदि।

सन् 1993 ई. में भूपेन हाजरिका असम साहित्य सभा के अध्यक्ष बने थे। सन् 1998-2004 ई. में उन्होंने संगीत नाटक अकादमी के अध्यक्ष की ज़िम्मेदारी निभाई थी।

सन्दर्भ-सूची

1. डॉ. भूपेन हाजरिका रचनावली (द्वितीय खण्ड)-सम्पा. सूर्य हाजरिका,पृष्ठ संख्या-1118
2. वही, पृष्ठ संख्या-1066
3. वही, पृष्ठ संख्या-1034
4. वही, पृष्ठ संख्या-1008
5. वही, पृष्ठ संख्या-1067
6. वही, पृष्ठ संख्या-1119

सहायक सामाग्री सूची :

ग्रन्थ

1. बरुवा, शांतनु कौशिक, संक्षिप्त असमीया विश्वकोष द्वितीय खण्ड, गुवाहाटी: ज्योति प्रकाशन, 2009
2. हाजरिका, सूर्य, सम्पा.- डॉ. भूपेन हाजरिका रचनावली, गुवाहाटी: एस.एच. शैक्षिक न्यास, 2008

शोध प्रबन्ध

अंग्रेज़ी

1. A study of life and achievement of Bhupen Hazarika and their impact on society and politics in Assam, Researcher-Ramananda Das, Guide-Niru Hazarika, Gauhati University, 2014
2. Individualistic feelings and social thought in the writings of Bhupen Hazarika, Researcher-Prasanta Kumar Sarma,Guide- Taranee Deka, Gauhati University, 2020

असमीया

1. भूपेन हाजरिकार गद्य शैली: एटि विश्लेषणात्मक अध्ययन, शोधकर्ता-प्रमोद चन्द्र दास, शोध निर्देशक- गहन चन्द्र महन्त, गौहाटी विश्वविद्यालय, 2020
2. भूपेन हाजरिकार गीतत देशात्मबोध: एटि अध्ययन,शोधकर्ता-बसन्त बरा, शोध निर्देशक-उमेश डेका, गौहाटी विश्वविद्यालय, 2017
3. भूपेन हाजरिकार गीति साहित्यत नारी: एटि आलोचना, शोधकर्ता-अजंता दास, शोध निर्देशक-उमेश डेका, कृष्णकान्त संदिकै राज्यिक मुक्त विश्वविद्यालय, 2016
4. भूपेन हाजरिकार गीतत समाज आरु संस्कृतिर प्रतिफलन, शोधकर्ता-बिजयलक्ष्मी दास, शोध निर्देशक-प्रबीण चन्द्र दास, गौहाटी विश्वविद्यालय, 2010

भूपेन हाजरिका के गीतों के विविध पक्ष

तृप्ति रानी आचार्य

असमीया संगीत जगत के जगमगाते नक्षत्र स्वरूप भूपेन हाजरिका बहुमुखी प्रतिभा के धनी थे। वे संगीतज्ञ होने के अतिरिक्त एक महान कवि, शिल्पी, सुरकार, गायक, चित्रकार, अभिनेता, दार्शनिक, कला समालोचक, विश्वभ्रमणकारी, मानवतावादी आदि गुणों के अधिकारी थे। भूपेन हाजरिका की समस्त रचनाओं में उनका संगीत ही अत्यन्त सहजलभ्य शिल्पकार्य है। उनके गीत ही उनके ज्ञान की परिधि, संवेदनशीलता, उनकी मेधाशक्ति और उनके मतादर्श का परिचय देने के लिए पर्याप्त है। इनके गीत जहाँ इनके व्यक्तित्व का परिचय देने में सक्षम हैं, ठीक वैसे ही उत्तर पूर्वांचल के राज्य असम को विश्व मानचित्र में स्थान दिलाने में भी सक्षम हैं। डॉ. हाजरिका द्वारा रचित गीतों में देशभक्ति, मानवतावादी दृष्टिकोण, भूगोल चित्रण, प्रकृति चित्रण, प्रेम चित्रण, मानव प्रेम, साम्यवाद, संग्रामी सत्ता, शिशुगीत आदि उपलब्ध हैं। इसके साथ-साथ असम की रंगीन संस्कृतियाँ जैसे–सत्रीया संस्कृति, आदिवासी जनजीवन तथा उनकी संस्कृतियाँ, असम का सामाजिक जीवन, पहाड़ी और मैदानी संस्कृति के चित्रण द्वारा असम की जनता को जागृत करने और अनेकता में एकता स्थापन करने के उद्‌देश्य से विविध अवसरों पर गीतों की रचना की है और जनता के सामने अपने श्रुतिमधुर कण्ठ से गाकर भी सुनाया है। इसीलिए इन्हें 'सुधाकंठ' की आख्या दी गयी। इनके गीतों में नयी पीढ़ी के प्रति दायित्वबोध का भाव प्रकाशित होता है। ये ही इनके गीतों की लोकप्रियता के कारण हैं।

भूपेन हाजरिका के कण्ठस्वर से भारत के लोग भली-भाँति परिचित हैं। प्रारम्भ से लेकर आज तक उनके गीतों ने ऐसा उधम मचाया है कि कोई भी व्यक्ति उससे प्रभावित हुए बिना नहीं रह पाया। उनकी मृत्यु के पश्चात आज भी उनके गीतों को किसी सभा या समारोह में बजते सुन असमीया भाषा-भाषी लोगों के होंठ अपने

आप गाने लग जाते हैं। उनके द्वारा रचित गीत और उनके द्वारा सृजित सुर-संगीत तथा उनके कण्ठस्वर में असमीया समाज जीवन को दुनिया-भर में इस तरह परिचित कराया कि असमीया लोगों को स्वयं को असमीया के रूप में परिचय देने की नयी वजह मिल गयी। वर्तमान समय में हम उनके गीत आकाशवाणी, टेलीविजन अथवा अन्य संचार माध्यमों के ज़रिये ही सुन पाते हैं। परन्तु हमारे बीच ऐसे लाखों सौभाग्यवान व्यक्ति हैं, जिन्हें उनकी श्रुतिमधुर कण्ठ को नज़दीक से उपभोग करने का अवसर मिला था।

भूपेन हाजरिका जानते थे कि गीत मनोरंजन का वह माध्यम है, जिससे लोगों को शान्ति की छाया मिलती है। उनके गीतों से शान्ति मिलने के साथ-साथ जीवन सम्बन्धी दिगदर्शन भी मिल जाता है। सामाजिक संकटों के समय उनके गीतों ने संजीवनी बुटी की भाँति कार्य किया था। लोगों को आश्वस्त करने के उद्देश्य से ही उन्होंने समय-समय पर 'मानुहे मानुहर बाबे', 'बिस्तीर्ण पाररे असंख्य जनरे', 'महाबाहु ब्रह्मपुत्र' शीर्षक युगांतकारी गीतों का सृजन किया था। उनके गीतों का मुख्य स्वर देशप्रेम, मानवताबोध और आशावादी चेतना रहे हैं। उन्होंने अपने एक गीत में गाया है–

> 'तुमि नतुन पुरुष तुमि नतुन नारी
> अनागत दिनर तुमि जाग्रत प्रहरी' [1]

(भावार्थ–हे युवा पीढ़ी! तुमसब आनेवाले दिनों के एक-एक जाग्रत प्रहरी हो।)

प्रस्तुत गीत से हमे यह ज्ञात हो जाता है कि हाजरिका अपनी परवर्ती पीढ़ियों के प्रति अत्यन्त दायित्वशील थे। अपने प्रत्येक गीत के माध्यम से भूपेन हाजरिका ने युवा पीढ़ी को सजग करने का प्रयास किया था। उनके द्वारा रचित गीत केवल असम के ही नहीं बल्कि समग्र भारतीय साहित्य के अक्षयनिधि हैं।

स्वदेशप्रेम सम्बन्धी गीत

भूपेन हाजरिका भारत के स्वतंत्रता संग्राम के प्रत्यक्षदर्शी रहे हैं। उन्होंने तत्कालीन भारत में प्रचलित अन्याय-अत्याचार, दलितों का शोषण और श्रमिक वर्ग के धन की लूट होते हुए अपनी आँखों से देखा है। हृदय से एक संगीतज्ञ होने के कारण तत्कालीन परिस्थितियों नें उन्हें गीत रचना करने के लिए मजबूर किया था, फलस्वरूप हमें उनके द्वारा रचित स्वदेशप्रेम मूलक गीत सुनने का अवसर मिला है। हाजरिका ने अपने स्वदेशप्रेमयुक्त गीतों में उन लोगों को स्थान दिया है, जिन लोगों ने समाज

में जाति-भेद, उच्च-नीच, वर्ण व्यवस्था आदि को नष्ट करने का प्रयास किया था, जैसे–महात्मा गाँधी, जवाहरलाल नेहरू, नेलसन मेंडेला इत्यादि। यथा–

'महत्माइ हाँसि बोले हिंसा नकरिम बांधब मरमे मरिम
मानुहर उपरि नाइ काकनो दुषिम'[2]

(भावार्थ–महत्मा गाँधी ने हँसते-हँसते कहा था कि हे बांधव ! हम हिंसा नहीं करेंगे, सब लोग आपस में प्यार से रहेंगे और प्रेम के साथ ही मरेंगे।। मानवता से बढ़कर कुछ भी नहीं है।)

स्वतन्त्रता संग्राम के समय जब देश के चारों ओर खून की होली बिखरने लगी तब उन्होंने अचेतन नागरिकों में देशप्रेम जगाने के लिए भी गीतों की रचना की थी, जिससे लोग फिर से आशावादी बन गये थे। यथा–

'आह आह उलाइ आह सजाग जनता,
आह आह उलाइ आह
पोहर आनोता'[3]

(भावार्थ–हे सचेत जनता! तुमलोग निकलकर बाहर आओ, क्योंकि केवल तुमलोग ही हो जो इस अँधेरे को हटाकर रश्मि ला सकते हो।)

सन् 1962 में भारत-चीन संघर्ष के पश्चात तत्कालीन प्रधानमन्त्री जवाहरलाल नेहरू ने महाराष्ट्र के प्राक्तन मुख्यमन्त्री और तत्कालीन रक्षा मन्त्री वाइ. बी. सावन को यह निर्देश दिया कि देश की जनता के बीच फिर से देशभक्ति की भावना जगाई जायें। केन्द्रीय सरकार ने भूपेन हाजरिका को यह अनुरोध किया कि वे वर्तमान के अरुणाचल (तत्कालीन नेफा) और असम की जनता के भावावेगों के सन्दर्भ में डॉक्यूमेंट्री तैयार करें। आदेश पाकर भूपेन हाजरिका ने युद्धक्षेत्र का दौरा किया और युद्ध में शहीद हुए जवानों के प्रति स्वहानुभूतिपूर्ण स्वर में लिखा है–

'कत जोवानर मृत्यु हॅल
कार जीवन यौवन गॅल
सेइ मृत्यु अपराजेय
तेने मृतक नहॅलो मइ किय?'[4]

(भावार्थ–कितने जवानों की मृत्यु हुई, किस किस का जीवन और यौवन समाप्त हो गया, ऐसी मृत्यु सदा अपराजेय है, मैं क्यों ऐसा मृतक नहीं बना?)

प्रस्तुत गीत केवल एक गीत ही नहीं, बल्कि उनके देशप्रेम का परिचायक है।

इसके अतिरिक्त भी भूपेन हाजरिका द्वारा रचित अधिकांश गीत असम के साथ-साथ देश तथा विश्व की गाथा स्वरूप है। वे मातृभूमि तथा स्वदेश प्रेम के कारण ही जनता को प्यार करते थे और विश्वप्रेम की स्थापना करना चाहते थे। उन्होंने लिखा है–

'तुमिये मोर कल्पनारे हरिणीनयना
तोमार बाबेइ मोरेइ सुरर कतना मूर्चना
तुमि जाना ने नेजाना?'[5]

(भावार्थ–हे मेरे देशवासी! तुमलोग मेरी कल्पना के हिरण हो, तुम्हारे लिए ही मेरे गीतों का सुर न्योछावर है, तुम्हे पता है कि नहीं?)

जीवन के अधिकांश समय असम के बाहर बिताने के बावजूद उनके गीतों का मुख्यस्वर स्वदेशप्रेम ही रहा। देश प्रेम के अतिरिक्त उनके गीतों में विश्वप्रेम की झलक दिखायी देती है। अत: उनके गीतों के माध्यम से उन्होंने यह सन्देश दिया है कि विश्व की सेवा करने से पूर्व अपनी देशमातृ की सेवा परमावश्यक है। अत: उन्होंने देश की सन्तानों को उनका कर्तव्य याद दिलाते हुए लिखा–

'विश्वप्रेम बिनंन्दिया बुलि
अनुभव करा प्रतिजन असमीया
तुमिउतो जाना एटि कथा:
आपोन मातृर अश्रु नमछिले
विश्वप्रेम हब बृथा।'[6]

(भावार्थ–विश्वप्रेम के महत्व को समझनेवाले प्रत्येक असमीया व्यक्ति ! तुम भी तो यह जानते हो कि अपनी देशमातृ का अश्रु ही नहीं पोंछा तो विश्वप्रेम बेकार हो जायेगा।)

स्वतन्त्रता संग्राम ने देश के साथ-साथ भूपेन हाजरिका को भी हिलाकर रख दिया था, अत: उन्होंने आशावादी कण्ठ से गाया है–

'अग्नियुगर फिरिङति मइ नतुन असम गढ़िम
सरर्बहारार सर्बस्व पुनर फिराइ आनिम
नतुन भारत गढ़िम।'[7]

भावार्थ–मैं इस अग्नियुग की चिंगारी हूँ, मैं नये असम का निर्माण करूँगा, जिन लोगों का सबकुछ खो गया है उनका सर्वस्व वापस दिलवाऊँगा, एक नये भारत का निर्माण करूँगा।

मानवतावादी गीत

भूपेन हाजरिका असमीया लोगों के लिए प्रात: स्मरणीय नाम हैं। उन्होंने अपने जीवन पर्यंत केवल मनुष्य के लिए गाना गाया है। उनके द्वारा रचित एक गीत द्रष्टव्य है–

'मानुहे मानुहर बाबे
यदिहे अकणो नेभावे;
अकणि सहानुभूतिरे
भाबिव कोनेनो कोवा- समनीया।'[8]

(भावार्थ-एक इन्सान ही अगर दूसरे इन्सान के बारे में नहीं सोचेगा, तो फिर सहानुभूति के साथ कौन सोचेगा?)

यह गीत हाजरिका द्वारा रचित मानवतावादी गीत का उत्कृष्ट निदर्शन है। हाजरिका स्वयं गीत रचना करने के उपरान्त स्वयं ही कण्ठदान करते थे। इन्होंने अपने गीत में श्रमिक, कृषक तथा स्वतन्त्रता संग्रामी नेता, शहीद, शोषित, दलित और समाज संस्कार तथा प्रगति की बात करनेवाले लोगों को स्थान दिया है। मानव के लिए उन्होंने कई गाने गाये हैं। यथा–

'यदि दुखते उरे धरणीर धूलि
....
बहुतरे बहु बुकु भङा भङा देखोँ
....
काँइटके शेवालिर पाहि बुलि लोवाँ
तोमार तेजेरे बाट रङा रङा हॅले
मइ दिया सुरेरे मचिबा॥'[9]

(भावार्थ–यदि तुम्हारा जीवन यह कहकर रोने लगे कि हमारे पास कुछ नहीं है, यदि धरती की धूल दुःख से उरने लगे, अगर निराशाएँ आशाओं को तोड़ना चाहे तो तुम मेरे दिये गये सुर से अपने दुःखों को मिटा देना।)

भूपेन हाजरिका ने मानव के लिए ही गाना लिखा और गाया है। उनके गीतों के प्रमुख स्वर ही है मानव प्रेम। जनता के उद्देश्य से उन्होंने लिखा है–

मोर गीतर हाजार श्रोता !
तोमाक नमस्कार !
गीतर सभात तुमियेइतो प्रधान अलंकार॥

प्रयास करौँ तोमार मुखत हाँहि बिलाबलै
प्रयास करौँ तोमार दुःखत सचाइ कान्दिबलै'[10]

(दत्त, 2014 :131)

(भावार्थ–हे मेरे गीतों के श्रोताओ! तुम्हें प्रणाम, गीत की सभा में तुम ही मेरे अलंकार हो। मेरा प्रयास है कि मैं तुम्हारें होंठों पर मुस्कुराहट भर दूँ और तुम्हारे दुःखों में मैं भी तुम्हारे साथ रोऊँ।)

भूपेन हाजरिका के भाईचारा के भाव ने ही उन्हें स्वर्ण से निर्मित असम का सपना दिखाया था। इसी सपने के लिए उन्होंने समाज के प्रत्येक श्रेणी के लोगों को अपने गीत का केन्द्र बनाया। आजीवन मानवता के गीत गानेवाले भूपेन हाजरिका का स्वप्न था कि वे एक ऐसे भारत का निर्माण करें जहाँ हिंसा और विद्वेष की जगह केवल शान्ति और सम्प्रीति विराज करें। यथा–

'तुमि नतुन पुरुष तुमि नतुन नारी
अनागत दिनर, जाग्रत प्रहरी!
केचाँ जीवन सौँतक सिंचन करि;
सजाबा समाज निज हातेरे गढ़ि, '[11]

(भावार्थ–हे नयी पीढ़ी के नर और नारी ! तुमलोग आनेवाले दिनों के जाग्रत प्रहरी हो, तुम नये तरीक़े से समाज का निर्माण करो।)

प्रेम सम्बन्धी गीत

प्रेम जीवन की सर्वश्रेष्ठ अनुभूति है। प्रेम और स्नेह का बहुत गहरा सम्बन्ध है। स्नेह की गम्भीरता बढ़ने पर ही उस अनुभूति को प्रेम की संज्ञा मिलती है। मनुष्य के जीवन में प्रेम का बहुत महत्व है। अतः सभ्यता के साक्षर वहन करनेवाले साहित्य के विभिन्न अंगों के सृजन में भी प्रेम की भूमिका रही है। 'कपि उठे किय ताजमहल' शीर्षक गीत में शाहजहाँ और मुमताज़ के प्रेम-प्रसंग को मुखरित किया है–

'इ ये चाहजाहानर हियार आजान
अॅ ममताज जान!
अकलशरीया हाय
कान्दे तोर चाहजाहान।'[12]

(भावार्थ–हे मुमताज! तुम्हारे शाहजहाँ अकेले रो रहे हैं।)

1946 ई में रचित यह गीत उनके यौवनावस्था में रचित गीत है, जो 'चिराज' नामक फ़िल्म में चित्रित किया गया था। आग्रा स्थित ताजमहल का प्रत्यक्ष दर्शन के पश्चात ही उन्होंने यह गीत लिखा था, जो कि एक प्रेमगीत के रूप में सर्वमान्य है। उनके द्वारा रचित अन्य एक प्रेम गीत द्रष्टव्य है–

'सुउच्च पाहारर
श्रृंगलै उठा मइ
(एक) प्रेमिक अश्वारोही;
दूरंत अश्वर पदध्वनित
उन्माद होवा एक चिर विद्रोही।'[13]

(भावार्थ–मैं एक प्रेमिक हूँ, जो अश्व की पीठ पर चढ़कर सुउच्च पाहार चढ़ रहा हूँ। अश्व की पदध्वनि ने मुझे विद्रोही बना दिया है।)

यहाँ भूपेन हाजरिका ने स्वयं को एक अश्वारोही प्रेमिक के रूप में चित्रण किया है। उनके गीतों में प्रेम सम्बन्धी आशावादी चेतना का चित्रण भी हुआ है। यथा–

'स्नेहे आमार शत श्रावणर
धारासार बृष्टिर प्लावन आने
....
प्रीति दिगवलयत गतिशील गीत गाउँ
बज्रर गर्जने हार माने
बृष्टिर तृष्णाइ मौचुमी खेदि याय
आमार दृष्टियेओ लक्ष्य जाने।'[14]

(भावार्थ–हमारा स्नेह वर्षा की झड़ी लाती है, हमारे गतिशील गीतों से दामिनी भी हार मान जाती है। अतः हमें हमारा लक्ष्य पता है।)

भूपेन हाजरिका के गीतों में छायावादी प्रवृत्ति भी परिलक्षित होती है। स्वच्छन्दतावादी दृष्टि से उन्होंने अपनी प्रेयसी का रूप वर्णन भी किया है, यथा–

'तोमार उशाह कहुवा कोमल
शेवाली कोमल हाँहि ;
हाँहिये हृदय भरिले शुनाइ
एटि किबा मिठा बाँही।
शारदीया सेनेहीरे
कँकाल इमान लाही॥'[15]

(भावार्थ–तुम्हारा श्वास और हँसी फूल के समान कोमल हैं। तुम्हारी हँसी में बाँसुरी जैसी मोहिनी है, जो हृदय को भर देती है। तुम्हारी कमर भी बहुत ही लचीली है।)

भूपेन हाजरिका के जीवन को संग्रामों का समुह बताया जाता है। उनका कहना था कि वे इस निष्ठुर जीवन को हँस-हँस कर व्यतीत करेंगे, बदले में केवल उन्हें प्रेम भरा आह्लाद चाहिए। उन्होंने गाया है–

'आकाशीगंगा बिचरा नाइ
नाइ बिचरा स्वर्ण अलंकार।
निष्ठुर जीवनर संग्रामत
बिचारो मरमर मात एषार॥'[16]

(भावार्थ–मुझे आकाश की गंगा अथवा स्वर्णालंकार की चाह नहीं है, मुझे तो केवल प्यार के दो मीठे बोल चाहिए।)

भूपेन हाजरिका ने एक बहुत ही महत्वपूर्ण बात कही है कि प्रथम प्रेम की बात ही अलग होती है, उनके अनुसार दो हृदय के मिलने से ही प्रेम को पूर्णता मिलती है। इस सन्दर्भ में प्रस्तुत है एक गीत–

'प्रथम मरमे यदि सहारि नेपाय
भालपोवा किय जानो
मरहि याय,
एखन हिया आरु एखनि हियाइ
मिलिलेहे मरमे पूर्णता पाय॥'[17]

(भावार्थ–प्रथम स्नेह को अगर आसरा न मिले तो पता नहीं क्यों प्यार मुरझा जाता है। एक दिल से दूसरे दिल के मिलने से ही प्रेम को पूर्णता मिलती है।)

अपने जीवन की अपूर्णता को अभिव्यक्त करते हुए उन्होंने गाया है–

'हयतो नितौ हेजार जनर
हेजार शराइ पाउँ
तथापि किय विशेष जनर
मरम बिसारि जाउँ।'[18]

(भावार्थ–भले ही मुझे रोज रोज सहस्त्र लोगों से सहस्त्र पुरस्कार अथवा भेंट मिलती हो, परन्तु फिर भी किसी विशेष व्यक्ति से प्रेम की आशा करता हूँ।)

इन सबके अतिरिक्त भी भूपेन हाजरिका ने प्रेयसी की यौवनावस्था तथा सुन्दर अंगों को लेकर भी कालजयी गीतों की रचना की है, जैसे–

कि ये तोमार संग प्रिया
मिठा तोमार संग
तोमार अंग ज्वलंत जुइ
मइ ये पतंग।'[19]

(भावार्थ–हे प्रिया! तुम्हारा साथ मुझे कितना अच्छा लगता है, ऐसा लगता है मानो तुम एक शमा हो और मैं सामान्य एक पतंग हूँ।)

समाज सम्बन्धी गीत

भूपेन हाजरिका का असम के साथ बहुत ही गहरा सम्बन्ध था। असम मातृ की गोद में ही उन्होंने अपना शैशव और यौवन के दिन गुजारे हैं। उन्होंने असमीया समाज को अत्यन्त निकट से देखा है। ये अनुभव उनके गीतों में अभिव्यक्त हुआ है। असम में रहनेवाली विभिन्न जाति-उपजाति, अमीर-गरीब, उच्च-नीच, शिक्षित-अशिक्षित सबके प्रति उनके हृदय में व्याकुलता थी। अपने गीतों के द्वारा ही वे असमीया समाज जीवन का चित्र अंकन करते थे। समाज के दरिद्र, शोषित और वंचित लोगों के जीवन की मार्मिक गाथा उनके गीतों में प्रकाशित हुई है। सर्दी की रात में वस्त्रहीन दरिद्र किसान का दृश्य का उनके गीतों में सहृदयता से चित्रण हुआ है। यथा–

शीतरे सेमेका राति
सेमेका शीतरे राति।
बस्त्रबिहीन कोनो खेतियकर
भागि परा पजाटिर
तुहँ जुइ एकुरार
....
रक्तिम येन एटि उत्ताप हउँ॥'[20]

(भावार्थ–सर्दियों की रात में वस्त्रहीन किसी ग़रीब किसान की झोपड़ी में जलती हुई आग की गर्माहट बन जाऊँ।)

दरिद्रता को नष्ट करने के लिए स्वयं अग्नि में रूपान्तर होने की इच्छा प्रकट करनेवाले कलाकार, यही उनकी संवेदनशील समाज प्रेम का उदाहरण है। हाजरिका ने अग्नियुग की चिंगारी बनकर समाज से शोषणकारियों को दूर करके शोषित

जनगन को मुक्ति दिलाने और एक नये समाज निर्माण करने की इच्छा प्रकट करते हुए लिखा है–

अग्नियुगर फिरिङति मइ
नतुन असम गढ़िम
....
नर कंकालर अस्त्र साजि
शोषणकारीक बधिम
सर्बहारार सर्बस्व पुनर फिराइ आनिम।'[21]

(भावार्थ–मैं अग्नियुग की चिंगारी हूँ। मैं असम का नवनिर्माण करूँगा, नर कंकालों से अस्त्र बनाकर शोषणकारियों का वध करूँगा, सर्वहारा लोगों का सबकुछ वापस लाऊँगा।)

हाजरिका ने अपने गीतों में समाज का यथार्थ चित्रण करने के साथ-साथ समाज संस्कार के लिए भी प्रयास किया है। समाज में प्रचलित संकीर्ण विचारधारा, जाति-पाति की विभेदता, धर्म के सम्बन्ध में संकोचित मनोभाव आदि से ऊपर उठकर मानवतावादी हृदय के साथ वे गीतों की रचना करते थे। समाज में उच्च-नीच, जाति-धर्म आदि को लेकर जो अदृश्य दीवार बन गयी है, उसे तोड़कर प्रगति की कामना करनेवाले हाजरिका ने लिखा है–

युवती अनामिका गोस्वामी
आरु युवक प्रशांत दासे
बियात हेनु किछु बाधा पाले,
....
सेये काको नजनाइ, कामाख्या धामत
दुयो दुयोके आजि माला पिंधाले
एयाइ प्रशान्त आरु अनामिकार
जातिकुल नेउचा होमाग्निर युग
एया जनार युग
....
एयाइ सीमार परिधि भङार युग, '[22]

(भावार्थ–युवती अनामिका गोस्वामी और युवक प्रशान्त दास ने अपने विवाह में कुछ बाधाओं का सामना किया। अत: दोनों ने चुपके से कामाख्या धाम में शादी

कर ली। ये प्रशान्त और अनामिका के जातिभेद के विरोध करनेवाली होमाग्नि का युग है। यह जानने का युग है, यह परिधि को लाँघने का युग है।)

हाजरिका ने सभी जाति-धर्म वर्ण के लोगों में साम्य और सम्प्रीति की वाणी का प्रचार किया था। असमीया संस्कृति और असमीया साहित्य के माध्यम से जनता की प्रगति की है। महापुरूष श्रीमंत शंकरदेव के महान आदर्शों से प्रेरित होकर डॉ. हाजरिका ने भी जाति-धर्म की विभेदता को समाप्त करके मनुष्य की मुक्ति के लिए जीवन पर्यंत साधना की है। बाल्यावस्था में रचित उनका एक गीत द्रष्टव्य है–

> 'कुसम्बरर पुत्र श्री शंकर गुरुवे
> धरिछिल नामरे तान,
> नामरे सुरते आनंदत नाचिछिल
> पवित्र बरदोवा थान
>
> ....
>
> मोर गुरु ऐ धन्य असम भूमि।।'[23]

(भावार्थ–कुसुम्बर का पुत्र श्री शंकर गुरु ने नाम-धर्म का प्रचार किया। उनके नाम-कीर्तन की ध्वनि से आनन्दित होकर उनकी जन्मभूमि बरदोवा भी मानो नाचने लगी।)

बिहु असम का जातीय उत्सव है। बिहु असमीया जातीय जीवन का साहस और प्रेरणा का स्त्रोत है। बैशाख के महीने को लेकर लिखे गये उनके गीत असमीया समाज जीवन की अक्षय निधि हैं। वसन्त ऋतु में प्रकृति नया शृंगार करती है, वसन्त असमीया लोगों के लिए नयी उम्मीद लेकर आता है। बिहु के साथ प्रत्येक असमीया का घनिष्ठ सम्बन्ध है। अत: हाजरिका ने लिखा है–

> 'बिहुटि बछरि आहिबा
> असमी आइके जगाबा।
> बिपदर कालतो माह हालधिरे
> जातिटोर देह मन धुवाबा॥'[24]

(भावार्थ–हे बिहु! तुम हर साल आना और असम माँ को जगाना। विपत्ति के समय हल्दी-उड़द से असमीया जाति को नहलाना।)

और एक गीत द्रष्टव्य है–

> 'बहाग माथो एटि ऋतु नहय;
> नहय बहाग एटि माह,

असमीया जातिर इ आयुस-रेखा
गन जीवनर इ साह, '[25]

(भावार्थ–बैसाख का महीना केवल एक महीना नहीं है, यह तो असमीया जाति की आयु रेखा है, असमीया जन जीवन का साहस है।)

विविध समाज सम्बन्धी गीत

असम अनेक जाति-जनजाति और समुदायों की मिलनभूमि है। ये समुदाय असमीया समाज के अभिन्न अंग बन गये हैं। भूपेन हाजरिका ने अपने गीतों में इन समुदायों का सुन्दर चित्रण किया है। यथा–

'उपाध्याय त्रिपाठी आफाज तमिज आरु
कर्म्मकार चाह बागिचार
असमीक आकोवालि पातिछे मनर कथा
भाषा नव असमीयार, '[26]

(भावार्थ–उपाध्याय, त्रिपाठी, अफाज, तमिज और चाय बगीचे के कर्म्मकार मिलकर असमीया भाषा से मन की बात कर रहे हैं, यह नये असमीया की भाषा है।)

आदिवासी समाज जीवन पर आधारित 'चामेली मेमचाब' फ़िल्म के लिए लिखे गये उनके गीतों में हमें चाय बगीचे का सार्थक चित्रण देखने को मिलता है। यथा–

असम देशर बागिचारे छोवाली
झुमुर-टुमुर नासि करौँ धेमालि;
ऐ...लछ्मी नहय मोरे नाम चामेली॥'[27]

(भावार्थ–मैं असम देश के बगीचे की बेटी हूँ, झुमुर नाच कर मौज-मस्ती करती हूँ, मेरा नाम लक्ष्मी नहीं, चमेली है।)

प्रस्तुत गीत में एक नव यौवना युवती के जीवन की झलक चित्रित हो उठी है। शिरीष के नीचे चाय के पत्ते तोड़नेवाली चमेली का रूप वर्णन इस गीत को सार्थक बनाता है। आदिवासी स्त्रियाँ अधिकांश बाबुओं के समक्ष अपना सर्वस्व अर्पण करने के लिए मजबूर हो जाती हैं और उनका जीवन नरक बन जाता है। हाजरिका ने ऐसे मंसूवा रखनेवाले व्यक्तियों को भी सावधान कर दिया है–

'छट छट चुकड़ी, बर बर टुकरी
नरम सबुज पाता, तले डग डग

जवान बुढ़ार आँखि देख
करे लक लक;
छट छट बुक खाना करे धक धक
कि भाबिस ए हामार चाहेली
मने राख मोर नाम चामेली।'[28]

(भावार्थ–छोटी-छोटी लड़कियों के सिर पर बड़ी-बड़ी टोकरियाँ डगमगाती हैं और उन्हें देखकर जवान से लेकर बूढ़ों तक की आँखें लकलक करती हैं। याद रखना मेरा नाम चमेली है।)

प्रस्तुत गीत के माध्यम से चामेली ने समग्र समाज को सावधान कर दिया है। दूर्गा पूजा आदिवासियों का बहुत ही बड़ा उत्सव है। उत्सवों में इनका जीवन आनन्द से भर जाता है। ऊपर से इस पर्व में उन्हें बोनस भी मिलता है। अतः वे नये-नये, रंग-बिरंगी कपड़े ख़रीद सकते हैं। नयी साड़ी पहनकर स्त्रियाँ पूजा देखने जाती हैं–

'लाल शाड़ी पिंधि नाचे
मादल झुमुर बाजना
नाके नोलुक पाये ताबिज
रुणु जुनु बाजे गहना।'[29]

(भावार्थ–नायिका मादल के ताल से ताल मिलाकर लाल साड़ी पहनकर नाच रही है, उसकी नाक की नथ और पैरों की ताबिज रुनझुन आवाज कर रही है।)

ऐसी अपूर्व सुन्दरी के रूप सौन्दर्य को देखकर भी प्रेमिक के चेहरे में कोई उल्लास न देखकर प्रेयसी अपने प्रियतम से प्रश्न करती है–

'अइन दिने देखि काला
काने कदम फुल ग
आज केन तोमार काला
बदन मलिन ग, '[30]

(भावार्थ–आम दिन तो तुम्हारे कानों में क़दम का फूल होता है, पर आज तुम्हारा चेहरा क्यों उतरा हुआ नज़र आ रहा है?)

आदिवासी श्रमिक सदा शोषित और प्रताड़ित होते हैं। उनका अपना कोई सपना नहीं होता। वे केवल अपने मालिक के इशारों पर नाचते हैं। अतः हाजरिका इन लोगों को स्वतन्त्र देखना चाहते हैं। उनकी यह इच्छा थी कि मादल की ध्वनि के साथ तूफ़ान आ जाये और उसके डर से समाज से अपशक्ति दूर हो जाये। यथा–

'नतुन तुफ़ान आहिले
हेजार मादल बाजिले
सेइ मादलर साहस देखि
ओ पिशाछो पलाले,'[31]

(भावार्थ–हज़ारों की संख्या में मादल बज उठे हैं। उनकी ध्वनि से नया तूफ़ान आ गया है, जिससे पिशाच भी भयभीत होकर भाग गये हैं।)

यहाँ नये तूफ़ान से आशय नयी क्रान्ति से है।

प्रकृति सम्बन्धी गीत

मानव और प्रकृति का सम्बन्ध बहुत गहरा होता है। मानव जाति का उद्भव और विकास प्रकृति की गोद में ही हुआ है। प्रकृति परिवर्तन और नियन्त्रण की निरन्तर चेष्टा करती रहती है। अत: कलाकार भी प्रकृति के प्रति अत्यन्त संवेदनशील होते हैं। भूपेन हाजरिका के हृदय को भी प्रकृति ने प्रभावित किया है। अत: भूपेन हाजरिका ने अपनी मातृभूमि असम की भौगलिक स्थिति का चित्रण करते हुए एक गीत लिखा है जो सभी असमवासी जनता को आकर्षित करता है। यथा–

'असम आमार रूपही, गुणरो नाइ शेष
भारतरे पूर्व दिशर सूर्य उठा देश॥'[32]

(भावार्थ–हमारी मातृस्वरूपा असम अनन्य रूप तथा गुणों की अधिकारिणी है, जो भारत की पूर्व दिशा में स्थित है और यहाँ सबसे पहले सूर्योदय होता है।)

प्रस्तुत गीत में हाजरिका ने असम की अनन्त गुण गरिमा का चित्रण करते हुए यह कामना की है कि उनकी जीवन की समाप्ति भी यही हो। जैसा कि हमने पहले भी उल्लेख किया है कि हाजरिका स्वयं गीतों की रचना करके भारत के प्रख्यात गायकों से गवाते थे, अत: लता मंगेशकर के कण्ठ का एक गीत द्रष्टव्य है–

'जोनाकरे राति असमरे माटि
जिलिकि जिलिकि परे
मलयारे छाटि दुहाते साबटि
धुनिया मालती सरे॥'[33]

(भावार्थ–रात्रि के समय असम की भूमि में चाँद की चाँदनी छिटक रही है और चारों और हवा के झोंकों से सुन्दर मालती फूल झड़ते हैं।)

प्रस्तुत गीत में असम का मनोरम प्रकृतिक सौन्दर्य, ग्राम्य जीवन, देशप्रेम, अदम्य स्वप्न आदि का चित्रण अत्यन्त सहज भाषा में किया गया है। हाजरिका का व्यक्तित्व आत्मिक विरह व्यथा से व्यथित था, अतः अपनी विरहाभिव्यक्ति के लिए उन्होंने प्राकृतिक उपादानों से ही प्रतीकों का चुनाव किया है। यथा–

'कार आकाशर रामधेनु खनि
कोत बा लुकाय
कार सपोनर फुलनि खनि
मरहि शुकाय
जीवनर लुइतत नाउ मेलि दे
आशारे तुलिलै पाल
एकोके नेपालो, पाइयो हेरोवालौँ
निचिगे मायारे जाल,'[34]

(भावार्थ–किसी के आकाश का इन्द्रधनुष कहाँ छुप गया है, किसी के सपनों का बगीचा मुरझा गया है परन्तु फिर भी सब मायाजाल में बँधे हुए हैं।)

जीवन के अन्तिम चरण में भी उनके कवि हृदय ने हार नहीं माना। घात-प्रतिघात, सुख-दुःख, अकेलेपन, राष्ट्रीय सम्मान प्राप्ति जैसी घटनाओं के बाद भी वे जीवन के दुखद अनुभवों को अभिव्यक्त करते थे, जो जनता के हृदय स्पर्शी गीत बनकर फूट पड़ते हैं

'आकाश साबटि
नामिलो सागरत
बुकुत कढ़ियालौँ आग्नेयगिरि
शबदर बरषुणे
धरिले सावटि
कण्ठत सुरर अनन्य सुहुरि,'[35]

(भावार्थ–मैं आसमान का आलिंगन कर सागर में उतरा। मैंने कलेजे में ज्वालामुखी लेकर भी अनन्य सुरमयी गीतों की रचना की है।)

प्रस्तुत गीत में हाजरिका ने आकाश, सागर, ज्वालामुखी, वृष्टि जैसे प्राकृतिक उपादानों को प्रतीक के रूप में प्रयोग किया है।

सामाजिक समता सम्बन्धी गीत

भूपेन हाजरिका जनता के प्रतिनिधि कलाकार थे। उनकी कविता हो अथवा गीत सभी में उनकी सामाजिक समता की चेतना परिलक्षित होती है। वे समाज से वर्ण वैषम्य तथा वर्ग भेद जैसे रुढ़िवादी विचार धाराओं को दूर कर सभी में समता की प्रतिष्ठा करना चाहते थे। उन्होंने स्वयं गाया है–

'प्रथम नहय द्बितीय नहय
तृतीय श्रेणीर यात्री आमि
जीवन रेलर दबात आमि
प्रथम नहय द्बितीय नहय
तृतीय श्रेणीर यात्री आमि॥'[36]

(भावार्थ–हम प्रथम या दूसरी श्रेणी के नहीं, तीसरी श्रेणी के यात्री हैं। जीवन रेल के डब्बे की तीसरी श्रेणी के हम यात्री है।)

जैसा कि हम सब यह जानते हैं कि असम विभिन्न जाति-उपजातियों का राज्य है। यहाँ बड़ो, कार्बि, मिचिंङ, आदि पहाड़ी जनजातियाँ रहती हैं। अतः भूपेन हाजरिका इन जाति-उपजातियों के बीच भी समता की प्रतिष्ठा करना चाहते थे। यथा–

'हरिजन, पाहाड़ी, हिन्दु, मुछलिमर
बड़ो, कोच, चुतीया, कछारी, आहोमर
अन्तर भेदी मौ बोवाम, भेदाभेदर प्राचीर भाङि
साम्यर सरग रचिम,'[37]

(भावार्थ–हरिजन, पहाड़ी, हिन्दू, मुसलमान, बड़ो, कोच, चुतीया, कछारी, आहोम आदि सभी जातियों के बीच फैले भेद-भाव दूर कर समता के सहारे स्वर्ग का निर्माण करूँगा।)

इसके अतिरिक्त भी भूपेन हाजरिका के गीतों में विश्वभर में समता प्रतिष्ठा करने की तीव्र इच्छा परिलक्षित होती है, यथा–

मदाररे फुल होने पूजातो नेलागे
मदाररे फुल हेनो सबाहत नेलागे,
लागे पिछे बॅहागते रङ सानिबले,
लागे पिछे आकाशते जुइ जलाबले।'[38]

(भावार्थ–प्रस्तुत गीत के माध्यम से हाजरिका मदार नामक जंगली फूल के माध्यम से कहना चाहते हैं कि जिन चीज़ों को लोग अवहेलना की दृष्टि से देखते है, कभी-कभी ऐसा समय आता है कि उनके बिना कुछ भी कर पाना असम्भव हो जाता है। अत: हमें उच्च-नीच की विविधता वाले मनोभाव को हटाकर भातृत्वबोध की स्थापना करनी चाहिए।)

प्राचीन भारत में प्रचलित सामन्ती परिवेश का प्रभाव आज तक पूरी तरह निर्मूल नहीं हो पाया है, केवल उसका रूप परिवर्तन हुआ है। आज भी कहीं-कहीं लोग पालकी में ढोकर उच्चवर्गीय लोगों को एक जगह से दूसरी जगह पहुँचाते हैं। कुछ लोग ऐसे भी हैं, जो अपने ऊपर हो रहे शोषण से अपरिचित हैं और कुछ लोग बेजुबान बन गये हैं। अत: प्रत्येक मनुष्य के बीच आत्मसम्मान बोध को जगाना आवश्यक है। अत: दर्दभरे स्वर में हाजरिका ने गाया है–

'दोला हे दोला, हे दोला हे दोला
एका बेंका बाटेरे कढ़ियाउँ कढ़ियाउँ
बर बर मानुहर दोला।'[39]

(भावार्थ–बड़े बड़े लोगों को पालकी में बिठाकर टेढ़े-मेढ़े रस्ते से ढो रहा हूँ।)

बाल गीत

भूपेन हाजरिका द्वारा रचित बालगीत ज्ञान और मनोरंजन दोनों के बाहक हैं। ग्रामीण बच्चों द्वारा खेल में प्रयुक्त किन्हीं स्थानीय गीतों को हाजरिका ने अपने गीतों में स्थान दिया है। इन गीतों में छिपा भावार्थ बालोपयोगी है। यथा–

'अलौगुटि तलौगुटि
कोन कॅत लटि घटि
कचुपातत लाइ
यि हाते आङुठि नाइ,
सेइ हाते केनेकै पाय? ऐराम'[40]

(भावार्थ–अलौ गुटि टलौ गुटि (असमीया ग्रामीण खेलों में प्रचलित शब्द) जिस हाथ नें अंगूठी नहीं है, उस हाथ में कैसे मिल सकती है?)

भूपेन हाजरिका ने बालगीत रचना करने में मौखिक साहित्य का सहारा लिया है। एक गीत में उन्होंने एक माता का चित्रण किया है, जो लोरी गाते हुए अपने बच्चे को सुला रही है–

घुमटि याउरे मोरे सोण जीउटि
शियालि नाहिबि राति;
तोरे काणे काटि लगाम तेलर चाकि
शियालि नाहिबि राति।'[41]

(भावार्थ–हे मेरे सोना बेटा! सो जाओ, सियार तू मत आना, नहीं तो तेरा कान काट कर बत्ती जलायेंगे।)

इसी सुर में गाए जाने वाले हाजरिका के अन्य बालगीतों के कुछ उदाहरण निम्नलिखित हैं–

'आमारे भनिटि शुब ए'
सपोनर देशलै याब ए
शुकुला रङरे मिठाकै सपोनक
दिठकर रूपके दिब॥'[42]

(भावार्थ–हमारी प्यारी बहना सो जायेगी, सपनो के देश में जायेगी, अपने सपने को सच भी करेगी।)

फिर–

'पेही अँ पेहा
एइ फाले आहा
रङमन उचमा
उचरते बहा।'[43]

(भावार्थ–बुआ और फुफा तुमलोग आओ और हमारे पास ही बैठो।)

भूपेन हाजरिका द्वारा रचित यह बालगीत अत्यन्त लोकप्रिय है–

'जन्मदिन जन्मदिन शुभ जन्मदिन
प्रतिदिन हय येन रङीण रङीण'[44]

(भावार्थ–जन्मदिन मुबारक हो, तुम्हारा हरदिन रंगीन हो।)

और एक लोकप्रिय गीत निम्नलिखित है–

रङ किनिबा कोने ऐ रङ किनिबा कोने?
मोना भराइ रङ आनिछो किना मोने मोने'[45]

(भावार्थ–रंग किसे ख़रीदना है, जल्दी आओ, झोली भर के रंग लाया हूँ, ढेर सारा ख़रीद लो।)

भूपेन हाजरिका के बालगीत असम के घर-घर में प्रचलित तथा प्रसिद्ध हैं।

व्यक्ति विषयक गीत

भूपेन हाजरिका एक ऐसे कलाकार थे, जो स्वदेश प्रेम से ओत-प्रोत होने के साथ-साथ स्वतन्त्रता संग्राम से जुड़े विशेष व्यक्तियों और उनके व्यक्तित्व से भी प्रभावित थे। जैसे कि महत्मा गाँधी, लाल बहादूर शास्त्री, नेल्सन मण्डेला इत्यादि। हाजरिका द्वारा रचित कुछ व्यक्ति विषयक गीत निम्नलिखित हैं–

तेरश चौवान्नर माघरे माहते
षोल्लरे बियलि बेला,
पृथिवीर शिरते बज्रपात परिले
बापुजी कलैनो गॅला?

पृथिवीखनिये हिंसार तेजेरे
जेतिया राङलि हॅल;
अहिंसार बाणीरे धुवालाँ-पखाला
शतरु बिस्मय गॅल॥'[46]

(भावार्थ–असमीया कैलेंडर के 1354 के माघ के महीने में संध्या के समय पृथ्वी के ऊपर बज्रपात गिरा, अर्थात बापू का देहान्त हो गया। सम्पूर्ण धरती जब हिंसा से रंगीन हो गयी, तब तुमने अहिंसा की वाणी से उसे फिर से धुला दिया और शत्रु को चकित कर दिया।)

प्रस्तुत गीत में हाजरिका ने महत्मा गाँधी की मृत्यु को धरती पर गिरे बज्रपात के साथ तुलना की है, जो सबके लिए यन्त्रणादायक है और इसके साथ-साथ देश के लिए बापूजी की अहिंसा नीति के योगदान को भी स्वीकार किया है।

इसके पश्चात जब सन् 1966 ई में भारत के द्वितीय प्रधानमन्त्री लाल बहादूर शास्त्री के सोवियत देशों की यात्रा के दौरान ताशकंद में हठात वियोग हो गया, वह समाचार सुनकर हाजरिका इतने प्रभावित हुए कि उनकी स्मृति में तथा श्रद्धांजलि के उद्देश्य से गीत की रचना कर डाली। यथा–

'नाइ नाइ नाइ हेनो आमार आपोन शास्त्री
तासखण्डते हॅल शान्तिपथयात्री।

प्रतिजन दरिद्रर तेउँ येन भातृ
दुरणिर देशते हलॅ शान्तिपथयात्री।'[47]

(भावार्थ–हमारे अपने शास्त्री जी नहीं रहे। ताशकंद में ही वे शान्ति पथ के यात्री बन गये। वे भारत के प्रत्येक दरिद्र के भातृ स्वरूप थे, परन्तु अब और वे हमारे बीच नहीं रहे।)

इसके अतिरिक्त नेल्सन मण्डेला सत्ताइस वर्ष और सात महीने तक जेल में रहकर जब बाहर आये तब सबको बहुत ख़ुशी हुई। इसी ख़ुशी के माहोल में हाजरिका ने भी गाया है–

'ज़िन्दाबाद मेण्डेला
मेण्डेला, ज़िन्दाबाद

....

बर्ण वैषम्यर जीर्ण प्राचीरखनि
बज्र हातुरिरे भाङिला
मुक्त आकाशर उद्देश्ये
दृढ़मुष्टि तुमि तुलिला'[48]

(भावार्थ–नेल्सन मण्डेला तुम्हारी जय हो, तुमने अपनी बज्ररूपी हाथों से वर्ण वैषम्य जैसी रूढ़ि के प्राचीर को तोड़ा और एक मुक्त तथा स्वच्छ समाज निर्माण करने के उद्देश्य से दृढ़ता से मुष्टि-प्रहार किया। अत: मण्डेला ज़िन्दाबाद।)

कर्म संस्कृति के गीत

भूपेन हाजरिका जनता के प्रतिनिधि थे। उन्होंने ऊँचे-ऊँचे महलों में बैठकर अपनी कल्पना शक्ति से गीतों की रचना नहीं की, वे तो समाज के अभिन्न अंग बनकर समाज के लोगों के साथ प्रत्यक्ष भावविनिमय करते हुए और समाज के ज्वलंत समस्याओं से प्रभावित होकर ही गीतों की रचना की है। वर्तमान समय में केवल असम में ही नहीं, बल्कि सम्पूर्ण देश में शिक्षित बेरोज़गारों की संख्या इतनी बढ़ गयी है कि लोग आत्महत्या जैसे नाकारात्मक विचारों का शिकार होने लगे हैं। पढ़े-लिखे नौजवान बेरोज़गारी का शिकार होने लगे हैं। पढ़े-लिखे नौजवानों को मन पसन्द

काम न मिले तो वे करे भी तो क्या करे? इस समस्या का चित्रण करते हुए उन्होंने समाधान की खोज भी की है, यथा–

अटोरिक्सा चलाउँ
आमि दुयो भाइ
....
बि.इ.फेल मइ
सरु भाइ एम. ए.पास
बेंकतो बहुतु धार !
....
भाल करिलि भाइ भालेइ करिलि
भावी भाइ बोवारीलै आशिष अपार।
हाकिम मन्त्रीर चाकरि बिचारि तइ
नहॅलि ये भाग्ये चिर बेकार !!!'[49]

(भावार्थ–हम दोनों भाइ अटो रिक्सा चलाते हैं। मैं बी. ए. फैल हूँ, मेरा छोटा भाइ एम. ए. पास है। छोटे भाई की होनेवाली पत्नी के लिए आशीर्वाद है, तूने भाई अच्छा ही किया जो हकीम और मन्त्रियों की बातों में न फँसकर अटो रिक्सा चलाने का फैसला कर लिया। अन्यथा नौकरी की आस में सदा के लिए बेकार हो जाता।)

शहीद सम्बन्धी गीत

भूपेन हाजरिका स्वाधीनता संग्राम के प्रत्यक्षदर्शी रहे हैं, अतः तत्कालीन युद्ध में शहीद हुए वीर जवानो को सहृदयतापूर्वक श्रद्धांजलि देते हुए गाया है–

त्याग दिला, डेका बन्धु
पुनु आहिबा, आहि युँजिबा
युँजि जिकिबाइ डेका बन्धु।
बेलि उठिब जोन थाकिब
आशा रश्मिर रेखा जलिब
तुमारेइ गुण गान'[50]

(भावार्थ–हे युवा बन्धु! तुमने त्याग किया है। अतः तुम फिर वापस आना, आकर फिर युद्ध करना और ज़रूर विजयी होना। इस संसार में जब तक चाँद और

सूरज रहेगा तब तक आशा की लौ जलती रहेगी और तुम्हारा जयगान होता रहेगा।)

इसके अतिरिक्त भी भूपेन हाजरिका ने चित्रपट संगीत के बहाने भी विभिन्न अवसरों पर शहीद वीरों के प्रति श्रद्धांजलि अर्पण करते हुए गाया है–

'अकण घरलै आहिले
आमार अकण आहिले
केचा तेज़े भरा फुल शयनत
कोनेनो सजाइ दिले?
आमार अकणे किशोरते
वीरर सपोन देखिले
संग्रामर नेता हॅब बुलि
विप्लवी क्षण गणिले,'[51]

(भावार्थ–हमारा अकण घर लौट आया है। ताजा ख़ून से भरे फूलों की शय्या किसने सजा दिया है? हमारे अकण ने युवावस्था में ही वीर बनने का सपना देखा और संग्रामी नेता बनने के लिए विप्लव के क्षणों का इन्तज़ार किया।)

प्रस्तुत गीत के माध्यम से हाजरिका ने एक ऐसे युवक का चित्रण किया है जिसके जीवन का एकमात्र लक्ष्य था देशमाता के लिए अर्पण होना। अत: वे उन्हें श्रद्धा सुमन अर्पित करते हैं।

उपदेशात्मक गीत

भूपेन हाजरिका समाज के ज़िम्मेदार गीतकार थे। समय-समय पर इन्होंने अपने गीतों के माध्यम से समाज के लोगों के प्रति अपना दायित्व पालन किया है। वर्तमान समय में बढ़ती जनसंख्या केवल असम या भारत का नहीं, बल्कि सम्पूर्ण विश्व के लिए ख़तरा साबित हो रही है। भूपेन हाजरिका यह बात भली-भाँति जानते थे कि शिक्षित लोग परिवार योजना के बारें में जानते हैं, पर अशिक्षित लोग इन सब बातों से अंजान हैं। भारत में अधिकतर अशिक्षित लोगों का ही बड़ा परिवार देखा जाता है, इससे माँ और बच्चा-दोनों की देखभाल ठीक तरह नहीं हो पाती। साथ ही साथ आर्थिक कठिनाईयों के कारण उस परिवार के लोगों को तरह-तरह की समस्याओं का सामना करना पड़ता है। अत: उन्होंने ऐसे लोगों को परिवार योजना का उपदेश देते हुए गाया है–

ज्ञानी जने कय
कि कय?
ज्ञानी जने कय शृंगालर जाक-जाक
सिंहर एटाइ भाल,
हेन जानि भावि गुणि, हे नव दम्पति
सीमित करा परियाल।'[52]

(भावार्थ–ज्ञानियों का कहना है कि शेर का एक अकेला सियारों के झुण्ड के बराबर है। अत: हे नव दम्पत्ति, तुमलोग भी इसी बात को ध्यान में रखकर अपना परिवार सीमित रखना।)

इसके अतिरिक्त भी अधिक बच्चेवाले दम्पत्तियों द्वारा सामना की जाने वाली कठिनाइयों को देखते हुए हाजरिका ने लिखा है–

'घने घने कत शिशुक
जन्म दिबा तुमि? तुमि जन्म दिबा

....
तुमि यदि निजे होवा
भराल रोगर
तोमार मरम हॅब
पानी लुइतर

....
ताक नकरा किय सुठाम-सबल
तेहे तुमि हाँहिरे
घर उजलाबा॥'[53]

(भावार्थ–एक के बाद एक तुम कितने बच्चों को जन्म दोगी? अगर तुम स्वयं ही बीमारियों का भण्डार बनी रहोगी तो तुम्हारा प्यार उनके लिए हानिकारक हो सकता है। तुम उसे स्वस्थ क्यों नहीं बनाती? तब जाकर तुम अपने घर को हँसी के प्रकाश से उज्ज्वल कर सकती हो।)

इस तरह उपदेशात्मक गीतों की रचना द्वारा हाजरिका ने अपने दायित्वशील व्यक्तित्व का परिचय दिया।

विद्रोह सम्बन्धी गीत

भूपेन हाजरिका समाज के यथार्थ को अपने गीतों में उकेरते हैं। समाज की विविध घटनाओं से उनका संवेदनशील हृदय द्रवित होता है। जैसे–

'प्रतिध्वनि शुनो मइ, प्रतिध्वनि शुनो
मोर गावरे सीमारे पाहारर सिपारर
निशार चिञरटिर प्रतिध्वनि शुनो।।
हॅब पारे कोनो गाभरूर शोक-भरा कथा
हॅब पारे कोनो आइतार निशार साधुकथा,'[54]

(भावार्थ–मुझे कुछ आवाज़ें सुनाई दे रही हैं, जो मेरी सीमा के पास स्थित पहाड़ी के उस पार से आ रही हैं। ये आवाज़ें किसी युवती की दर्दभरी दास्तान भी हो सकती हैं अथवा किसी दादी माँ की कहानी भी हो सकती हैं।)

क्रान्तिकारी चेतना के फलस्वरूप हाजरिका ने असम के विशिष्ट नद ब्रह्मपुत्र से भी प्रश्न किया है–

'विस्तीर्ण पाररे
असंख्य जनरे
हाहाकार शुनिउ
निशब्दे निरबे
बुढ़ा लुइत तुमि;
बुढ़ा लुइत बोँवा किय?'[55]

(भावार्थ–हे ब्रह्मपुत्र, तुम बूढ़े हो गये हो, लेकिन फिर भी तुम्हें जनता का दुःख दर्द और हाहाकार सुनाई नहीं देता। और अगर तुम ये सब देख रहे हो, तो तुम कुछ प्रतिवाद किए बिना प्रवाहित हो रहे हो? तुम्हें धिक्कार है।)

आत्मभिव्यक्ति सम्बन्धी गीत

हाजरिका ने अपने गीतों के माध्यम से ही स्वयं को अभिव्यक्त किया है। वे गीत रचना को ही अपना सर्वोत्तम धर्म मानते थे। उनके गीतों का विषय, सुर और छन्द सब में उनकी मुक्त अभिव्यक्ति को स्थान प्राप्त हुआ है। उन्होंने गाया है–

मुक्त बायु मोर प्राप्य
    जत सामूहिक जीवनर उत्स आछे

पराजय निराशार समाधि भेटित
आशाइ कविता रचे।'[56]

(भावार्थ–मुक्त हवा पर मेरा अधिकार है। जहाँ सामूहिक जीवन का उत्स है। पराजय की निराश समाधि में मेरी आशाएँ कविता रचती हैं।)

यहाँ भूपेन हाजरिका ने 'मैं' को पूर्ण रूप से प्रकाशित करते हुए मुक्त अभिव्यक्ति दी है। उनका स्पष्ट कथन है कि निराशा के क्षणों में उनकी आशाएँ उनसे कविता सृजन करवाती हैं।

आत्माभिव्यक्ति के माध्यम से हाजरिका ने अपनी दार्शनिकता का भी परिचय दिया है। उनका मानना था कि ये जीवन और माया-मोह क्षण भंगुर हैं। उनके अनुसार–

'घर-घर बुलि खाउँ हाबाथुरि
आँचनि कम्पमान,
तथापिउ किय करि आछौं मइ बालिघर निर्माण?'[57]

(भावार्थ–पता नहीं क्यों मैं घर की खोज में दर-बदर भटकता हूँ, मुझे पता है कि यहाँ मेरा कुछ भी नहीं है, पर फिर भी मैं रेत का महल बनाता रहता हूँ। रेत का महल जो पानी के स्पर्श मात्र से नष्ट हो जायेगा।)

जीवन के सन्दर्भ में हाजरिका ने अपनी आत्माभिव्यक्ति दी है। किस तरह मनुष्य में जिजीविषा की भावना भरी हुई होती है, निम्न उदाहरण से समझा जा सकता है–

'शूण्य शूण्य सेइ जीवन
नाइ नाइ नाइ मान अभिमान
नाइ स्नेह नाइ मान
तथापि किय जीयाइ थकार
सदा शुनो आह्वान,'[58]

(भावार्थ–यह जीवन एक बड़ा शून्य के समान है, जिसमें मान-अभिमान, स्नेह इत्यादि का कोई मोल नहीं है। परन्तु फिर भी जीने की इच्छा बनी ही रहती है और मृत्यु से भय होता है।)

इसके अतिरिक्त भूपेन हाजरिका अपने अतीत के दु:ख भरे दिनों को, क्षणों को, यादों को, रिश्तों को भुला देना चाहते हैं–

या यागै
जीवनर योवा दिनबोर
या आमनि नकरिबि
या यागै
पुरणि गोवा गीतबोर
या अगनि नजलाबि,'[59]

(भावार्थ–जीवन के बीते दिन चला जा, इस तरह मुझे और मत सता। हे मेरे पुराणे गीत, चला जा, मेरे हृदय में और आग मत जला। मेरी अतीत स्मृति को ताजा करके मुझे और दुःख मत दे।)

इसके अतिरिक्त भी हाजरिका ने गाया है–
'जीवन मानेइ रङ नहय
जीवन माने चङ नहय
संग्रामर काँइटिया बाट
ललौं काटि काटि,'[60]

(भावार्थ–जीवन का अर्थ केवल आनन्द उल्लास नहीं है। मैंने संग्राम युक्त काँटे बिछी राहों को मुक्त कर लिया है।)

इसके साथ-साथ भूपेन हाजरिका ने अपनी बढ़ती हुई आशाएँ और भविष्य के मधुर स्वप्न देखने की प्रवृत्ति को भी उजागर किया है। उन्होंने गाया है–

'किबा येन बिचारि हेरोवालौं परिचय
परिचिति आतरि हे याय
आजिर सौंतते बहि कालिर सपोन देखि
आशा मोर निते बाढ़ि याय।'[61]

(भावार्थ–मैंने कुछ पाने की आशा में कुछ खोया है, फिर जो कुछ मिल चुका था वह भी दूर होता जा रहा है। आज की लहर में तैरते हुए कल का सपना देखा और इसी तरह नित्य मेरी आशाएँ बढ़ती जाती हैं।)

लोकगीत के सुर संवलित गीत

लोकगीत एक ऐसी रचना है, जिसमें किसी अंचल विशेष से जुड़े विषयों को आँचलिक गातों के सुर और भाषा के माध्यम से सृजन किया जाता है। लोकगीतों में

आँचलिक तथा स्थानीय भाषा की मिठास होती है। सुधाकंठ भूपेन हाजरिका असम के कामरूप जिले में प्रचलित कामरूपी लोकगीतों को नयी दृष्टि दी है तथा जनता में पुनः लोकप्रिय बनाने में सक्षम हुए हैं। यहाँ भी इनके गीतों का उल्लेख करने का प्रयास है–

'हे, माइ यशोवा ए
माइ हेर यशोवा
आमाक लागिया
अलप तोर मरम नाइ'[62]

(भावार्थ–हे माता यशोदा! मेरे लिए तुम्हारा थोड़ा भी स्नेह नहीं है।)

यहाँ श्री कृष्ण और माता यशोदा का प्रसंग लिया गया है। ठीक इसी तरह का और एक गीत द्रष्टव्य है–

'ओ कानाइ पार करा हे,बेलिर परिल छाया
नष्ट हैल दूधेर भाण्डार, बाज़ार गैल बइया।'[63]

(भावार्थ–हे कान्हा, सूरज ढल चुका है, अतः तुम हमारी नैया पार लगाओ। क्योंकि हमारा सारा दूध नष्ट हो गया है, मेरा व्यापार ख़राब हो गया है।)

समकालीन सन्दर्भों के गीत

समकालीन प्रसंग के उपलक्ष में भी भूपेन हाजरिका ने बहुत से गीतों की रचना की है। उनके ये गीत असमीया समाज के प्रति उनका अमूल्य उपहार हैं। उनके इन गीतों ने अतीत में घटित किन्हीं घटनाओं को अमर बना दिया है। इन घटनाओं के फलस्वरूप उनके मन में तरह-तरह की चिन्ताओं का उद्‌भावन हुआ है, अतः अपनी इन्हीं चिन्ताओं को उन्होंने गीत का रूप दे दिया है। जैसे कि सन् 1836 में अंग्रेज़ सरकार ने असम में बांग्ला भाषा को सरकारी भाषा के रूप में स्वीकृति दी थी। जबकि असम में पहले से ही असमीया भाषा का बोलबाला था। अतः असमीया भाषा को संकट में देखकर तत्कालीन शिक्षित वर्ग ने मिलकर भाषा आन्दोलन का आरम्भ किया। इस घटना के प्रभावस्वरूप भूपेन हाजरिका ने गाया है–

'असमीया जातिटोवे असमीया कॅबलै
काकनो करिछे बलत्कार
हेर!

असमीया भाषाटिर असमते नाइ जानो
यो̱ग्यता पोवार अधिकार? '[64]

(भावार्थ–असमीया जाति के लोगों ने कब और किसे असमीया में बातचीत करने के लिए अत्याचार किया है। वे दुष्कृतिकारियों से प्रश्न करते हैं कि क्या असम में ही असमीया भाषा को योग्यता प्राप्त करने का अधिकार नहीं है?)

इसके उपरान्त सन् 1962 में जब चीन ने भारत पर आक्रमण किया और भारतीय सीमा बल के जवानों को कुचलते हुए असम में प्रवेश कर लिया, तब केन्द्रीय सरकार के पास भी असम को बचाने का कोई उपाय न रहा। परन्तु सौभाग्यवश चीनी सेना असम को छोड़ कर वापस लौट गयी, उस समय भूपेन हाजरिका ने इस गीत की रचना की थी–

'रणक्लांत नहउँ
सेइ मुहुर्तलै
यि̱ मुहुर्तते
मोर सीमांतते
शेष शत्रु दत्यटिर
नहय मरण, रणक्लांत नहउँ, '[65]

(भावार्थ–मैं तब तक हार नहीं मानूँगा, जब तक मेरी सीमा पर हमला करनेवाले दत्यरूपी अन्तिम शत्रु का अन्त नहीं हो जाता।)

प्रस्तुत गीत के माध्यम से हाजरिका ने तत्कालीन युद्ध का सजीव चित्रण करते हुए स्वयं को देश मातृ के लिए अर्पण करते हुए दूसरे देशवासियों को भी प्रोत्साहित करने का प्रयास किया है।

जैसै कि हम सब यह जानते हैं कि भूपेन हाजरिका ने असम का मुख्य नद ब्रह्मपुत्र को लुइत कहते हुए बहुत से गीतों की रचना की है। हाजरिका ने कपिली नामक नदी को भी अपने गीतों में स्थान दिया है। कपिली का पानी बढ़ने से आस-पास के खेतों में पानी आ जाता है और कृषकों को भारी नुक़सान उठाना पड़ता है। इसी विषय पर भूपेन हाजरिका ने गाया है–

'कपिली कपिली
राङढाली छोवाली महिमा बुजाके टान।
कपिली कपिली
तइ है बाउली
बारिषात मारिलि धान॥'[66]

(भावार्थ–हे कपिली, तेरी महिमा समझना अत्यन्त मुशकिल है। तूने बरसात के दिनों में बावरी बनकर धानों को नष्ट कर डाला है।)

जब सन् 1965 में भारत पाकिस्तान का युद्ध हुआ, पाकिस्तान के तत्कालीन राष्ट्रपति अयूब खान और विशेष क्षमता सम्पन्न मन्त्री जुल्फिकार अली भुट्टौ का दबदबा चल रहा था। ये दोनों व्यक्ति एक ही देश के होते हुए भी विरोधी भावना वाले व्यक्ति थे। इन दोनों को कटाक्ष करते हुए हाजरिका ने गाया है–

'अॅ आयुब खान आरु भट्टू जान?
शियाल बा कोन, आरु सिंह कोन?
मदगर्बी है
नोशुनो नोशुनो बुलि
दुटिमान नङठा सत्यके शुन।'[67]

(भावार्थ–अरे ओ अयूब खान और भुट्टू, तुम दोनों में सियार कौन और सिंह कौन हैं? तुम दोनों तो दंभी बनकर शासन चलाते रहे, अपनी मनमानी करते रहे। अब कुछ कड़वा सच भी सुन लो।)

सन् 1979 में जब असम में असम आन्दोलन का सूत्रपात हुआ तब भी भूपेन हाजरिका ने एक गीत की रचना की। यथा–

'आजि ब्रह्मपुत्र हॅल बह्निमान!
....
एइ बह्नि नहय श्यामली बनर
एइ बह्नि क्रोधान्वित लक्ष जनर
पुंजीभूत नोपोवार बेदना
आग्नेयगिरि समान।
आजि ब्रह्मपुत्र हल बह्निमान॥'[68]

(भावार्थ–आज ब्रह्मपुत्र आगबबुला हो उठा है। यह आग हरियाली वन की नहीं, बल्कि लाख-लाख लोगों के मन की क्रोधाग्नि है। न पाने का दु:ख ज्वालामुखी के समान पीड़ादायक है। अत: आज ब्रह्मपुत्र जो शान्त बहता चला जाता है, आज वह भयानक आग उगल रहा है।)

इसके पश्चात जब सन् 1970 में बांग्लादेश स्वाधीन हुआ, उन्हें बधाई देते हुए भी हाजरिका ने गीत लिखा है–

'जय जय नवजात बाङ्ला
जय जय मुक्ति बाहिनी
भारतीय सन्यर सते रसिला
मैत्रीर काहिनी ॥'[69]

(भावार्थ–हे नवजात बांग्लादेश, तुम्हारी जय हो। तुम्हारी स्वतन्त्रता की जय हो। तुम ने भारतीय सेनाओं के साथ मिलकर मित्रता की नयी कहानी की रचना की है।)

इस प्रकार विभिन्न प्रसंगों, घटनाओं और सुखद तथा दुखद स्मृतियों को अपने गीतों में चित्रित करते हुए हाजरिका ने अपने अतीत से जुड़े रहने की एक मिसाल कायम किया है।

उपर्युक्त विवेचन के पश्चात हम यह कह सकते हैं कि सुधाकंठ डॉ भूपेन हाजरिका बहुरंगी व्यक्तित्व के धनी रहे हैं। उनके द्वारा रचित गीत परवर्ती गायकों के लिए अनुकरणीय तथा प्रेरणा के स्रोत हैं।

सन्दर्भ-सूची

1. भूपेन हाजरिकार गीत आरु जीवन रथ–दिलीप कुमार दत्त, पृष्ठ संख्या-11
2. वही, पृष्ठ संख्या-58
3. वही, पृष्ठ संख्या-81
4. वही, पृष्ठ संख्या- 199
5. वही, पृष्ठ संख्या-177
6. वही, पृष्ठ संख्या-184
7. वही, पृष्ठ संख्या-71
8. वही, पृष्ठ संख्या-122
9. वही, पृष्ठ संख्या-125
10. वही, पृष्ठ संख्या-131
11. वही, पृष्ठ संख्या-111
12. वही, पृष्ठ संख्या-261
13. वही, पृष्ठ संख्या-188
14. वही, पृष्ठ संख्या-145
15. वही, पृष्ठ संख्या-147
16. वही, पृष्ठ संख्या-135

17. वही, पृष्ठ संख्या-157
18. वही, पृष्ठ संख्या-135
19. वही, पृष्ठ संख्या-162
20. वही, पृष्ठ संख्या-122
21. वही, पृष्ठ संख्या-71
22. वही, पृष्ठ संख्या-106
23. वही, पृष्ठ संख्या-57
24. वही, पृष्ठ संख्या-247
25. वही, पृष्ठ संख्या-170
26. वही, पृष्ठ संख्या-57
27. वही, पृष्ठ संख्या-297
28. वही, पृष्ठ संख्या-297
29. वही, पृष्ठ संख्या-300
30. भूपेन्द्रज्योति-सम्पा. मणिराम कलिता, पृष्ठ संख्या-83
31. वही, पृष्ठ संख्या- 85
32. भूपेन हाजरिकार गीत आरु जीवन रथ –दिलीप कुमार दत्त, पृष्ठ संख्या-31
33. वही, पृष्ठ संख्या-267
34. वही, पृष्ठ संख्या-263
35. वही, पृष्ठ संख्या-233
36. वही, पृष्ठ संख्या-127
37. वही, पृष्ठ संख्या-128
38. वही, पृष्ठ संख्या-108
39. वही, पृष्ठ संख्या-79
40. वही, पृष्ठ संख्या-276
41. वही, पृष्ठ संख्या-308
42. वही, पृष्ठ संख्या-300
43. भूपेन्द्रज्योति-सम्पा. मणिराम कलिता, पृष्ठ संख्या-185
44. भूपेन हाजरिकार गीत आरु जीवन रथ –दिलीप कुमार दत्त, पृष्ठ संख्या-19
45. वही, पृष्ठ संख्या-215
46. वही, पृष्ठ संख्या-197
47. वही, पृष्ठ संख्या-203
48. वही, पृष्ठ संख्या-242

49. वही, पृष्ठ संख्या-108
50. वही, पृष्ठ संख्या-239
51. वही, पृष्ठ संख्या-232
52. वही, पृष्ठ संख्या-241
53. वही, पृष्ठ संख्या-249
54. वही, पृष्ठ संख्या-82
55. वही, पृष्ठ संख्या-62
56. वही, पृष्ठ संख्या-186
57. वही, पृष्ठ संख्या-187
58. वही, पृष्ठ संख्या-187
59. वही, पृष्ठ संख्या-189
60. वही, पृष्ठ संख्या-185
61. वही, पृष्ठ संख्या-191
62. वही, पृष्ठ संख्या-335
63. वही, पृष्ठ संख्या-336
64. वही, पृष्ठ संख्या-205
65. वही, पृष्ठ संख्या-198
66. वही, पृष्ठ संख्या-199
67. वही, पृष्ठ संख्या-202
68. वही, पृष्ठ संख्या-207
69. वही, पृष्ठ संख्या-203

सहायक ग्रन्थ सूची

1. कलिता, मणिराम, सम्पा. *भूपेन्द्रज्योति.* तृतीय. गौहाटी: भूपेन हाजरिका सांस्कृतिक न्यास, 2014
2. दत्त, दिलीप कुमार. *भूपेन हाजरिकार गीत आरु जीवन रथ.* षष्ठ. गौहाटी और डिब्रुगड़:बनलता, 2014
3. भूँञा, रबीन, सम्पा. *डॉ. भूपेन हाजरिकार सृष्टि आरु दृष्टि.* गौहाटी : बनलता, 2011
4. हाजरिका, सूर्य, सम्पा. *मइ एटि यायाबर.* प्रथम . गौहाटी: बाणी मन्दिर, 1993
5. हाजरिका, सूर्य, सम्पा. *गीतावली.* प्रथम. डिब्रुगढ़: बाणी मन्दिर, 1993

समन्वयपुरुष भूपेन हाजरिका

पूजा बरुवा
डॉ. अनामिका राजवंशी

असमीया संगीत जगत में भूपेन हाजरिका का एक विशिष्ट स्थान है। पिछले आठ दशकों से भी अधिक काल से उनके गीत असम तथा भारत के लोगों को मुग्ध करते आये हैं। असमीया भाषा, साहित्य, संस्कृति को एक अनन्य रूप में प्रस्तुत करने का श्रेय उन्हीं को जाता है। संगीत के ज़रिये पूरे विश्व में नाम कमानेवाले हाजरिका थे क्रमशः गीतकार, संगीतकार, गायक, लेखक, फ़िल्म निर्देशक, चित्रकार, पत्रकार आदि। उनके गीतों में एक ओर जहाँ प्रेम के चित्र हैं, वहीं दूसरी ओर मानवतावाद, जातीय-चेतना, समन्वय, सम्प्रीति आदि के भी चित्र मिलते हैं। भूपेन हाजरिका ने उत्तर-पूर्व भारत की जनजातियों के सामान्य जीवन की भाषा-संस्कृति को लेकर बहुत सारे गीतों की रचना की और उनके जरिये जाति-जनजातियों के बीच समन्वय बनाये रखने का प्रयास किया। समाज के प्रति साम्यभाव प्रकट करने के लिए उन्होंने समन्वय और एकता से जुड़े समाज के गठन की कल्पना की थी।

समन्वय का अर्थ है मिलन अथवा अच्छा सम्बन्ध स्थापित करना। समन्वय के बिना एक समुदाय अथवा एक देश की प्रगति सम्भव ही नहीं है। इसीलिए समाज की प्रगति के लिए प्रत्येक व्यक्ति को समन्वय का रास्ता चुनना चाहिए। ख़ासकर असम की तरह एक जाति-जनजाति की मिलन भूमि में समन्वय तथा एकता को प्रकट करनेवाले गीतों की रचना करना अपने आप में अनन्य है। असम जैसे एक बहुभाषी राज्य में प्रत्येक जनजाति के लोग सद्भाव, मैत्री से आगे बढ़ेंगे तो ही वास्तव में समन्वय का भाव और अधिक दृढ़ होने की सम्भावना है। पूरे असमीया समाज के प्रत्येक सामाजिक इकाई के बीच समन्वय स्थापित करने का सुर भूपेन हाजरिका के गीतों में प्रतिफलित हुआ है। बचपन में ही शान्ति-सम्प्रीति और एकता की वाणी

से मुग्ध और प्रेरित होनेवाले हाजरिका को असमीया संस्कृति और जातीय जीवन के उन्नायक ज्योतिप्रासाद आगरवाला और विष्णुप्रसाद राभा का सान्निध्य प्राप्त हुआ था और उन्हीं से उन्होंने कला-संस्कृति और शिल्प के महान कर्तव्य के बारे में सीखा था। शंकरदेव के आदर्श से प्रेरित हाजरिका ने एक नयी दुनिया बनाने का सपना देखा था। उनका मानना था कि इस सपने को पूरा करने के लिए विष्णु-ज्योति का मार्ग ग्रहण करना ही होगा। भूपेन हाजरिका की दृष्टि में ये असमीया इतिहास को समृद्ध करनेवाले केवल एक-एक व्यक्ति नहीं हैं; बल्कि ये युगों-युगों से असम में सामाजिक समन्वय के बीज बोनेवाले एक-एक संग्रामी सत्ता हैं।

1949 ई. में उच्च शिक्षा प्राप्त करने के उद्देश्य से भूपेन हाजरिका अमेरिका गये थे और 1953 ई. तक वे वहीं रहे। अमेरिका का मुक्त समाज, स्वाधीन शिक्षा, संस्कारहीन उदार समाज बनाने की कल्पना, व्यक्ति स्वाधीनता आदि ने उन्हें काफ़ी आकर्षित तथा प्रभावित किया था। उस समय उनके ज्ञान का प्रसार हुआ था। मूलत: हाजरिका के जीवन की पृष्ठभूमि गढ़ने में समय और युगानुसार कई विरल व्यक्तित्व जैसे–ज्योतिप्रासाद आगरवाला, फणी शर्मा, सर्वपल्ली राधाकृष्णण, विष्णुप्रसाद राभा आदि का सान्निध्य काम कर रहा था। महापुरुष श्रीमन्त शंकरदेव के आदर्श से प्रेरित तथा प्रभावित होकर हाजरिका असम को धर्म-वर्ण आदि किसी भी विभेदकामी शक्ति से अप्रभावित एक विचित्र भूमि बनाना चाहते थे। वे अपने गीतों से केवल असम की ही नहीं, बल्कि पूरे भारत की एकता के प्रति सबको जागृत कराना चाहते थे। वेद, गीता, कुरान, बाइबल की धार्मिक वाणी में निहित समन्वय और मानवता की वाणी भारतवर्ष की महान शक्ति है। 'महात्माइ हासि बोले' शीर्षक गीत में उन्होंने लिखा है–

'महात्माइ हासि बोले
गीताके शुनिम बान्ध बेदके शुनिम
शुनि पिछे कोराणरो आयातक बुजिम।
महात्माइ हासि बोले मन्दिर पुजिम
बान्ध देवके पुजिम
पुजि उठि मछजिदर भैंटि नेभाङिम।'[1]

(भावार्थ–महात्मा ने हँसकर कहा कि हे बन्धु मैं पहले वेदों को सुनूँगा, फिर कुरान के आयातों को भी समझूँगा। मन्दिर को भी पुजूँगा और मसजिद की नींव भी नहीं तोड़ूँगा।)

समाज के अनेक क्षेत्रों में उपेक्षित जनसाधारण के सुख-दुःखों की अनुभूति, वर्ण-वैषम्य और सामाजिक शोषण के ख़िलाफ़ विद्रोह तथा दलितों के प्रति सहानुभूति उनके गीतों में प्रतिफलित हुआ है। समाज की कमज़ोरियों को अपने गीतों के माध्यम से प्रकट करने में हाजरिका सिद्धहस्त थे। वे समाज के वर्ण-वैषम्य, जाति-भेद आदि प्रथाओं के ख़िलाफ़ थे। उन्होंने बहु जाति, बहु भाषा और बहु वर्ण के संमिश्रण से बने पूरी असमीया जाति के इतिहास को वर्ण-संग्राम की दृष्टि से देखा था। वे मानते थे कि जब तक समाज में शोषण, उत्पीड़न, अन्याय-अविचार और वर्ण-विभाजन रहेगा, तब तक वर्ण-संग्राम चलता ही रहेगा। एक समन्वय-चेतना प्रवाहित समाज के गठन के लिए ऐसे वर्ण-संग्राम की कोई आवश्यकता नहीं है। यह संग्राम समाप्त करने के लिए हाजरिका ने लिखा था–

'जातिर अहंकार लय पाब तात
अष्पृश्यतार महादानवक
आपोन हातेरे नाशिम
नतुन असम गढ़िम।'[2]

(भावार्थ–जाति का अहंकार वहाँ ख़त्म होगा, अष्पृश्यता के महादानव का अपने हाथों से नाश करूँगा। नये असम का निर्माण करूँगा।)

हाजरिका ने पहाड़ तथा समतल भूमि की एकता तथा समन्वय को बनाये रखने के लिए अनेक प्रयास किए थे। वे पहाड़ और समतल भूमि के मिलन को हमेशा मजबूत करना चाहते थे। उनके कई गीतों में सम्प्रीति, मेल-मिलाप के लिए आह्वान सुनायी देते हैं। 'असम आमार रूपही' नामक गीत में वे लिखते हैं–

'पाहार भैयाम एके करा रामधेनुरेइ दरे
तोमार भाषार मरमबोरे
मिलन सेतु गढ़े।'[3]

(भावार्थ–पहाड़ और मैदानी इलाक़े को एक करनेवाले इन्द्रधनुष की तरह तुम्हारी भाषा के गीत ही मिलन के सेतु का निर्माण करते हैं।)

उनको विश्वास था कि पहाड़ और मैदानी इलाक़े के बीच की एकता ही असम का विकास कर सकती है। इसीलिए वे पहाड़ों में रहनेवाले भाइयों की अविकसित ज़िन्दगी को सुधारने के लिए निरन्तर प्रयास करते रहे। असम को अपनी मातृभूमि माननेवाले पहाड़ तथा मैदानी इलाक़े में रहनेवाले सभी स्थानीय लोगों को वे 'असमीया' मानते थे। उनका मानना था–

‘पाहार-भैयामत
शारदी निशा ज्वले
एकेइ जोनाक,
दुयोरे बाँहीत प्रकाशे एकेइ सुर।’[4]

(भावार्थ–शरद की रात को पहाड़ और मैदानी इलाक़े में एक ही चाँद चमकता है। दोनों की बाँसुरी में भी एक ही धुन बजती है।)

फिर, पहाड़ों में रहनेवाले अनेक जनजातियों के बीच मिलन का सेतु बनाने के लिए वे उत्साह से गाते थे–

‘चियाङरे गालङ
लुइतरे खामति
टिरापरे बानचुवे
मोक किय मातिछे
असमीरे पदुलि उदुलि ये मुदुलि
मरम चेनहर बाट बहिछे।’[5]

(भावार्थ–चियाङ के गालङ, लुइत के खामति और टिराप के बानचु ने मुझे क्यों बुलाया है ? असम के आँगन में आज ख़ुशी की लहर दौड़ रही है, चारों ओर प्यार तथा स्नेह व्याप्त हैं।)

इन गीतों के अलावा ‘हे हे ढोले दगरे’, ‘श्विलङरे गधूलि’, ‘लियेङमाकाओ’, ‘टिराप सीमान्त रूपर नाइ अन्त’ आदि उनके गीतों द्वारा पहाड़ और मैदानी इलाक़े में रहनेवाली जनजातियों के मिलन को प्रतिबिम्बित करनेवाले गीत हैं।

भूपेन हाजरिका के गीतों में ब्रह्मपुत्र के तट पर एक शान्ति-सम्प्रीति की मिलनभूमि बनाने का आह्वान मिलता है। यह मिलनभूमि सभी जनजातियों की एकता से ही बन सकेगी। समन्वय से पूर्ण देश का निर्माण करते समय अगर कोई रुकावट पैदा करे, तो उस समन्वय के स्वार्थ के लिए शत्रु को पराजित करने के लिए भी आगे बढ़ना पड़ेगा। ‘रणक्लान्त नहओँ’ शीर्षक गीत में वे लिखते हैं–

‘दिगभ्रान्त नहओँ
दिगभ्रान्त नहओँ कोनो चक्रान्तत
यि चक्रान्तत
मोर देश-ध्वजार हय

बब्बर आघातत अकाल-पतन।
रणक्लांत नहओं।'[6]

(भावार्थ–हम किसी भी षडयन्त्र से दिशाहीन नहीं होंगे, जिसके आघात से मेरे देश की ध्वजा का अकाल पतन हो। हम कभी भी रणक्लांत नहीं होंगे।)

केवल यही नहीं, विश्व समन्वय का वास्तविक अर्थ समझने के लिए विशालता के बीच भी प्रत्येक बड़ी-छोटी जनसमूह को एकत्रित करना पड़ेगा। इस देश में जब सामाजिक-सांस्कृतिक तथा बौद्धिक क्षेत्रों में समन्वय की शुरूआत होगी, तभी विशाल समन्वय की चेतना दृढ़ होगी। इस क्षेत्र में प्रत्येक आंचलिक भाषा को अपना योगदान देना होगा। इसीलिए हाजरिका ने भारत की कई आंचलिक भाषाओं के कलाकारों द्वारा गीत गवाकर उस समन्वय को अधिक मजबूत करना चाहा था। उन्होंने अपने एक गीत में लिखा है–

'हेनो शंकरे दिछिले मानवी धरम
दुर्ज्जेय साह दिले बीर लाचिते
लोकप्रिय गोपीनाथे दिले
मुक्तिर महा प्रवाह।'[7]

(भावार्थ–महापुरुष श्रीमन्त शंकरदेव ने मानव-धर्म दिया, वीर लाचित ने दुर्ज्जेय साहस दिया, लोकप्रिय गोपीनाथ बरदलै ने मुक्ति का महाप्रवाह दिया था।)

भूपेन हाजरिका के गीतों में भारत की जातीय एकता का गहरा प्रभाव परिलक्षित होता है। इस एकता के लिए उन्होंने एक असमीया और उसके साथ ही भारतीय होने के लिए अपनी विशाल चिन्ता-चेतना का परिचय दिया था। उन्होंने 'महाबाहु ब्रह्मपुत्र' गीत में लिखा है–

'महाबाहु ब्रह्मपुत्र, महामिलनर तीर्थ
कत युग धरि आहिछे प्रकाशि
समन्वयर अर्थ।'[8]

(भावार्थ–महाबाहु ब्रह्मपुत्र महामिलन का तीर्थ है। कई युगों से यह समन्वय का अर्थ प्रकट करते हुए आ रहा है।)

भूपेन हाजरिका सामाजिक ज़िम्मेदारी के क्षेत्र में वर्ग-विभाजन, वर्ण-वैषम्य आदि हटाकर समाज के प्रत्येक व्यक्ति के प्रति समान दृष्टि रखकर एक समन्वय का चेतना-वाहक समाज गठन में आस्था रखते थे। बचपन से ही वे एक ऐसे समाज

की कल्पना करते थे, जहाँ अमीर-ग़रीब, उच्च-नीच का कोई स्तर का न हो। वे संकीर्णता छोड़ उदारता और विशालता से परिपूर्ण एक सन्तुलित समाज की कामना करते थे, जिसके लिए आवश्यकता है केवल समानता की। इस क्षेत्र में वे गांधी जी की मानवतावादी चेतना से प्रभावित हुए थे। भारत की स्वतन्त्रता के लिए गांधी जी ने जो कठोर जप किया था, उससे हाजरिका काफ़ी प्रेरित हुए थे। गांधी जी के आदर्श से प्रभावित होकर समानता के ज़रिये समाज गठन के सपने देखनेवाले हाजरिका ने उनकी स्मृति में इसप्रकार गाया था–

'महा-मानवर त्याग अगनिये नाशिब स्वार्थ अहंकार
शान्ति दूतर शान्ति बाणी जनताइ करे नमस्कार।
आजि सेइ महामानवर शान्तिर आदर्शक शिरत लै
सुन्दर साम्यर सृष्टिर हके आमि आगबाढ़िब लागिब।'[9]

(भावार्थ–महामानव की त्याग की अग्नि सभी स्वार्थ-अहंकार का नाश करेगी। शान्ति दूत की शान्ति वाणी को जनता प्रणाम करती है। आज उस महामानव के शान्ति के आदर्श को सिर पर धारण कर सुन्दर साम्य के निर्माण के लिए हमें आगे बढ़ना होगा।)

गांधीजी की अहिंसा की वाणी से समन्वय का सुर पूरे विश्व में व्याप्त करने के लिए उन्होंने 'तेरश चौवन्नर' शीर्षक गीत में लिखा है–

'पृथिवीखनि हिंसार तेजेरे
येतिया राङली हॅल
अहिंसार वाणीरे धुवाला पखला
शतरु विस्मय गॅल।
अकले अकले कर्तव्य पालिला
नाशिला पुरणि प्रथा
नामरे प्रमाणि जगतक बिलाला
आल्ला राम एकेटि कथा।'[10]

(भावार्थ–जब पूरी पृथ्वी हिंसा के ख़ून से लाल हो गयी थी, तब गांधीजी ने ही अहिंसा की वाणी से उसे साफ़ किया और शत्रु को पराजित किया। आपने अकले ही अपने कर्तव्य का पालन किया और पुरानी प्रथाओं का नाश किया था। आपने ही प्रमाणित किया था कि अल्ला और राम एक ही हैं।)

अपनी समकालीन घटनाओं के प्रति सचेत भूपेन हाजरिका ने नये रूप में गठित होनेवाले बांग्लादेश के लिए भी गीत लिखा था, जिसमें उन्होंने भारतीय सेना के प्रति बांग्लादेश की मित्रता का जयगान किया है। उन्होंने 'जय जय नवजात बाङलादेश' शीर्षक गीत में लिखा है–

'जय जय नवजात बाङलादेश
जय जय मुक्तिवाहिनी
भारतीय सैन्यर सते रचिला
मैत्रीर काहिनी।'[11]

(भावार्थ–नवजात बांग्लादेश की जय हो, मुक्तिवाहिनी की जय हो। तुमने भारतीय सेना के साथ मैत्री की कहानी रची।)

समाज में समन्वय की स्थापना करने के लिए मानव प्रेम की आवश्यकता है। मानवता के बिना समन्वय का सपना देखना व्यर्थ है। इसीलिए उन्होंने कहा है–

'मनर पथार बहल करि
प्रेमर रसेरे जीपाल करि
एया मानवतार कठीया सिंचार युग।'[12]

(भावार्थ–मन का मैदान बड़ा कर प्रेमरस से भिगोकर यह मानवता की जड़ई सींचने का युग है।)

मानवता के साथ ही भारत जैसे एक बहुभाषिक, बहुसांस्कृतिक देश में विभिन्न भाषा और जाति के लोगों के बीच समन्वय की भावना दृढ़ करने के लिए सभी को समान रूप में हिस्सा लेना पड़ेगा। अतः समन्वय के भारत के गठन के लिए आवश्यकीय उपदेश देते हुए वे लिखते हैं–

'कारो प्रति बिद्वेष
कारो भाषा अवहेला
लक्ष्य नहै आमार।
एइ गीत नुबुजिले
शत गीत लिखि याम
जगाइ लुइतर पार।'[13]

(भावार्थ–किसी के प्रति द्वेष, किसी की भाषा का अपमान करना हमारा लक्ष्य नहीं है। यह गीत अगर नहीं समझ आये, तो लुइत के तट को जगाकर और सौ गीत लिखता जाऊँगा।)

भूपेन हाजरिका के गीतों में सामाजिक समन्वय की चेतना के प्रवाहित होने के पीछे कुछ कारकों का प्रभाव है। उनमें से भाषा आन्दोलन अन्यतम है। 1836 ई. में अंग्रेज़ सरकार ने असम में असमीया भाषा के स्थान पर बांग्ला भाषा को सरकारी भाषा के रूप में स्वीकृति दी थी। जिसके फलस्वरूप असमीया जनता को अपनी असमीया भाषा को जीवित रखने के उद्देश्य से भाषा आन्दोलन करना पड़ा। हालाँकि बाद में इस आन्दोलन ने राजनैतिक, सामाजिक आदि अलग-अलग कारणों से अलग-अलग रूप ले लिया था। साथ ही इस भाषा आन्दोलन के परिणामस्वरूप असमीया समाज के हिन्दू, मुसलमान, ईसाई आदि भिन्न धर्म के लोगों के बीच पहले से ही चली आ रही मैत्री में दरार भी पैदा हुई थी। 1950-51 ई. में असम में होनेवाले भाषा आन्दोलन के दौरान हाजरिका अमरीका में थे। लेकिन बाद में 1960-61 ई. के आन्दोलन में उन्होंने हेमांग विश्वास के साथ मिलकर 'मरमर भाषारे आखर नाइकीया' शीर्षक गीत लिखा था। एक ओर अपनी मातृभाषा के प्रति श्रद्धा और दूसरी ओर असम की जातीय एकता को लोप होते देख उन्हें काफ़ी दु:ख हुआ। 1993 ई. में शिवसागर में आयोजित असम साहित्य सभा के सम्मेलन में उन्होंने 'रङपुर तोमार नाम' शीर्षक गीत लिखा था। इस गीत में भाषा को केन्द्र बनाकर समन्वय की सृष्टि करने की बात की गयी है। अपनी भाषा के विकास के साथ समन्वय को जोड़कर वे इसप्रकार गाते हैं–

'जनजातिर जनगोष्ठीर कत बुद्धिजीवी
स्वभाषार बिकाश सधा साहित्यरेइ सेवी।
कारो भाषा कारो मूरत जापिब नेपाय
युग युगर समन्वये तेहे शोभा पाय।'[14]

(भावार्थ–जनजाति के बुद्धिजीवी, स्वभाषा के विकास करनेवाले, साहित्य के ही सेवी हैं। किसी की भाषा को किसी के ऊपर थोपना नहीं चाहिए। युगों-युगों से चली आ रही समन्वय की शोभा तभी बढ़ती है।)

अपने गीतों के माध्यम से भाषा को समन्वय का मूल केन्द्र बनाकर जनसाधारण को एक करने के लिए उन्होंने काफ़ी प्रयास किया था। सभी को नये उत्साह से एक होकर रहने के लिए हाजरिका ने आह्वान करते हुए लिखा है–

'भाषा समन्वय मंच हओँक संजीवित
सर्वजाति जनजाति हओँक मिलित

गुणगत नतुन सम्बन्धरे काहिनी
नबीन साहित्यिक गढ़क समन्वय बाहिनी।'[15]

(भावार्थ–भाषा समन्वय का मंच संजीवित हों। सभी जाति-जनजाति मिलकर एक हों। गुणगत नये सम्बन्ध की कहानी से समन्वित लोग नये साहित्यिक का निर्माण करें।)

असमीया और बांग्लाभाषी लोगों के बीच समन्वय की भावना को पुनः वापस लाने के लिए भूपेन हाजरिका ने कई प्रयास किए। सन् 1961 में पश्चिम बंगाल के रंजी स्टेडियम गणनाट्य संघ के उत्सव में उन्होंने एक गीत गाया था, जो 'हाराधन रङमनर कथारे' शीर्षक एपिक थियेटर का हिस्सा था। असमीया बिहु और भाटियालि सुर के मेल से गाये जानेवाला यह गीत समन्वय, एकता और सम्प्रीति का सन्देश देता है–

'तुमिये मये देशखन गढ़ोते
हे यदिहे कँचा घाम सरे
दुयोरे घामरे मिलने देखिबा
बुरञ्जी रचना करे।
गंगा पद्मा कृष्णा गोदाबरी
ब्रह्मपुत्र काबेरी
सबे मिलि भारत महासागरलै याय
रङते बागरि बागरि।'[16]

(भावार्थ–अगर देश के निर्माण में हमारा पसीना गिरे, तो देखना यही पसीना मिलकर इतिहास रचेगा। गंगा, पद्मा, कृष्णा, गोदाबारी, ब्रह्मपुत्र और काबेरी सभी ख़ुशी से झूमते हुए भारत महासागर तक बहते हैं।)

असम माता के प्रति हाजरिका के मन में जो श्रद्धा थी, उसी ने उन्हें समन्वय की परम्परा को जीवित रखने के लिए प्रेरित किया था। उन्होंने असमीया साहित्य के क्षेत्र में भी समन्वय के विजय की घोषणा करना चाहा था। इसीलिए उन्होंने गाया था–

'असमीया साहित्यर हे जिकिर आरु जारी
समन्वयर ध्वजा उराय जय घोषणा करि हे।'[17]

(भावार्थ–असमीया साहित्य के जिकिर और जारी विजय की घोषणा कर समन्वय का ध्वजा उड़ाते हैं।)

असमीय जाति की आयुरेखा बिहु उत्सव के प्रति भी भूपेन हाजरिका के मन में गहरा प्रेम था। वे पूरे असमीया समाज को बिहु के अन्तर्निहित अर्थ से परिचय कराना चाहते थे और इसका प्रमाण उनके गीतों में मिलता है। बिहु असमीया का स्वाभिमान है और वे आशावादी थे कि यही पूरी असमीया जाति को संकट के समय भी एकता की दौर से बाँधकर समन्वय की ओर आगे बढ़ायेगा। 'बिहुटि बछरि आहिबा' शीर्षक गीत में वे बिहु से जुड़े प्रत्येक वस्तु में ही समन्वय को दर्शाते हुए लिखते हैं–

'बिहुटि ऐ
काबौ करिछोँ हातयोर करिछोँ
जातिटोक शाक भात खोवाबा
असमीया जातिटोक शाक भात खोवाबा
ए मरमर दीघ दि हैँपाहर आँचुरे
एकतार गामोचा बोवाबा
एकतार गामोचा बोवाबा
एकतार गामोचा बोवाबा।'[18]

(भावार्थ–हे बिहु मैं हाथ जोड़कर विनती करता हूँ, असमीया जाति को शाक भात खिलाना। प्यार का ताना और आकांक्षा के बाने से एकता का गमछा बुनना।)

भूपेन हाजरिका का अद्वितीय शब्दचयन, विषयवस्तु का विश्लेषण, मानवीय चेतना से परिपूर्ण जीवन्मुखी गीत, जादुई आवाज़ आदि में समाज के सभी वर्ग के लोगों के जीवन के चित्र परिलक्षित होते हैं। अपने संगीत जीवन की शुरूआती समय में ही उन्होंने 'अग्नियुगर फिरिङति' गीत में जो समन्वय की वाणी का प्रचार किया था, वही उनकी समस्त जीवन की मूल वाणी के रूप में प्रचलित होती आयी है। उन्होंने अनेक गीतों में ऐसी सम्प्रीति तथा समन्वय का भाव व्यक्त किया है। असम के शदिया में जन्म लेनेवाले भूपेन हाजरिका ने अपने गीतों के माध्यम से असमीया समाज के उत्तरण के लिए सामाजिक सम्प्रीति तथा समन्वय की प्रतिष्ठा हेतु जनसाधारण को प्रेरित करने का प्रयास किया था। एक असमीया के रूप में उन्होंने अपने जीवन और कर्म से एक विशाल मन का परिचय दिया था। उनके गीतों में समन्वयपूर्ण समाज के गठन का वास्तविक चित्र मिलता है। इस समन्वय को शक्तिशाली रूप में प्रतिष्ठित करने के लिए उनकी आवाज़ और कलम निरन्तर चलते रहते थे। अन्त में उन्हीं के शब्दों में–

'समन्वय समन्वय हे माथौँ समन्वय
समन्वये प्रगतिक करे ज्योतिर्मय हे।'[19]

(भावार्थ–समन्वय ही प्रगति को प्रकाशमान कर सकता है।)

सन्दर्भ सूची

1. डॉ. भूपेन हाजरिकार गीत आरु कवितार विश्लेषणात्मक आलोचना–सम्पा. शैलेनजित शर्मा, पृष्ठ संख्या-100
2. वही, पृष्ठ संख्या–4
3. भूपेन हाजरिकार गीत आरु जीवन रथ–दिलीप कुमार दत्त, पृष्ठ संख्या- 167
4. निनाद 19
5. वही, पृष्ठ संख्या–19
6. डॉ. भूपेन हाजरिकार गीत आरु कवितार विश्लेषणात्मक आलोचना–सम्पा. शैलेनजित शर्मा, पृष्ठ संख्या-102
7. वही, पृष्ठ संख्या–103
8. वही, पृष्ठ संख्या–103
9. आमार भूपेन हाजरिका–सम्पा. समीन कलिता, पृष्ठ संख्या–25
10. भूपेन हाजरिकार गीत आरु जीवन रथ–दिलीप कुमार दत्त, पृष्ठ संख्या-197
11. डॉ. भूपेन हाजरिकार गीत आरु कवितार विश्लेषणात्मक आलोचना–सम्पा. शैलेनजित शर्मा, पृष्ठ संख्या–104
12. वही, पृष्ठ संख्या–104
13. भूपेन हाजरिकार गीत आरु जीवन रथ–दिलीप कुमार दत्त, पृष्ठ संख्या–233
14. डॉ. भूपेन हाजरिकार गीत आरु कवितार विश्लेषणात्मक आलोचना–सम्पा. शैलेनजित शर्मा, पृष्ठ संख्या-106
15. भूपेन हाजरिकार गीत आरु जीवन रथ–दिलीप कुमार दत्त, पृष्ठ संख्या-227
16. वही, पृष्ठ संख्या–226
17. वही, पृष्ठ संख्या–227
18. भूपेन हाजरिकार गीत आरु जीवन रथ–दिलीप कुमार दत्त, पृष्ठ संख्या- 247
19. वही, पृष्ठ संख्या–229

ग्रन्थ सूची

1. कलिता, समीन, सम्पा. *आमार भूपेन हाजरिका*. द्वितीय. गौहाटी : भारती बुक स्टॉल, 2019
2. दत्त, दिलीप कुमार, *भूपेन हाजरिकार गीत आरु जीवन रथ*. षष्ठ. गौहाटी : बनलता, 2014
3. शर्मा, शैलेनजित, सम्पा. *डॉ. भूपेन हाजरिकार गीत आरु कवितार विश्लेषणात्मक आलोचना*. प्रथम. गौहाटी : चन्द्र प्रकाश, 2012
4. हाजरिका, करबी डेका, सम्पा. *सामाजिक सांस्कृतिक प्रेक्ष्यापटत असमीया गीत आरु गीति कविता*. प्रथम. साहित्य अकाडेमी, 2011

पत्रिका

1. निनाद, चौथा वर्ष, नवम संख्या, नवम्बर 2012

मानवतावाद और भूपेन हाजरिका के गीत

डॉ. रीतामणि वैश्य

असम की संस्कृति एवं गौरव को विश्व के दरबार में सबल रूप में प्रतिष्ठा करनेवाले महानुभावों में भूपेन हाजरिका (1926-2011) अन्यतम हैं। वे बहुमुखी प्रतिभा के धनी एक विरल व्यक्तित्व के अधिकारी पुरुष थे। वे गीतिकार, संगीतकार, सुगायक, कवि, गद्यकार, चित्र निर्माता, सम्पादक और राजनीतिज्ञ थे। स्वभाव से यायावरी ये महान पुरुष आजीवन मानवता के प्रति समर्पित रहे। वे आजीवन देश-विदेशों में घूमते रहे, संसार के अनेक समाजों को उन्होंने निकट से देखा और उन सब से मिले अनुभव उनके जीवन दर्शन के रूप में परिस्फुट हुए। साहित्य एवं संस्कृति के अनेक क्षेत्रों में उन्होंने सफलता हासिल की है। पर उनकी कीर्ति का मूलाधार उनके गीत हैं। ये गीत उनकी पहचान बने। साहित्य समाज का दर्पण होता है, जीवन की परछाई होता है। भूपेन हाजरिका के गीतों में विश्व के अनेक समाजों का चित्रण मिलता है। उनके गीतों का मूल स्वर मानवतावाद का है। यही कारण है कि उनके गीतों को उनके जन्मलग्न से ही अद्‌भुत समादर मिला है।

मानवीय चेतना ही मनुष्य को संसार के दूसरे जीवों से अलग करती है। अतः मनुष्य के लिए चाहिए कि वह मानव मूल्यों का निर्वाह करें। साहित्यकार समाज का सजग प्रहरी होता है। कला को जीवन के लिए प्रयोग करने का पक्षधर साहित्यकार अपनी रचनाओं में मानव जीवन को चित्रित करता है, मानव मूल्यों की व्याख्या करता है, मानवता की प्रतिष्ठा करता है। ऐसे साहित्यकारों में भूपेन हाजरिका भी आते हैं। उन्होंने अपने अमर गीतों से मानव मूल्यों का संधान ही नहीं किया, प्रभावी ढंग से उनकी अभिव्यक्ति भी की है।

मानवतावाद एक दृष्टिकोण है, जो मानव मूल्यों और चिन्ताओं पर ध्यान केन्द्रित करने वाले अध्ययन, दर्शन या अभ्यास से सम्बंध रखता है। मानवतावाद

एक लोकतान्त्रिक और नैतिक जीवन दृष्टि है। मानवतावाद यह पुष्टि करता है कि मनुष्यों के पास अपने जीवन को अर्थ और आकार देने का अधिकार और उत्तरदायित्त्व–दोनों हैं। मानवतावादी दृष्टि एक ऐसे मानव समाज के निर्माण का समर्थन करती है, जो मानवतावादी मूल्यों पर आधारित हो। यह आस्तिक नहीं है और यह वास्तविकता सम्बन्धी अलौकिक दृष्टिकोण को स्वीकार नहीं करता है। उनका लक्ष्य है मानव और मानवता का सर्वांगीण उन्नयन साधन करना। पर मानव के प्रति उनका यह प्रेम भगवत प्रेम का प्रतिकूल भी नहीं है।

मनुष्य संसार का सर्वश्रेष्ठ प्राणी है। उसका मानवतावादी चिन्तन उसे संसार के दूसरे प्राणियों से उसे श्रेष्ठ बनाता है। इसीलिए आवश्यक है कि मनुष्य का सर्वांगीण विकास हों; भौतिक, नैतिक और आध्यात्मिक दृष्टियों से वह समृद्ध हों। मानव का समूह संसार का निर्माण करता है। अत: मानवतावाद के मूल में समाज कल्याण की भावना निहित रहती है। पाइथागोरस, बकु, नन हर्डर आदि मानवता के विदेशी समर्थक हैं। भारत में राजा राममोहनराय, रवीन्द्रनाथ ठाकुर, गोपाल कृष्ण गोखले, अरविन्द घोष, दीनदयाल उपाध्याय, भूपेन हाजरिका आदि चिन्तकों में मानवतावादी विचारधारा का चिन्तन देखा जा सकता है।

समान्यत: मानवातावाद का अर्थ मानवीय उच्चतर मूल्यों से है। मानवीय उच्चतर मूल्य का अर्थ है स्वार्थ से ऊपर उठकर दूसरों के हित के लिए कार्य करना, संसार के सब मानवों का परस्पर मेलजोल से रहना, एक दूसरे की स्वतन्त्रता का सम्मान करना, परस्पर एक दूसरे का सहयोग करना, विवाद व झगड़ा न करना, शान्तिमय तरीक़ों से जीना आदि। इस प्रकार कहा जा सकता है कि मानवतावाद वह दृष्टिकोण है, जिसमें मानव अन्य लोगों के दु:ख दर्द को महसूस करता है और उनके सुखी जीवन के मार्ग में बाधक न बनकर उनके प्रगति व विकास पर बल देता है। मानव का विकास एवं उसका सुख ही मानवतावाद का प्रमुख लक्ष्य रहा है। मानवतावाद में लोकतन्त्र का पूर्ण समर्थन किया जाता है। मानवतावाद विश्व शान्ति का पक्षधर है। मानवतावाद सम्पूर्ण मानव के हित का ध्यान रखता है। यह साम्प्रदायिकता, जात-पात, आतंकवाद, हिंसा का विरोधी है। मानवतावाद मनुष्यों में नैतिक गुण या मानवीय मूल्यों का संचार करता है।

मानवतावादी दृष्टिकोण के कई सिद्धान्त हैं। वे हैं–

- मानवतावादी सिद्धान्त के अनुसार मानवतावाद का केन्द्र बिन्दु मानव है। मानव ही मानव जाति का मूल और प्रत्येक वस्तु का मापदण्ड है। मानव का विकास मानवतावाद का लक्ष्य है।

- मानवतावाद विश्व बन्धुत्व के आदर्श पर बल देता है। 'वसुधैव कुटुम्बकम' मानवतावादियों का सन्देश है।
- मानवतावाद में स्वहित की अपेक्षा परहित को महत्व दिया जाता है। वह मानव पशु के समान है, जो केवल स्वहित पर चलता है।
- मानवतावाद लोकतन्त्र का समर्थन करता है।
- मानव बुद्धि और विवेक में मानवतावादियों की आस्था होती है।
- मानवतावाद यह विश्वास करता है कि मानव को अपने अंदर की बुराइयों को दूर कर मानवीय गुणों दया, प्रेम, मानवता, दानशीलता, परोपकार, अहिंसा का विकास करना चाहिए।
- मानवतावाद में नैतिक स्वतन्त्रता पर बल दिया जाता है। यह मानव का प्रेरक तत्व होता है।

मानवतावाद के केन्द्र में मानव होता है। पर स्वरूप के आधार पर मानवतावाद को कई दृष्टियों से देख सकते हैं–भौतिक मानवतावाद,आध्यात्मिक मानवतावाद और एकात्म मानवतावाद। भौतिक मानवतावाद में केवल मनुष्य की सुख-सुविधाओं से जुड़े जीवन के प्रश्नों का समाधान खोजा जाता है। यहाँ मानव जीवन का आंशिक अध्ययन किया जाता है। भौतिक मानवतावाद के केन्द्र में जीवन का केवल आर्थिक पक्ष ही आता है। इसके द्वारा मानव जीवन का खण्डित अध्ययन करने की वजह से ही समाज ही से सम्बन्धित अन्य विचारों में सामंजस्य स्थापित करने में सफलता प्राप्त करना कठिन हो जाता है। कार्लमार्क्स का मनुष्य केवल भौतिक मनुष्य है, जिसमें आध्यात्मिक पक्ष पूर्णतः उपेक्षित है। मार्क्स के अनुसार मानव जाति की समस्त गतिविधियों का कारण केवल आर्थिक शक्तियाँ ही हैं। गौतम बुद्ध, रवीन्द्र नाथ ठाकुर, भूपेन हाजरिका आदि चिन्तक आध्यात्मिक मानवतावादी हैं। इनका विचार है कि मनुष्य का दायित्व महान कर्मों से समाज को समृद्ध करना होता है। मनुष्य के लिए केवल भौतिक विकास काम्य नहीं है, उसका मानसिक विकास भी आवश्यक है। एकात्म मानवतावाद मानव जीवन व सम्पूर्ण सृष्टि के एकमात्र सम्बन्ध का दर्शन है। इसका वैज्ञानिक विवेचन पण्डित दीनदयाल उपाध्याय ने किया था। एकात्म मानवतावाद के केन्द्र में व्यक्ति होता है। फिर व्यक्ति से जुड़ा हुआ एक घेरा परिवार, परिवार से जुड़ा हुआ एक घेरा-समाज, जाति, फिर राष्ट्र, विश्व और फिर अनन्त ब्रम्हाण्ड को एकात्म मानवतावाद अपने में समाविष्ट करता है। इस अखण्डमंडलाकार आकृति में व्यक्ति से परिवार, परिवार से समाज, समाज से राष्ट्र, राष्ट्र से विश्व और अन्त में अनन्त ब्रह्माण्ड का विकास होता है। सभी

एक-दूसरे से जुड़कर अपना अस्तित्व साधते हुए एक दूसरे के पूरक एवं स्वाभाविक सहयोगी के रूप में काम करते हैं। इनमें कोई संघर्ष नहीं है। एकात्म मानवतावाद का उद्‌देश्य व्यक्ति एवं समाज की आवश्यकता को सन्तुलित करते हुए प्रत्येक मानव का गरिमापूर्ण जीवन सुनिश्चित करना है। पण्डित दीनदयाल उपाध्याय के चिन्तन की धारा विशुद्ध भारतीय थी। इन्होंने ही एकात्म मानवतावाद का प्रतिपादन किया। इनके अनुसार चिन्तन की शुरूआत व्यक्ति से ही होनी चाहिए। व्यक्तियों का समूह समाज बनाता है और विभिन्न समूहों को धर्म संस्कृति व इतिहास से जोड़कर ही एक सबल राष्ट्र बनाता है। इसलिये व्यक्ति को केवल अपने लिये ही नही अपितु सम्पूर्ण समाज के लिये कार्य करना चाहिए।

पहले ही उल्लेख किया गया है कि भूपेन हाजरिका की लोकप्रियता का प्रमुख आधार है उनके गीत। आपके गीतों में मानवतावाद की प्रतिष्ठा हुई है। ये मानव मूल्य चिरन्तन हैं। जिन मानवतावादी विचारधारा से मानव समाज चलता है और समय के साथ-साथ जो उपेक्षित से होने लगी हैं, उन सबको भूपेन हाजरिका ने अपने गीतों में फिर से साकार किया है और उन्हें मानव समाज में पुनः प्रतिष्ठित करने का सफल प्रयास किया है।

भूपेन हाजरिका मानवता के पक्षधर हैं। मानवतावाद की भावना मनुष्य को महान बनाती है। मानवतावाद का लक्ष्य है मानव प्रेम। साहित्य, कला, शिल्प आदि से सौन्दर्य का सृजन कर मानव के प्रति सहानुभूति का प्रदर्शन करना मानवतावाद का मूल मन्त्र है। हाजरिका ने गीतों में बार-बार मानव का श्रेष्ठतम गुण मानवता का गुणगान किया है। उनकी रचना के केन्द्र में हमेशा मानव ही रहा है। 'मानुहे मानुहर बाबे' (=मानव मानव के लिए, सन् 1960) शीर्षक गीत में आपने मानवतावाद का जो मन्त्र फूँका, वह देश, काल की सीमा को लांघकर पूरे विश्व में आज भी गूँजता है–

'मानुहे मानुहर बाबे
यदिहे अकणो नेभाबे
अकणि सहानुभूतिरे
भाबिब कोनेनो कोवाँ-समनीया?'[1]

(भावार्थ–हे दोस्तो, मानव एक दूसरे के लिए अगर थोड़ा भी नहीं सोचता है, तो कौन उसे सहानुभूति से देखेगा? बोलो।)

नैतिकता एक प्रमुख मानव मूल्य है। हाजरिका नैतिक रूप से समाज को समृद्ध देखना चाहते हैं। समाज में नैतिकता एवं मानवता की रक्षा करना सभी का दायित्व

बनता है। हाजरिका में यह भावना इतनी प्रबल है कि वे केवल जीव से नहीं जड़ पदार्थों से भी नैतिकता और मानवता की रक्षा की आकांक्षा रखते हैं। भूपेन हाजरिका के जीवन का बहुलांश ब्रह्मपुत्र के तट पर बीता है। उनका जन्म असम के शदिया में हुआ, बाल्यकाल तेजपुर में बीता और बाद में आवास के लिए गौहाटी के निजरापार को आपने चुना। ये तीनों जगह ब्रह्मपुत्र के तट पर स्थित हैं। अत: आप ब्रह्मपुत्र के साथ एक अपनत्व का अनुभव करते हैं। ब्रह्मपुत्र के साथ असम के जनजीवन का अटूट सम्बन्ध है। आप अनुभवी ब्रह्मपुत्र से नैतिकता एवं मानवता की प्रतिष्ठा में अपना सहयोग चाहते हैं। यहाँ यह व्यंग्य भी ध्वनित होता है कि मनुष्य के मूलभूत गुण नैतिकता और मनवाताबोध से वह अब हीन हो गया है। यह लज्जा का विषय है। ब्रह्मपुत्र जो हमारी संस्कृति का प्रत्यक्ष दर्शक रहा है,वह आगे आकर अपनी ज़िम्मेदारी सम्भालें। हाजरिका सही अर्थ में मानव समाज गढ़ने को आतुर हैं। पतित मानवता को देखकर उनका हृदय पीड़ित होता है। 'बिस्तीर्ण पाररे' (=विस्तृत तट के, सन 1965) गीत में इसी भाव का प्रस्फुटन हुआ है-

'बिस्तीर्ण पाररे
असंख्य जनरे
हाहाकार शुनिओ
नि:शब्दे नीरवे
बुढ़ा लुइत तुमि
बुढ़ा लुइत बोवाँ किय?
नैतिकतार स्खलन देखिओ
मानवतार पतन देखिओ
निर्लज्ज अलसभावे बोवाँ किय?'[2]

(भावार्थ–हे अनुभवी ब्रह्मपुत्र ! अपने विशाल तट की सैकड़ों जनता का हाहाकार सुनकर नीरव होकर तुम क्यों बह रहे हो ? नैतिकता का स्खलन और, मानवता का पतन देखकर भी निर्लज्ज भाव से तुम क्यों बह रहे हो?)

आधुनिक भारतीय साहित्य की विविध विधाओं में लघु मानव की प्रतिष्ठा मिलती है। कोई भी व्यक्ति मूल्यहीन नहीं होता, यह वाणी हाजरिका के गीतों में जीवन्त हो उठी है। समाज के स्तर में अनेक लोगों का अपना योगदान रहता है। उन साधारण लोगों की देन को स्वीकार किया जाना चाहिए। 'मदाररे फुल हेनो'(=मदार का फूल, सन् 1964) में वे लिखते हैं–

'मदाररे फुल हेनो पूजातो नेलागे
मदाररे फुल हेनो सबाहत नेलागे
लागे पिचे बॅहागते रङ सानिबले
लागे पिचे आकाशते जुइ ज्वलाबले।'[3]

(भावार्थ–कहते हैं मदार का फूल पूजा में नहीं लगाया जाता, मदार का फूल उत्सव में नहीं लगाया जाता। पर वैशाख में रंग भरने के लिए इसकी ज़रूरत है, आकाश में आग लगाने के लिए इसकी ज़रूरत है।)

भूपेन हाजरिका का हृदय आम जनता के प्रति असीम सहानुभूतिशील है। उनका मानना है कि जीवन हँसने और रोने का मेला है। जीवन में सुख कम और दुख अधिक होता है। इसीलिए वे अपना सुख सबसे बाँटना चाहते हैं। 'जीवनटोरे कान्दोनखिनि' (=जीवन का रोना, सन 1964) शीर्षक गीत में गीतकार कहते हैं–

'बहुत कान्दोन, अलप हाँहिर एइये जीवन मेला॥
(सेये) जीवनटोरे हाँहिखिनि बिलाइ बिलाइ दिलोँ।'[4]

(भावार्थ–जीवन में दुख अधिक है और ख़ुशी कम है। यही जीवन का खेल है। मैंने जीवन की अपनी ख़ुशी बाँट दी है।)

हाजरिका मानव मुक्ति के गायक हैं। वे कहते हैं कि इतिहास में लिखे गये सामन्त युग की कथा का आज कोई महत्व नहीं है। 'अतीतर बुरंजी लिखके लिखिछिल' (=अतीत के इतिहासकारों ने लिखा था, सन् 1952) गीत में वे लिखते हैं–

'पाहरि पेललोँ बुरंजीये गोवा
सामन्त युगरे कथा
समयर साहेरे लिखि याम आजि मइ
मानुहर मुकुतिर कथा॥'[5]

(भावार्थ–इतिहास में लिखे गये सामन्त युग की कथा हम भूल गये। समय के साहस के साथ आज मैं मानव की मुक्ति की कथा लिखता जाऊँगा।)

डोली सामन्त युग का प्रतीक है। आज सामन्त युग नहीं है, पर सामन्ती अत्याचारों से आज हमारा समाज मुक्त नहीं हो पा रहा है। कोई बहुत अमीर है, तो किसी के पास खाने को दो वक्त की रोटी नहीं, तन ढकने को एक कमीज नहीं। 'हे दोला हे दोला' (=हे डोला हे डोला, सन 1953) गीत में हाजरिका कहार के करुण जीवन के प्रति सहानुभूति व्यक्त करते हैं–

'एका-बैंका बाटेरे कढ़ियाओं कढ़ियाओं
बर बर मानुहर दोला।
....
दोलार भितरत तिरबिर करिछे
चहकी पाटरे पाग
घने घने देखिछौं लरचर करिछे
शुकुला चौंवरर आग।
मोरहे लॅराटिक एइबार बिहुते
निदिलौं सूतारे चोला;
चकुलो ओलालेओ मनटि नेभाङे
कढ़ियाइ लै याओं दोला॥'[6]

(भावार्थ–टेढ़े-मेढ़े रास्ते से बड़े लोगों का डोला ढोता हूँ। डोले के भीतर रेशम की पगड़ी चमक रही है। सफ़ेद चँवर के अगले भाग को हिलते-डुलते बारे-बार देख रहा हूँ। पर मेरे बेटे को इस बिहु में सूती कमीज भी नहीं दे सका। आँसू निकलने पर भी मन नहीं टूटा है। मैं डोले का भार ढोता हूँ।)

हाजरिका मानव के अन्तर्मन तक जाकर उनके हृदय की पीड़ा को बाँटना चाहते हैं। उनका कहना है कि मानव सागर के जागृत कोलाहल कभी सुनाई नहीं भी पड़ सकता है,पर उसकी गूँज अवश्य ही सुनाई पड़ती है। 'प्रतिध्वनि शुनो मइ' (= मैं गूँज सुनता हूँ, सन 1953) गीत में वे गाते हैं–

'प्रतिध्वनि शुनो मइ
प्रतिध्वनि शुनो
...
हॅब पारे कोनो गाभरुर शोक-भरा कथा
हॅब पारे कोनो आइतार निशार साधुकथा
हॅब पारे कोनो रङमनर कठीयातलीर बेथा
चिना चिना सुरटिक चिनिब नेजानो
निशार चित्ररटिर
प्रतिध्वनि शुनो
प्रतिध्वनि शुनो।'[7]

(भावार्थ–मुझे गूँज सुनाई देती है। यह किसी युवती की दुखभरी कहानी हो सकती है, किसी काकी की रात की कहानी हो सकती है, किसी रङमन के खेत-खलिहान की व्यथा हो सकती है। पहचाना सा यह स्वर मैं पहचान नहीं पा रहा हूँ। रात की चीख की गूँज मैं सुनता हूँ।)

मानवतावाद एक उदार दृष्टि है, जहाँ मनुष्य की पहचान मनुष्य के रूप में होती है। यहाँ उच्च-नीच का कोई भेदभाव नहीं रहता। समाज में चल रही रूढ़ परम्पराएँ मानवतावाद के बाधक उपादान हैं। इन सबसे मानव को मुक्त करने में मनवातावादी सतत प्रयत्नशील रहते हैं। ख़ासकर जात-पात के मामले से लोग ऊपर उठ नहीं सकते। पर आज युग बदला है, आज की युवा पीढ़ी साहसी है। उम्र में ये छोटे हो सकते हैं, पर ये समाज को चुनौती दे सकते हैं। हाजरिका का कहना है कि छोटे पोखर की मछली भी बिजली को निगल जाने की हिम्मत रखने लगी है। शादी-ब्याह में प्रेमी हृदयों को इसी अनमेल जात से बड़ी पीड़ा पहुँचती है। ऐसे मामले में ऐसे समाज को छोड़ना ही उचित है। 'ए बिजुली नाचे' (=ए बिजली नाचती है, सन 1954) गीत में वे गाते हैं–

'सरुदै आइदेउर कि हॅल?
कि हॅल ?
सरुकणत बहिबर मन गॅल
लेठा हॅल
समाजेओ अनुमति निदिले
दुयोरे जात-पात निमिले,
(सेये) सरुदै सरुकणे बिजुलीर पोहरत
सरु सरु समाजक एरे।'[8]

(भावार्थ–सरुदेउ बहन का क्या हुआ? सरुकण से शादी करने का मन हुआ। फिर मसला हुआ। दोनों की जात अलग है। इसीलिए सरुदै और सरुकण बिजली की रोशनी में छोटे-छोटे समाज का त्याग करते हैं।)

समाज में मानव की महत्ता सर्वोपरि होनी चाहिए। संसार भर का सारा विकास मानव कल्याण में प्रयुक्त हो। समाज में जात के भेदभाव का कोई मूल्य न हो। 'युवती अनामिका गोस्वामी' (=युवती अनामिका गोस्वामी, सन 1976) गीत में वे कहते हैं–

'महाशून्यत उपग्रह राखि
एइया गणसंयोग करोवार युग ;

आरु आणविक शक्तिक दानवर परा आनि
मानवर सेवात लगोवार युग;
एइया प्रशान्त आरु अनामिकार
जातिकुल नेउचा होमाग्निर युग;
एया जनार युग
एया बुजार युग
एया जेट युग
आणविक युग
एया सीमार परिधि भङार युग।'[9]

(भावार्थ–यह युग महाशून्य पर उपग्रह रखकर जन सम्पर्क कराने का युग है। आणविक शक्ति को दानवों से लाकर मानव की सेवा में प्रयोग करने का युग है। यह प्रशान्त और अनामिका के जात-पात की उपेक्षा कर होमाग्नि जलाने का युग है। यह ज्ञान का युग है, समझ का युग है, यह जेट का युग है, यह आणविक युग है, यह सीमा की परिधि लांघने का युग है।)

मानवतावाद का लक्ष्य होता है विश्वकल्याण। हाजरिका के गीतों का लक्ष्य मानव कल्याण है। उनका व्यक्तित्व व्यक्तिकेन्द्रित न होकर समाजकेन्द्रिक हैं। वे अपने सुख-दुख के प्रति चिन्तित दिखायी नहीं पड़ते। समाज के तमाम लोगों के साथ निर्वाह करना ही उनका ध्येय हैं। वे विनम्र होकर अपने गीतों के श्रोताओं से कहते हैं कि वे उनके चेहरों पर हँसी लाना चाहते हैं, उन्हें खुश करना चाहते हैं। हाजरिका आमजनों के दुख का सहभागी होना चाहते हैं। 'मोर गीतर हेजार श्रोता' (=मेरे गीतों के हज़ारों श्रोता, सन् 1973) शीर्षक गीत में वे कहते हैं–

'मोर गीतर हेजार श्रोता!तोमाक नमस्कार !
गीतर सभात तुमियेतो प्रधान अलंकार॥
...
प्रयास करौँ तोमार मुखत हाँहि बिलाबले
प्रयास करौँ तोमार दुखत सँचाइ कांदिबले।'[10]

(भावार्थ–मेरे गीतों के हज़ारों श्रोताओ! मैं तुम्हें नमन करता हूँ। क्योंकि मेरे गीत की सभा में तुम ही प्रधान अलंकार हो। तुम्हारे चेहरे में हँसी लाने का मैं प्रयास करता हूँ। तुम्हारे दुख में मैं रोना चाहता हूँ।)

भूपेन हाजरिका एक विश्व मानव हैं। उनकी चेतना आंचलिकता में सीमित न होकर देश-विदेशों तक प्रसारित है। समग्र मानव जाति के प्रति उनके मन में सहानुभूति के साथ-साथ करुणा की भावना भी है। कवि अपनी भावना को उनके श्रोताओं के मन तक प्रसारित करना चाहते हैं। वे 'हे मोर असमर श्रोता' (=हे मेरे असम के श्रोता, सन् 1972) में बिहार के भयंकर सूखे के प्रति सहानुभूति का प्रदर्शन करते हैं। इस सूखे के परिणामस्वरूप बिहार श्मशान सा बन गया है। वहाँ का जनजीवन अस्तव्यस्त हो गया है–

'हे मोर असमर श्रोता जनता
कि मतेनो बुजाम आमि,
(आजि) बिहार राज्यर कोटि कोटि लोके
देखिछे एक स्मशानभूमि।
....
विद्यापतिर मिथिला नगरीर
मैथिली सुर येन स्तब्ध हय,
आजि भोजपुरी पथारत गाँवर गरखीयाइ
बिरहा चैतिर गीत नेगाय।'[11]

(भावार्थ–हे असम की श्रोता जनता ! हम किस तरह से आपको यह समझाये कि आज बिहार की करोड़ों जनता ने मानो श्मशान का दर्शन कर लिया है। विद्यापति की मिथिला में आज मैथिली सुर स्तब्ध हो गया है। आज भोजपुर के पठार में चरवाहा बिरहा चैति का गाना नहीं गाता है।)

भूपेन हाजरिका मानव को कर्म के प्रति उन्मुख होने का सन्देश देते हैं। अपने कर्म के आधार पर इस संसार को स्वर्ग बनाया जा सकता है। इस सन्दर्भ में वे श्रीकृष्ण से लेकर महात्मा गांधी की वाणी का हवाला देते हैं। 'कर्म्मइ आमार धर्म्म' (= कर्म ही हमारा धर्म है, सन् 1949) गीत में वे कहते हैं–

'द्वापरत कॅले श्रीकृष्णइ
नेपेलाबा निज कर्म्म
कुरि शतिकात बापुजीये कॅले
कर्म्मइ सारमर्म्म।
आमि नतुन युगर नतुन मानव
आनिम नतुन स्वर्ग

अवहेलित जनतार बाबे
धरात पातिम स्वर्ग॥'[12]

(भावार्थ-द्वापर युग में श्रीकृष्ण ने कहा-अपना काम करो। बीसवीं सदी में बापू जी ने कहा–कर्म ही सब धर्मों का सार है। हम नये युग के नये मानव हैं। हम नया स्वर्ग लायेंगे। उपेक्षित जनता के लिए धरती पर स्वर्ग का निर्माण करेंगे।)

मानवतावाद लोकतन्त्र की प्रतिष्ठा पर बल देता है। हाजरिका ने जनतन्त्र को अमोघ अस्त्र माना है। इस व्यवस्था में मनुष्य को स्वतन्त्र कर उसे मानव के रूप में स्थापित किया जा सकता है। 'तप्त तीखारे, अग्नि शक्ति' (=तप्त इस्पात से, अग्नि शक्ति, सन् 1962) गीत में जनतन्त्र में मानव की मुक्ति का मार्ग बताते हुए कहते हैं–

'तप्त तीखारे
अग्नि शक्ति
रक्तबर्णे ज्वले-ए ज्वलिले
मुक्तिपियासी सुप्त मानुहर
बक्ष तीखा है गॅले-ए गॅलिले।
जनतातन्त्रर साजि लॅलौँ अस्त्र
स्वतन्त्रताके आनिम बुलि
शोषणजर्ज्जर सहस्त्र मानुहर
आर्त्तनाद आरु नुशुनो बुलि।
आमारे देशते फल्गुसदृश
गुप्त संग्राम चले-ए चलिले।'[13]

(भावार्थ-तप्त इस्पात की अग्नि की शक्ति लाल रंग में जल रही है। मुक्ति की प्यास रखनेवाले सुप्त मानव के वक्ष इस्पात की तरह जलते हैं। जनतन्त्र के अस्त्र निर्माणकर स्वतन्त्रता लाने के लिए शोषण में जर्जर हज़ारों लोगों की कराह और नहीं सुनूँगा। हमारे देश में फल्गु की तरह गुप्त संग्राम चल रहा है।)

भूपेन हाजरिका के गीतों की अन्य एक विशेषता है आशा का स्वर। आप समाज की कुरीतियों, कु-परम्पराओं से विद्रोह घोषणा कर पीड़ितों और शोषितों को समाज में समान रूप से प्रतिष्ठा करना चाहते हैं। मानव को मानव के रूप में देखने का सन्देश हाजरिका के गीतों में पाया जाता है। 'अग्नियुगर फिरिङति मइ' (=मैं अग्नियुग की चिंगारी हूँ, सन् 1939) गीत में वे कहते हैं–

'अग्नियुगर फिरिङति मइ
नतुन असम गढ़िम
सर्ब्बहारार सर्बस्व
पुनर फिराई आनिम
नतुन भारत गढ़िम।
...
हरिजन, पाहारी, हिन्दु-मुचलिमर
बड़ो, कौँच, चुतीया, कचारी, आहोमर
अन्तर भेदि मौ बोवाम
भेदाभेदर प्राचीर भाङि
साम्यर सरग रचिम
नतुन भारत गढ़िम।'[14]

(भावार्थ–मैं अग्नियुग की चिंगारी हूँ। मैं नया असम गढूँगा, नया भारत गढूँगा, ग़रीबों का सब कुछ में वापस लाऊँगा।...हरिजन, पहाड़ी, हिन्दू, मुसलमान, बड़ो, कौंच, चुतीया, कचारी, आहोम सभी जाति-जनजातिओं के हृदय में शहद प्रवाहित करूँगा। भेदभाव का प्राचीर तोड़कर समता के स्वर्ग का निर्माण करूँगा।)

संसार में मानव के महत्व की प्रतिष्ठा का प्रयास हाजरिका के गीतों में देखा जाता है। मानववादी समाज में परिवर्तन लाकर दुखियों के जीवन सुख से भर देने की आशा रखते हैं। 'अ जोनाली दीपान्विता' (=ओ चाँदनी दिवाली, सन् 1948) गीत में हाजरिका दिवाली की रोशनी से दुख के नाश की आकांक्षा रखते हैं–

'एइ पृथ्विबीर शत जनतार
दुखरे एंधार नाशि
सुन्दर पूजारी उजलोवा
बुकुर तेजेरे चाकि
साम्यर दीपाली पाति॥'[15]

(भावार्थ–इस धरती के सैकड़ों लोगों के दुख का अन्धकार नाश कर हे सुन्दर के पुजारी, तुम अपने सीने के ख़ून से दीया जलाओ। दीपावली की रात समता की रात है।)

आधुनिक काल में भले ही एक तथाकथित सुखमय जीवन की खोज करते हुए मानव भागदौड़ कर रहे हैं, ऐश्वर्य के संधान में अस्थिर हो रहे हैं, फिर भी मनुष्य से

किसी उपकरण की क़ीमत अधिक नहीं हो सकती। वे एक ऐसा समाज गढ़ना चाहते हैं, जहाँ मानव को मूल्य दिया जाये। 'शैशवते धेमालिते' (=बचपन में, खेल-खेल में, सन् 1963) गीत में वे गाते हैं–

'जीयाइ थाकि एखन समाज
गढ़िबर मोर मन आछे,
ॲ जीयाइ थाकि एखन समाज
गढ़िबर मोर पण आछे
यॅत-सोणतकैओ मानुहर दाम
सोणतकैओ मानुहर दाम
अलप हलेओ बेचि आछे,
अलप हलेओ बेचि आछे।
अलप हलेओ बेचि आछे।
अलप हलेओ बेचि आछे।'[16]

(भावार्थ–जीते जी एक ऐसे समाज गढ़ने का मेरा मन है, प्रण है, जहाँ मानव का मूल्य सोने से अधिक हो।)

भूपेन हाजरिका प्रेम के पुजारी हैं। प्रेम ही दुनिया का वह तत्व है, जिससे वह गतिमान है। सृष्टि का आधार भी प्रेम ही है। जीवन के निष्ठुर संग्राम में आगे बढ़ने के लिए कवि प्रेम का एक बोल चाहते हैं। 'आकाशी गंगा बिसरा नाइ' (=आकाशी गंगा की आकांक्षा नहीं है, सन् 1963) गीत में यही भाव मिलता है–

'आकाशी गंगा बिचरा नाइ
नाइ बिचरा स्वर्ण अलंकार
निष्ठुर जीवनर संग्रामत
बिचारौँ मरमर मात एषार।'[17]

(भावार्थ–किसी आकाशी गंगा या स्वर्ण अलंकार की चाहत मेरी नहीं है। जीवन के निष्ठुर संग्राम में मैं सिर्फ़ स्नेह का एक बोल चाहता हूँ।)

कलाकार संवेदनशील होता है, समाज के प्रति अपनी ज़िम्मेदारी के प्रति वह सचेत होता है। मनुष्य में मूल्यबोध का जो ह्रास हो रहा है, उससे मानव समाज भी पतनोन्मुख दिशा की ओर अग्रसर हो रहा है। मनुष्य एक दूसरे के प्रति विश्वास खो चुका है। आस्थाहीनता की इस स्थिति में हाजरिका अपने गीतों से लोगों में आस्था

लाना चाहते हैं। उनका 'मोर गान हऔंक' (=मेरे गीत हों, सन् 1969) गीत इसी भावभूमि को तीव्र रूप में अभिव्यक्ति देता है–

'मोर गान हऔंक
बहु आस्थाहीनतार बिपरीते
एक गभीर आस्थार गान।'[18]

(भावार्थ–मेरे गीत आस्थाहीनता के ख़िलाफ़ एक गम्भीर आस्था का गीत हों।)

'शीतरे सेमेका राति' (=शीत की भीगी रात, सन् 1969) गीत में हाजरिका असुरक्षित आम लोगों को सुरक्षा प्रदान करने की अभिलाषा रखते हैं–

'शीतरे सेमेका राति
शीतरे सेमेका राति
संख्यालघु कोनो सम्प्रदायर
भयार्त्त मनटिर
नुफुटा आर्त्तनाद निजेइ प्रकाश करि
मिठा येन एटि निरापत्ता हऔं
निरापत्ता हऔं, निरापत्ता हऔं।'[19]

(भावार्थ–शीत की रात के संख्यालघु किसी सम्प्रदाय के डरे हुए मन की अस्फुट आवाज़ को मैं अभिव्यक्ति देना चाहता हूँ। मैं उन्हें सुरक्षा देना चाहता हूँ।)

भूपेन हाजरिका ने अपने गीतों में चिरंतन मानव मूल्य की प्रतिष्ठा की है। हाजरिका के गीतों का लक्ष्य मानव कल्याण है। मानव के महत्व की प्रतिष्ठा का प्रयास हाजरिका के गीतों में देखा जाता है। वे नैतिक रूप से समाज को समृद्ध देखना चाहते हैं। वे प्रेम के पुजारी हैं, उनका हृदय आम जनता के प्रति असीम सहानुभूतिशील है। वे एक विश्व मानव हैं। उनकी चेतना आंचलिकता में सीमित न होकर देश-विदेशों तक प्रसारित है। हाजरिका समाज में आस्था प्रतिष्ठित करना चाहते हैं।

भूपेन हाजरिका मूल्यबोध के प्रति सजग कलाकार हैं। उनके गीतों में मानव हृदय का स्पंदन सुनने को मिलता है। मनुष्य के मन में मनुष्य के प्रति प्रेम, दया, सहानुभूति आदि का विस्तार करना उनके कई गीतों का उद्देश्य है। उन्होंने मानवप्रेम की चेतना जगाने में सफल प्रयास किया है। दुखियों, दरिद्रों, पीड़ितों के प्रति सहानुभूति दिखने के लिए उन्होंने श्रोताओं से बार-बार आग्रह किया है। मानवीय चेतना ने भूपेन हाजरिका के गीतों को अत्यन्त सुन्दर बनाया है। उन्होंने मानव मूल्य

को बनाये रखने के लिए अनेक गीत लिखे और उन्हें गाया। उनके गीत मनुषत्व की विजय घोषणा करते हैं। मानव कल्याण, दया, ममता, करुणा, जिजीविषा, मुक्ति का स्वर, समाज की कुरीतियों के ख़िलाफ़ विद्रोह, शोषितों एवं पीड़ितों के प्रति सहानुभूति आदि आपके गीत की प्रमुख विशेषताएँ रही हैं।

भूपेन हाजरिका के गीतों के मानवतावाद के सम्बन्ध में डॉ. दिलीप कुमार दत्त लिखते हैं–

> 'बैष्णव युगत शंकरदेव आरु माधवदेवे भक्ति भाबेरे असमीया समाजक प्लावित करार दरे कुरि शतिकार मानव प्रेमर युगत डॉ. हाजरिकाइ असमीया समाजत मानवी मरमर अमिया ढालिछे। इयेइ येन तेओँर जीवनर अन्वेषण, इयेइ तेओँर आध्यात्मिक लक्ष्य। तेओँर गीतर एने आध्यात्मिकतार कारणेइ तेओँर गीत केवल गोटेइ भारतते नालागे पृथिवीर आन आन ठाइटो समादृत हैछे। तेओँर मानव प्रेमर बिश्वजनीन भाबेरे लुइत पारर असमीया जातीय जीवनक एने भाबे चहकी करिछे ये इतिहासत प्रथमबारर कारणे एजन असमीयाइ असमीया समाजखनक आंतरजातिक साँचत रूप दिबलै चेष्टा करा येन अनुमान हय।'[20]

(भावार्थ–वैष्णव युग में जिसतरह शंकरदेव और माधवदेव ने भक्ति की धारा से असमीया समाज को प्लावित किया था, बीसवीं सदी के मानव प्रेम के युग में डॉ. हाजरिका ने असमीया समाज में मानवीय स्नेह का अमृत की धारा बहायी है। यही उनके जीवन का संधान है, यही उनका आध्यात्मिक लक्ष्य है। उनके गीतों की इस आध्यात्मिकता के कारण उनके गीत केवल भारतवर्ष में ही नहीं, दुनिया की अन्य जगहों में समादृत हुए हैं। आपने मानव प्रेम के वैश्विक भाव से ब्रह्मपुत्र के तट के असमीया जातीय जीवन को इस तरह से समृद्ध किया कि इतिहास में पहली बार के लिए एक असमीया के द्वारा असमीया समाज को अन्तरराष्ट्रीय स्वरूप देने का अनुमान होता है।)

आधुनिक युग में विज्ञान के साधनों के विकास के साथ-साथ मनुष्य की जीवन-शैली त्वरित गति से परिवर्तित हो रही है। एक सुखमय जीवन के संधान की आपाधापी में मानव समाज में मनुष्यत्व उपेक्षित होने लगा है। उन्होंने व्यक्तियों की स्वतन्त्रता, अधिकार, व्यक्तित्व के विकास का समान अवसर, समानता आदि लोकतंत्र के आधारभूत सिद्धान्तो का पक्ष लिया है। भूपेन हाजरिका ने अपने गीतों में उन चिरंतन मानव मूल्यों का गान किया है। उनके गीतों की इन्हीं विशेषताओं के कारण वे मानव समाज के लिए सदा प्रासंगिक हैं।

सन्दर्भ सूची

1. डॉ. भूपेन हाज़रिकार रचनावली, द्वितीय खण्ड, सम्पा. सूर्य हाजरिका, पृष्ठ संख्या-1034
2. वही, पृष्ठ संख्या-1051
3. वही, पृष्ठ संख्या-1044
4. वही, पृष्ठ संख्या-1048
5. वही, पृष्ठ संख्या-1012
6. वही, पृष्ठ संख्या-1016
7. वही, पृष्ठ संख्या-1017
8. वही, पृष्ठ संख्या-1020-21
9. वही, पृष्ठ संख्या-1102
10. वही, पृष्ठ संख्या-1085
11. वही, पृष्ठ संख्या-1082
12. वही, पृष्ठ संख्या-1009
13. वही, पृष्ठ संख्या-1038
14. वही, पृष्ठ संख्या-1003
15. वही, पृष्ठ संख्या-1007
16. वही, पृष्ठ संख्या-1039-40
17. वही, पृष्ठ संख्या-1040
18. वही, पृष्ठ संख्या-1075
19. वही, पृष्ठ संख्या-1076
20. भूपेन हाजरिकार गीत आरु जीवन रथ–दिलीप कुमार दत्त, पृष्ठ संख्या-121

ग्रन्थ सूची

1. ओजा, रत्न, सम्पा. *भूपेन हाजरिका.* प्रथम. गौहाटी: असम प्रकाशन परिषद, 2013
2. दत्त, दिलीप कुमार. *भूपेन हाजरिकार गीत आरु जीवन रथ* षष्ठ गौहाटी और डिब्रुगड़: बनलता, 2014
3. हाजरिका सूर्य, सम्पा. *डॉ. भूपेन हाजरिका रचनावली द्वितीय खण्ड,* प्रथम. गौहाटी: एस.एइच. शैक्षिक न्यास, 2008.

वेबलिंक

1. https://hi.wikipedia.org/wiki/%E0%A4%AE%E0%A4%BE%E0%A4%A8%E0%A4%B5%E0%A4%A4%E0%A4%BE%E0%A4%B5%E0%A4%BE%E0%A4%A6-27.7.2020
2. https://www.scotbuzz.org/2017/05/manavatavad.html-12.7.2020
3. https://www.drishtiias.com/hindi/mains-practice-question/question-647-27.7.2020
4. https://hi.wikipedia.org/wiki/%E0%A4%8F%E0%A4%95%E0%A4%BE%E0%A4%A4%E0%A5%8D%E0%A4%AE_%E0%A4%AE%E0%A4%BE%E0%A4%A8%E0%A4%B5%E0%A4%B5%E0%A4%BE%E0%A4%A6_(%E0%A4%AD%E0%A4%BE%E0%A4%B0%E0%A4%A4)-27.7.2020

भूपेन हाजरिका के गीतों में प्रेम के विविध रूप

दीक्षा कोँवर

सुधाकंठ भूपेन हाजरिका का परिचय पूरे विश्व में प्रधानत: एक गीतिकार के रूप में है। लेकिन गीतिकार होने के साथ ही वे संगीतकार, नाट्यकार, चित्रकार, अभिनेता, सुवक्ता, चलचित्र निर्माता, अभिनेता, लेखक अनुवादक आदि सभी प्रतिभाओं से परिपूर्ण थे। भूपेन हाजरिका के कण्ठ से असम के साथ भारतवर्ष तथा विश्व के लोग भी परिचित हैं। असम में उनके गीतों से आलोड़ित न होनेवाले शायद ही कोई असमीया हो। भूपेन हाजरिका एक मानव प्रेमी, समाज सचेतक, समाज संगठक और स्वदेश प्रेमी व्यक्ति थे। नौ साल की उम्र से ही गीत लिखनेवाले भूपेन हाजरिका के गीतों में समाज के सभी श्रेणी के लोगों के हृदय की अनुभूतियों की अभिव्यक्ति हुई है। मानव, प्रकृति, प्रेम, समाज, संस्कार, वैयक्तिक अनुभव आदि उनके द्वारा रचित गीतों की मुख्य विषयवस्तु हैं। उनका स्वप्न था एक विशाल असम का निर्माण हो, जहाँ जाति भेद, वर्ण भेद, शोषण आदि न हो और ऐक्य और समन्वय से परिपूर्ण एक सामाज हो। वे चाहते थे असम के साथ ही पूरे भारतवर्ष के प्रत्येक नागरिक ज्ञान की ज्योति से ज्योतिष्मान हो तथा विज्ञान और विद्या के क्षेत्र में विश्व के अन्य देशों की तरह ही भारातवर्ष भी उन्नति के शिखर पर अपना क़दम रखे। भूपेन हाजरिका की यह इच्छा उनके गीतों के माध्यम से प्रकाशित हुई है। भूपेन हज़ारिका द्वारा रचित गीतों को 'भूपेन्द्र संगीत' के नाम से जाना जाता है। भूपेन हाजरिका के गीत असम के साथ ही भारतवर्ष के दूसरे राज्यों, ख़ासकर पश्चिम बंगाल और विदेशों, विशेष रूप से बांग्लादेश में अत्यन्त लोकप्रिय हैं।

बहुत ही कम उम्र में संगीत जगत से जुड़नेवाले भूपेन हाजरिका ने संगीत में किसी भी प्रकार की औपचारिक शिक्षा ग्रहण नहीं की थी। उन्होंने अपनी प्रतिभा द्वारा

अनेक गीतों की रचना की है। हाजरिका के गीतों में तत्कालीन समय के समाज की परिस्थिति की छवि मिलती है। अपने द्वारा रचित इन गीतों में अपने ही संगीत और कण्ठ प्रदान कर उन्होंने पूरे विश्व के लोगों को मोहित कर दिया था। सात समुन्दर पार होकर लोक जीवन की प्रतिच्छवि खोजने का प्रयास उनके गीतों में देखा जाता है। उनके गीतों का मूल उद्देश्य है मानव जाति को समन्वय से जोड़ना। उनके गीत कोरी कल्पना नहीं हैं, आपने अपने सभी गीतों के माध्यम से समाज के प्रत्येक व्यक्ति तक अनमोल सन्देश पहुँचाया है। तरणी पाठक और मनोमती डाकुवा पाठक लिखते हैं–

'उपजा माटिर परा विश्व खनर य़ॅलैके भूपेन हाज़ारिका गैछिल तारेइ आकाश-बताह, समाज, सभ्यता, संस्कृति सकलोवे आकौंवालि लै गीत रचि मृत्यु पर्यन्त गाइ गैछिल। तेउँर गीत समूहत देश-जातिर मानुहक भालपोवार कथा, खाटि खोवा मानुहर जीवनर संग्रामर कथा, प्रेम तथा एकतार एनाजरीरे जाति-जनगोष्ठीक बांधि रखार कथा जानिब पारि। इतिहास, विज्ञान, भोगोल, राजनीति, समाजनीति प्रतिटो विषय तेउँर गीतत मूर्तमान।'[1]

(भावार्थ–मातृभूमि से लेकर विश्व की जिस जगह में भी भूपेन हाजरिका गये थे वहाँ के आकाश, वायु, समाज, सभ्यता, संस्कृति सभी को उन्होंने अपना बनाकर गीत रचे और आजीवन वे गीत गाते रहे। उनके गीतों से देश-जाति और मनुष्य को प्यार करने की कथा, मेहनत से जीनेवालों के संग्राम की कथा, प्रेम और एकता से जाति-जनजातियों को बाँधकर रखने की कथा जान सकते हैं। इतिहास, विज्ञान, भूगोल, राजनीति, समाजनीति सभी विषय उनके गीतों में विराजमान हैं।)

गीतिकार, संगीतकार, नाट्यकार आदि सभी गुणों से परिपूर्ण होने के साथ ही साथ भूपेन हाजारिका एक सुदक्ष कवि भी थे। उनकी कविताओं के विषय हैं–समकालीन प्रसंग, समकालीन युग की समस्याएँ, वैयक्तिक अनुभव, भ्रमण आदि। उनकी कविताओं में उनकी समाजवादी विचारधारा की झलक मिलती है। दिलीप कुमार दत्त कहते हैं–

'डॉ. हाजरिकार प्राय: प्रत्येकटो गीतेइ एको एकोटा धुनिया कबिता। तेउँ हयतो कबि हिचापेहे असमीया समाजत अमरत्व लाभ करिब।'[2]

(भावार्थ–भूपेन हाजरिका का प्रत्येक गीत एक एक सुन्दर कविता है। वे शायद कवि के रूप में ही असमीया समाज में अमरत्व प्राप्त करेंगे।

वैयक्तिक प्रेम

भूपेन हाजारिका सच्चे अर्थ में एक प्रेमिक थे। उनके वैयक्तिक जीवन का प्रेम इन्द्रधनुष के सात रंगों की तरह रंगीन है। उनके अनुसार प्रेम की संज्ञा और उनकी प्रेम भावना उनके गीतों में विराजमान है। जैसे, प्रेम से प्राप्त आनन्द, स्मृति, विरह, मिलन आदि। तेरह वर्ष की उम्र में ही वे प्रेम का अनुभव कर चुके थे और उसी प्रेम की अनुभूति से वे आजीवन समृद्ध रहे। उनके गीतों में उनके उन्मुक्त हृदय की छवि झलकती है। उन्हें ऐसे प्रेम की तलाश है, जो आत्मा को मुक्त कर दे। उनकी ऐसी अनुभूति गीतों के माध्यम से ही प्रकाशित हुई है। वे अपनी प्रेयसी से अपने संघात से पूर्ण जीवन को आनन्द से भरने की आकांक्षा रखते हैं–

'आकाशी गंगा बिचरा नाइ
नाइ बिचरा स्वर्ण अलंकार
निष्ठुर जीवनर संग्रामत
बिचारौँ मरमर मात एषार।'[3]

(भावार्थ–मैं आकाश की गंगा को पाने की आशा नहीं रखता हूँ और न ही स्वर्ण अलंकार की चाह मेरी है। मैं तो बस मेरे निष्ठुर जीवन संग्राम में प्यार के मीठे बोल चाहता हूँ।)

अपनी प्रेयसी का सौन्दर्य वर्णन करते हुये वे गाते हैं–

'बहुत दिनर आगते
गधूलिरे परते
तोमार रूप शिखा देखा
आजि परे मनत हे।
मोरे सरु पँजाते
नेमेला खिरिकीते
तुमि आहि मात दिला
धुनिया निशाते।'[4]

(भावार्थ–बहुत दिन पहले शाम के समय तुम्हारे सुन्दर रूप देखने की बात आज भी याद आती है। मुझे उस मधुर रात को तुमने मेरे छोटे से घर में आकर आवाज़ दी थी।)

भूपेन हाजरिका के जिन गीतों के माध्यम से उनकी आत्मा की अनुभूति से प्रेम भावना की व्याख्या हुई है, उन गीतों को उनके प्रेम गीत कहा जाता है। इन प्रेमगीतों के माध्यम से उनकी सजग इन्द्रियशक्ति और प्रेम के प्रति उनकी श्रद्धा का प्रकाश हुआ है। कहा जाता है कि उनसे पहले किसी भी असमीया संगीतकार ने अपने गीतों में इस प्रकार की इन्द्रियशक्ति का ऐसे पूर्ण और सुन्दर रूप से प्रयोग नहीं किया है। असम के जातीय उत्सव बिहु में गाये जानेवाले बिहुगीतों को माध्यम के रूप में लेकर उन्होंने अनेक प्रेमगीतों की रचना की है। उनके प्रेमगीत अनायास ही श्रोता के हृदय को स्पर्श करते हैं। यथा–

'मिलनर एइ शुभक्षण
पखिला उरादि उरे मन
मरमरे एइ आवाहन
जीवनरे मधुर लगन
लाजर बांधोन खुलि याय याय
बुकुवे सँहारि पाय पाय
अमृतमय जीवन येन
हर गौरीर महा मिलन।'[5]

(भावार्थ–मिलन के इस शुभ क्षण में तितली की तरह मन उड़ने लगा है। जीवन के इस मधुर लग्न में यह प्यार की अनुभूति है। लज्जा के बन्धन से मन उन्मुक्त हो गया है, जीवन अमृतमय हो गया है, मानो शिव और पार्वती का मिलन हो।)

भूपेन हजरिका के अनुसार प्रेम एक स्वर्गीय अनुभूति है। पृथ्वी में सभी मनुष्य के हृदय में प्रथम प्रेम का अनुभव रहता है। मनुष्य के जीवन में प्रेम कब आयेगा, यह कहा नहीं जा सकता। प्रेम सिर्फ़ कामना का नाम नहीं है, प्रेम हृदय में प्रेमपात्र को स्थान देकर उसे पाने की गम्भीर साधना है। अगर यह साधना असफल हो भी जाये, तो यह कोई बड़ी बात नहीं है। मनुष्य को बार-बार प्रेम हो सकता है। उनके अनुसार जब दो हृदय का मिलन होता है, तभी प्रेम को पूर्णता प्राप्त होती है–

'प्रथम मरमे यदि सहाँरि नापाय
भालपोवा किय जानो मरहि याय ?
एखन हिया आरु एखन हियाइ
मिलिलेहे मरमे पूर्णता पाय।'[6]

(भावार्थ–प्रेम की अनुभूति को अगर सहारा न मिले तो वह मुरझा जाता है। एक हृदय के साथ दूसरे हृदय के मिलन से ही तो प्रेम को पूर्णता प्राप्त होती है।)

भूपेन हाजरिका एक विशाल हृदय के अधिकारी प्रेमिक थे। उन्होंने अपने व्यक्तिगत जीवन दर्शन को लेकर अनेक गीतों की रचना की है और उनके प्रेम और जीवन सम्बन्धी विषय में उनके अनुलिखित आत्मजीवनी 'मइ एटि यायाबर' में विस्तृत रूप से प्रकाश डाला है।

भूपेन हाजरिका एक ऐसे व्यक्तित्व के अधिकारी पुरुष थे, जिन्होंने अपने जीवन के प्रत्येक दिन का उपभोग किया है। आपकी दृष्टि में यह धरती अति सुन्दर है। वे आशावादी थे, निराशा नामक शब्द उनके जीवन में था ही नहीं। उन्होंने कहा है–

'प्रतिटो हृदयस्पन्दनत मइ नतुन प्रभात पाउँ। मोर प्रतिटो प्रभातत नतुन यौवन पाउँ। बयसर अग्रगतिये मोक आमनि नकरे। सेयेहे, मइ गीतेरेई कैछोँ–शब्द आरु संगीतर पृथवीत धेमालि करिलोँ नाना छन्देरे; निरानन्दे आरु महानन्दे मइ सत्यक फँहियालोँ जीवनबोधेरे; मइ जीयाइ आछोँ समयर आगे आगे, आरु एनेदरेइ जीयाइ थाकिम। कारण–मइ बर आशावादी।'[7]

(भावार्थ–मैं अपने हृदय के प्रत्येक स्पन्दन में एक नया प्रभात अनुभव करता हूँ। प्रत्येक सुबह मुझे अपने यौवन का अनुभव होता है। अपनी बढ़ती उम्र मुझे कभी भी निराश नहीं करती है। इसलिए मैंने गीतों के माध्यम से कहा है–शब्द और संगीत की पृथ्वी में मैंने छन्दों के माध्यम से बहुत आनन्द पाया है; जीवन के सत्य को मैंने इसी प्रकार अनुभव किया है। मैं जीवित हूँ समय के आगे-आगे और ऐसे ही मैं जीवित रहूँगा। क्योंकि मैं बहुत ही आशावादी हूँ।)

जातीय प्रेम और राष्ट्रीय प्रेम

असमी आइ (मातृ) के प्रति भूपेन हाजरिका की श्रद्धा और प्रेम अतुलनीय है। अपने गीतों में उन्होंने असम की प्रतिच्छवि को सजीव रूप दिया है, जो हर एक असमीया के हृदय में स्थापित है। भूपेन हाजरिका के गीत असम और असमीया जातीय जीवन को जोड़नेवाला महत्वपूर्ण सेतु है। उनके हृदय में असमीया जाति तथा भाषा-संस्कृति के प्रति गहन प्रेम था। उनके गीतों की कथा और संगीत के माध्यम से ही उनके जातीय प्रेम की भावना स्वच्छ रूप से प्रतिफलित हुई है। मातृभूमि असम को वे तन-मन से चाहते थे। मातृभूमि के प्राकृतिक सौन्दर्य, भाषा-संस्कृति, इतिहास और यहाँ के मनुष्य के प्रति उनका प्रेम प्रबल था। असम की अनेक जाति-जनजातियों का

समन्वयात्मक संस्कृति उन्हें अधिक आकर्षित करती थी। इसी समन्वय को बरकरार रखना उनका मूल उद्देश था। उन्होंने असम की प्रकृति और भूमि की महिमा का वर्णन करते हुये लिखा है–

'असम आमार रुपही गूणरु नाइ शेष
भारतरे पूर्व दिशर सूर्य उठा देश।
गोटेइ जीवन बिचारिलेउ
अलेख दिवस राति
असम देशर दरे नेपाउँ
इमान रसाल माटि।'[8]

(भावार्थ–मातृभूमि असम का जितना भी गुण गाया जाये कम है। भारतवर्ष की पूर्व दिशा में स्थित यह सूर्योदय का देश है। सम्पूर्ण जीवन खोजते रहने से हमें असम देश की तरह रसभरी मिट्टी दूसरी जगह नहीं मिलेगी।)

भूपेन हाजरिका में जातीय प्रेम और जातीय चेतना का सुन्दर निदर्शन मिलता है। उन्होंने एक ऐसे असम की कल्पना की थी, जहाँ सभी शिक्षित हों और सभी विज्ञान से परिचित हों। उनका ऐसा ही एक गीत है, जहाँ वे कला-संस्कृति, ज्ञान-विज्ञान से परिपूर्ण असम को देखने हेतु आशावादी हैं। उनको विश्वास है कि यह काम गौहाटी विश्वविद्यालय करेगा–

'जिलिकाब लुइतरे पार
आन्धारर भेटा भाङि
प्रागज्योतिषत बय
जेउटि निजरारे धार
शत शत बन्तिरे
ज्ञानरे दीपालिये
जिलिकाब लुइतरे पार।'[9]

(भावार्थ–गौहाटी विश्वविद्यालय ज्ञान के सैकड़ों दीपों की ज्योति से अंधेरे का नाश कर ब्रहपुत्र के तट प्रकाशित करेगा।)

प्राकृतिक सौन्दर्य से परिपूर्ण असम का सौन्दर्य यहाँ के लोगों की एकता से ही पूर्णता प्राप्त करता है। सन् 1962 में जब चीन के आक्रमण ने अरुणाचल प्रदेश में संत्रास पैदा कर दिया था और चीन की सेना असम और अरुणाचल की सीमा के

पास तेजपुर के निकट पहुँच गयी थी। उस समय भूपेन हाजरिका को किसी काम से कोलकाता में रहना पड़ा था। तेजपुर के निज घर में उनकी मातृ भी बीमारी से जूझ रही थीं। एक तरफ़ उनकी माँ और दूसरी तरफ़ देशमातृ की यह दूरावस्था उनसे देखी नहीं जा रही थी। उस समय उनके द्वारा रचित गीत 'बुकु हम हम करे' में उनकी मानसिक दुर्दशा का पता चलता है। बाद में हिन्दी में 'दिल हुम हुम करे' नाम से इस गीत का अनुवाद हुआ था। इस गीत में उनकी दोनों माताओं के प्रति उनका प्रेम स्पष्ट झलकता है–

'बुकु हम हम करे
मोर आइ
कोने निद्रा हरे
मोर आइ
पुत्र हइ मइ किमते तरौं ?
आइ, तोरे है मइ मरौं ?'[10]

(भावार्थ–हे माँ, मेरा दिल हुम हुम कर रहा है। किसने मेरी नींद चुरा ली ? पुत्र होकर मैं अपनी ज़िम्मेदारी कैसे निभाऊँ ? माँ, मैं तेरे लिए मरना चाहता हूँ।)

भूपेन हाजरिका ने अपने जातीय प्रेम से सम्बन्धित गीतों में असम की हर एक विशिष्टता पर ध्यान दिया है। असम के पर्वत-पहाड़, नद-नदी, यहाँ की संस्कृति, भाषा, यहाँ की जाति-जनजाति आदि सभी उनके गीतों में आये हैं। असम के ग्राम्य जीवन को भी उन्होंने अपने गीतों में स्थान दिया है। असम की पहचान जातीय उत्सव बिहु को भूपेन हाजरिका ने अपने गीतों में एक विशेष मर्यादा दी है। उन्होंने बिहु को असमीया आम जीवन का साहस कहा है–

'बॅहाग माथौँ एटि ऋतु नहय
नहय बॅहाग एटि माह
असमीया जातिर इ आयुस रेखा
गण जीवनर इ साह।
बॅहाग माथौँ बिहुतली नहय
नहय इ निशा फुला फुल
बॅहागेइ आनि दिये समदल गति
नेउचि जाति कूल
इ प्रभेदक करे नाश।[11]

(भावार्थ–वैशाख सिर्फ़ एक ऋतु नहीं है और न ही यह सिर्फ़ एक महीना है। असमीया जाति की यह आयुरेखा है, यह गण जीवन का साहस है। वैशाख सिर्फ़ बिहुमंच नहीं है, न यह सिर्फ़ रात को खिलने वाला फूल है। वैशाख समूह का नाम है और यह जाति भेद का नाश करता है।)

भूपेन हाजरिका एक निष्ठावान देशप्रेमी थे। स्वदेशप्रेम को मूलमंत्र के रूप में लेकर ही वे अपनी मातृभूमि के अस्तिव की रक्षा हेतु कर्म करते थे। देश के प्रति उनका निस्वार्थ प्रेम भाव उनके गीतों में देखने को मिलता है। चीन के द्वारा भारत आक्रमण के समय देश के सिपाहियों के मृत शरीरों को देखकर उनका हृदय रो पड़ा था। तब उन्होंने इस गीत के माध्यम से अपने क्रोध की अभिव्यक्ति दी थी–

> 'रणक्लांत नहउँ, सेइ मुहुर्तलै
> यि मुहुर्तते मोर सीमांतते
> शेष शत्रु दैत्यटिर नहय मरण-रणक्लांत नहउँ
> झनझनाय–आजि झनझनाय
> मोर अगणन जोवानर मरणास्त्र
> गमगमाय,-आजि गमगमाय
> जय प्रतिज्ञा ध्वनिरे मोर राष्ट्र।'[12]

(भावार्थ–रणभूमि से हम तब तक तक पीछे नहीं हटेंगे, जब तक शत्रु को हम परास्त नहीं कर देते। आज इस प्रतिज्ञा ध्वनि से मेरा पूरा राष्ट्र गूँज रहा है।)

मानव प्रेम

भूपेन हाजरिका के गीतों में उनके मानवतावादी दृष्टिकोण स्पष्ट रूप से दिखायी पड़ता है। उनके गीतों का मूल उद्द्देश्य मनुष्य के हृदय में मनुष्य के प्रति प्रेम की प्रतिष्ठा करना है। उन्होंने मानव प्रेम को युग चेतना के रूप में प्रतिष्ठा करने का प्रयास किया है। मनुष्य का मनुष्य के प्रति स्नेह और सहानुभूति कभी कम न हो, इसके लिए उनका प्रयास आजीवन रहा है। सभी मनुष्य के प्रति उनका आह्वान रहा है कि हम सभी समाज के दलित, पीड़ित, शोषित, निर्यातित लोगों के प्रति अपनी सहानुभूति रखें और उन्हें उनके कष्टों से मुक्त करें। अर्थात वे एक मानवतावादी गीतिकार थे और उनके गीतों का केन्द्रस्थल मानव है। इस सन्दर्भ में दिलीप कुमार दत्त का कहना है–

'मानुहे मानुहर प्रति याते आन्तरिक मरम-चेनेह आरु सहानुभूति प्रदर्शन करे तार कारणे डॉ. हाजरिकाइ सदाय खाटि आहिछे। दुखीया-निचला-पीड़ित बा जीवनत दुःख भोगासकलर प्रति सहानुभुतिर दृष्टि आकर्षण करि आहिछे। तेउँर बहु गीतते मानव प्रेमर संगीत शुनिबलै पोवा याय।'[13]

(भावार्थ–मनुष्य दूसरे मनुष्य के प्रति आन्तरिक स्नेह और सहानुभूति रखें, उसके लिए भूपेन हाजरिका हमेशा प्रयास करते आये हैं। दरिद्र, पीड़ित अथवा जीवन में दुःख भोगनेवाले लोगों के प्रति हमेशा से उनकी सहानुभूति रही है। उनके अनेक गीतों में मानव प्रेम का संगीत हमें सुनने को मिलता है।)

भूपेन हाजरिका के मानवतावादी गीतों का मूल उद्देश्य है मनुष्य के बीच एकता और भाईचारे की स्थापना करना। मानव प्रेम से सम्बन्धित गीतों के माध्यम से भूपेन हाजरिका मनुष्य के दुःख कष्टों के समभागी बने। आपने अपने गीतों से मनुष्य की मुक्ति का चिन्तन किया।। उनका मानवतावादी दृष्टिकोण विश्वजनीन है। उन्होंने देश के साथ ही पूरे विश्व के मानव की चिंता अपने गीतों के द्वारा व्यक्त किया है–

'मइ देखिछौं अनेक गगनचुंबी अट्टालिकार शारी
तार छाँतेइ देखिछौं कतना गृहहीन नर नारी
मइ देखिछौं किछु घरर समुख बागिछारे आछे भरि
आरु देखिछौं मरहा फुलर पापरि अकालते परा सरि
बहु देशे देशे गृहदाह देखि चिन्तित हउँ बर
मनर मानुह बहुतेइ देखौं घरते हैछे पर
सेये मइ यायाबर।'[14]

(भावार्थ–मैंने बहुत गगनस्पर्शी महल देखे हैं और उनकी छाया में ही अनेक गृहहीन नर-नारी देखे हैं। कई घरों के आँगन फूलों से भरपूर देखा है और मुरझाये हुए फूलों की पंखुरियों को धरती पर गिरते हुये देखा है। बहुत देशों में गृहदाह देखकर मैं चिन्तित होता हूँ। हृदय से चाहनेवाले व्यक्ति को घर में पराया होते देखा है। इसलिए मैं यायावर हूँ।)

भूपेन हाजरिका ने मनुष्य में मनुष्यता के होने को अनिवार्य माना है। वे गाते हैं–

'मानुहे मानुहर बाबे
यदिहे अकणो नाभाबे
अकणि सहानुभूतिरे
भाबिब कोनेनो कोवा ? समनीया ?'[15]

(भावार्थ–मनुष्य ही अगर मनुष्य के बारे में नहीं सोचेगा, सहानुभूति नहीं रखेगा, तो कौन सोचेगा? बोलो मेरे बन्धु।)

तत्कालीन समय में मानवतावाद को केन्द्र में रखकर उद्भव होनेवाली नयी चिन्ता और चेतना को भूपेन हाजरिका ने असमीया समाज जीवन में प्रतिष्ठा करने का प्रयास किया और इस युग चेतना से प्रभावित होकर उन्होंने असमीया भाषा की कोमलता में ढालकर गीतों की रचना की। मनुष्य के दुःख-कष्ट आदि की करुणा से भरे चित्र प्रतिष्ठा करनेवाले भूपेन हाजरिका अद्वितीय शिल्पी थे। वे असम की बाढ़ से पीड़ित लोगों का मार्मिक चित्रण करते हुये कहते हैं–

'भर बारिषार बाने
खहाइ निले गाउँ
पारते उचुपि कांदे
दुखियार छाउ ॥
बानपानीये घरर चाले
पानी काटि निये
आहुधानर आलिटिर
भेटा भाङि दिये॥'[16]

(भावार्थ–बाढ़ आने के कारण गाँव तहस-नहस हो गये। नदी के तट पर बैठकर अब ग़रीब रो रहे हैं। बाढ़ का पानी घर की छत से गुजरता है। बाढ़ धान खेत की मेड़ बहा ले जाती है।)

प्रकृति प्रेम

भूपेन हाजरिका के गीतों में मानव प्रेम, जातीय प्रेम, देश प्रेम के अलावा भी असम के नद-नदी, मिट्टी, आकाश, पहाड़, चिड़िया आदि प्रकृति के ढेरों उपकरण सजीव रूप में आये हैं। आपके गीतों में प्रकृति का सुन्दर चित्रण स्पष्ट है। मानव के साथ प्रकृति का स्थान उनके गीतों में समान रूप से है। प्रकृति के मनोरम दृश्यों का चित्रण, प्रकृति और मानव का सम्पर्क आदि आपकी प्रकृति से सम्बन्धित कविताओं के विषय हैं। मानव के लिए प्रेम भाव रखनेवाले भूपेन हाजरिका के हृदय में प्रकृति के प्रति भी समान रूप से प्रेम की भावना थी। शिलांग की सुन्दर संध्या का वर्णन करते हुये वे गाते हैं–

‘शिलङरे गधूलि
सपोन चहरर मरमी शरतर
सौँवरणी सोणाली
रङीण बजार पार है है
शुदाकै भरिरे दुबरि गछकि गै
सरु सरु जिरजिरिया निजरार पारते
हाँहि हाँहि तुमिये मये सिदिना
परिब खुजिछिलौँ पिछलि।’[17]

(भावार्थ–शरद ऋतु के समय सपनों के शहर शिलांग की एक शाम हम दोनों खाली पाँव से घाँस पर चल रहे थे। रंगीन बाज़ार पार होकर हम पहाड़ से बहने वाले झरने के तट पर पहुँचे। वहाँ हम हँसते-हँसते फिसलने वाले थे।)

उक्त गीत में उन्होंने शिलांग के मनोरम प्राकृतिक दृश्य का वर्णन किया है। वहाँ के ऊँचे ऊँचे पेड़, हरे रंग के पहाड़, झरने, जलप्रपात, शरद ऋतु के जलवायु आदि से भरपूर दृश्य जैसे यह वार्ता दे रही हो कि शिलङ भू-स्वर्ग है।

भूपेन हाजरिका ने नदी को अपने गीतों में प्रधान स्थान दिया है। आपने नदी को विषयवस्तु के रूप में लिया है और कभी प्रतीक के रूप में। असम नदी प्रधान राज्य है और भारतवर्ष भी नदी प्रधान देश है। ऐसे देश के नागरिक होने के कारण नदी को उन्होंने अपने गीतों का विषय बनया है। अपने देश की नदियों के साथ आपने गीतों में विश्व की अलग-अलग जगहों की नदियों को स्थान दिया है। वे जिस देश में भी जाये, वहाँ की नदियों के साथ अपना अपनत्व का भाव स्थापना करते हैं। आपने कई बार महाबाहु ब्रह्मपुत्र की अपनी स्मृतियों पर प्रकाश डाला है। विश्व की बड़ी-बड़ी नदियों ने उन्हें आकर्षित किया है। उनके लिए नदी जीवन जीने का साधन, मिलन का सेतु, एकता का मूल मन्त्र, संग्राम की प्रेरणा, आदर्श और सम्प्रीति का मूल आधार है। गोदावरी नदी के तट से वे असम माता को प्रणाम करते हैं–

‘गोदावरी नैर पाररे परा
असमी आइलै याचौँ प्रणाम।
सेइखन देश मोर दुरणिर देश
तथापि चिनाकी शुवनि नाम
असमी आइलै याचौँ प्रणाम॥’[18]

(भावार्थ–गोदावरी नदी के तट से ही मैं अपनी मातृभूमि असम को प्रणाम करता हूँ। वह देश अब मुझसे बहुत दूर है, लेकिन यह नाम मेरे लिए अत्यन्त परिचित और सुन्दर है।)

असमीया भाषा, साहित्य और संस्कृति के साधक भूपेन हाजरिका व्यतिक्रमी विचारधारा के अधिकारी थे। असम और असमीया जाति के प्रति उनका प्रेम और श्रद्धा अतुलनीय हैं। उन्हें असमीया भाषा-साहित्य-संस्कृति के अनन्य साधक के रूप में जाना जाता है। भूपेन हाजरिका के गीतों में स्वदेश प्रेम का स्पष्ट प्रकाश देखने को मिलता है और देश के प्रति उनके निस्वार्थ प्रेम, देश की आम जनता के प्रति उनके स्नेह और श्रद्धा, भाषा-संस्कृति के प्रति उनके कर्त्तव्य के साक्षर के रूप में उनके कण्ठ प्रबल और अनुभूतिप्रवण गीत नि:सृत हुए।

भूपेन हाजरिका ने सात दशक से भी ज़्यादा समय भारतवर्ष के गीति साहित्य में अपना अमूल्य योगदान दिया है। अपनी मातृभूमि के सौन्दर्य, संस्कृति और इतिहास के अलावा भी उन्होंने दुर्योग-दुर्दर्शा, प्रगति-सम्प्रिति आदि सभी विषयों को अत्यन्त गम्भीर रूप से ग्रहण किया है और असम तथा असमीया जाति के मंगल हेतु उपदेश प्रदान किये हैं। असम के साथ ही साथ भारतवर्ष के हर एक राजनैतिक, सामाजिक और सांस्कृतिक परिवर्तन के विभिन्न विषयों को उन्होंने गम्भीर रूप से अध्ययन किया। उनके गीतों के माध्यम से यह ज्ञात होता है कि देश विभाजन, सामाजिक असमानता, अर्थनैतिक अस्थिरता,वर्ण-वैषम्य आदि विषयों ने उन्हें चिंतित करके रख दिया। भूपेन हाजरिका के व्यक्तित्व तथा उनके गीतों में मातृभूमि, स्वदेश-स्वजाति के प्रति प्रेम, नारी और विश्वप्रेम समान रूप में पाये जाते हैं। साथ ही मानव प्रेम, प्रकृति प्रेम, प्रेम आदि विषयों ने उनके गीतों को विशेष महत्व प्रदान किया है।

सन्दर्भ सूची

1. डॉ. भूपेन हाजरिकार गीत समग्रर चमु विश्लेषण–तरणी पाठक और मनोमती डाकुवा पाठक, पृष्ठ संख्या-18
2. भूपेन हाजरिकार गीत आरु जीवन रथ-दिलीप कुमार दत्त, पृष्ठ संख्या-1
3. वही, पृष्ठ संख्या-252
4. वही, पृष्ठ संख्या-256
5. वही, पृष्ठ संख्या–278
6. नतुन असमीया गानर e संग्राहालय, 4 November 2013, http://assamesesongslyrics.blogspt.com

7. मइ एटि यायाबर–अनुलेखक सूर्य हाजरिका, (अनुलेखक), पृष्ठ संख्या-498
8. भूपेन हाजरिकार गीत आरु जीवन रथ- दिलीप कुमार दत्त, पृष्ठ संख्या-304
9. वही, पृष्ठ संख्या-306
10. वही, पृष्ठ संख्या-301
11. वही, पृष्ठ संख्या-310
12. डॉ. भूपेन हाजरिकार गीत समग्रर चमु विश्लेषण–तरणी पाठक और मनोमती डाकुवा पाठक, पृष्ठ संख्या-366
13. भूपेन हाजरिकार गीत आरु जीवन रथ- दिलीप कुमार दत्त, पृष्ठ संख्या-225
14. वही, पृष्ठ संख्या-239
15. वही, पृष्ठ संख्या-231
16. वही, पृष्ठ संख्या–241
17. डॉ. भूपेन हाजरिकार रचनावली (द्वितीय खण्ड)–सम्पा. सूर्य हाजरिका पृष्ठ संख्या-1067
18. वही, पृष्ठ संख्या-1078

ग्रन्थ सूची

1. दत्त, दिलीप कुमार. *भूपेन हाजरिकार गीत आरु जीवन रथ*. षष्ठ. गौहाटी और डिब्रुगड़ : बनलता, 2014
2. पाठक, तरणी और मनोमती पाठक, सम्पा. *डॉ. भूपेन हाजरिकार गीत समग्रर चमु विश्लेषण*. प्रथम. गौहाटी : आइकण प्रकाशन, 2009
3. हाजरिका, सूर्य, अनुलेखक, *मइ एटि यायाबर*. परिबर्धित. एस. एच. शैक्षिक न्यास, 2013
4. हाजरिका, सूर्य, सम्पा. *डॉ. भूपेन हाजरिकार रचनावली*. प्रथम. गौहाटी : एस.एच. शैक्षिक न्यास, 2008
5. हाजरिका, सूर्य, सम्पा. *डॉ. भूपेन हाजरिकार गीत समग्र :गीतावली*. तृतीय. गौहाटी : लावण्य प्रकाशन, 2010

भूपेन हाजरिका के गीतों में प्रणयानुभूति

डॉ. अनामिका राजवंशी
पूजा बरुवा

मनुष्य की आन्तरिक अशुद्धियों को मिटाने की कला ही संगीत है। संस्कृति के क्षेत्र में संगीत विशेष महत्व रखता है। संगीत में एक ऐसी जादुई शक्ति है, जो मानव हृदय को शान्ति, सुख, साहस, उत्साह आदि प्रदान कर सकता है। संगीत के क्षेत्र में असम अतीत से ही समृद्ध है। महापुरुष श्रीमंत शंकरदेव के समय में ही असम में संगीत के विकास की नींव पड़ी थी। तत्कालीन समय की शास्त्रीय संगीत की धारा समय के आह्वान से नया-नया रूप लेकर उन्मुक्त हो गयी। भाव और भाषा की दृष्टि से आधुनिक असमीया गीत काफ़ी समृद्ध है। भूपेन हाजरिका के गीत इनमें अन्यतम हैं। ज्योतिप्रासाद आगरवाला ने जिस नयी धारा का प्रवर्तन किया था, उसका विकास भूपेन हाजरिका के गीतों के माध्यम से हुआ। उनके गीत बोल, सुर और कण्ठ के अपूर्व समाहार हैं।

प्रेम साहित्य का एक बहु चर्चित विषय है। साहित्य में इसका विशिष्ट स्थान है। प्रणयानुभूति साहित्य में मधुरता लाती है। साहित्य के विविध विधाओं में संगीत भी विशेष महत्व रखता है। संगीत में प्रेम को मुख्य विषय बनाया गया है। कई संगीतकार तथा गायकों ने प्रेम को अपने गीतों का केन्द्र बनाया है और वे लोकप्रिय भी हुए हैं। भूपेन हाजरिका के गीतों में भी प्रणयानुभूति की अभिव्यक्ति हुई है। सामान्य जन के हृदय की प्रणयानुभूति विषयक गीत लिखकर तथा गाकर उन्होंने श्रोताओं को मन्त्रमुग्ध कर दिया था। उनके प्रेम विषयक गीतों में ऐसी कोमलता और सौन्दर्य समाहित है, जिसे सुनकर कोई भी आकर्षित हो सकता है। उनके लिए प्रेम शारीरिक और मानसिक दोनों हैं। उनके गीतों में एक ओर प्रेम को स्वर्गीय अनुभूति के रूप

में दिखाया गया है, तो दूसरी ओर प्रेम में शारीरिक आकर्षण के चित्र भी मिलते हैं। उनके गीतों में प्रेम का स्वच्छन्द विकास हुआ है। उनके प्रणयानुभूति विषयक गीतों के प्रत्येक शब्द, प्रत्येक सुर, प्रत्येक छन्द में प्रेम प्रवाहित हुआ है।

भूपेन हाजरिका ने अपने गीतों में प्रेम का जयगान किया है। उन्होंने अपने एक गीत में प्रेम को प्रेरणा के रूप में देखाया है–

'लगरे लगरी तुमि हबा
मोर पथर प्रेरणार बल
पुरणि पृथिवीक न रूप दि
बान्धि लै दुयोरे मन।'[1]

(भावार्थ–हे सखी, पुरानी पृथ्वी को नया रूप देकर दोनों के मन बाँध लेना। तुम मेरे पथ की प्रेरणा बनना।)

प्रेम मानो स्वयं ही भूपेन हाजरिका के कलम की स्याही है। उनके गीतों में प्रेम प्रकृति के अनेक रूपों में कल्पित हुआ है। उस कल्पना के तरंगों में प्रेम लहर बनकर दौड़ता है। जिसके परिणामस्वरूप प्रेम अधिक निखरने लगता है। भूपेन हाजरिका ने प्रेम को प्रकट करने के लिए साधारण वस्तु में भी असाधारणत्व आरोप करने का अपूर्व प्रयास किया है। उन्होंने अपने गीतों में प्राकृतिक उपादानों में मानवीय गुणों का आरोप किया है। कपिली नदी का मानवीकरण करते हुए वे लिखते हैं–

'कपिली कपिली, गाभरु छोवाली
चंचला नाइ तोर मान।
कपिली कपिली देहर भाँजे भाँजे
मिठा यौवनर गान।'[2]

(भावार्थ–हे कपिली, तेरे जैसी चँचल और कोई नहीं है। तेरे अंग-अंग से मीठे यौवन के गीत बहते हैं।)

प्रेम शब्द मनुष्य के मन में एक विशेष अनुभूति उत्पन्न करता है। प्रेम का अर्थ है स्नेह, प्रीति, आनन्द। भूपेन हाजरिका ने अपनी आत्मजीवनी में उनके जीवन में प्रेम की उपस्थिति के बारे में उल्लेख किया है। प्रेम की निशानी ताजमहल को देखकर उन्होंने 'कँपि उठे किय ताजमहल' शीर्षक गीत की रचना की थी–

'ममताजे कय उचुपि उचुपि
ममताजे कय समाधित बहि

प्रेमिक प्रिय चाहजाहान
दुख हल अवसान
आशार फलिल फल
गढ़िला ताजमहल।'[3]

(भावार्थ–ममताज़ समाधि में बैठकर सिसक सिसककर कहती है–हे शाहजहाँ सभी दुःखों का अन्त हुआ। आशा का फल मिला, तुमने ताजमहल का निर्माण किया।)

भूपेन हाजरिका ने अपने पूरे जीवन में पर्याप्त गीतों की रचना की। उन गीतों में प्रेम अनेक रूपों में प्रकट हुआ है। प्रेम की अनुभूतियों के बीच उत्पन्न होनेवाली उपलब्धियों को हाजरिका ने अनेक उपमानों से प्रस्तुत किया है। उन्होंने प्रेम की संज्ञा इसप्रकार दी है–

'प्रेमर एटि अर्थ दुटि मानुह
एकेटि मनर दुटि मानुह
दुटि मनर एकेटि सुर
एकेटि शून्यता आनटिरे पूर।'[4]

(भावार्थ–प्रेम का एक अर्थ है एक ही मन के दो इन्सान, दो दिलों के एक ही सुर है। एक का खालीपन दूसरे से पूर्ण होता है।)

यौवन की ज्वाला में जलकर हाजरिका ने प्रेम की स्वतःस्फूर्तता को हृदय से आमन्त्रित किया है। प्रेम में कोई उच्च-नीच नहीं होता। यह प्रेम स्वच्छन्द है। इसीलिए उन्होंने कहा हैं–

'प्रेम हेनु स्वर्गीय मरतते नाइ
बोकाक भाल पालेइ हेनो संभ्रम हेराइ
तेने सरगरे पारिजात सरगते थाकक
धन्य हॅम मइ बोकार एपाह पदुमके पाइ।'[5]

(भावार्थ–प्रेम स्वर्गीय है, इस पृथ्वी में यह नहीं मिलता। कीचड़ पसन्द करने से संभ्रम खोता जाता है ? स्वर्गीय पारिजात स्वर्ग में ही रहे, मैं तो कीचड़ का एक कमल पाकर ही धन्य हो जाऊँगा।)

प्रेम में शारीरिक सौन्दर्य का बहुत महत्व होता है। विशेषतः स्त्री का सौन्दर्य प्रेमिक को अधिक आकर्षित करता है। भूपेन हाजरिका ने प्रेमिका के अंगों का वर्णन

अनेक उपमानों के ज़रिये किया है। प्रेमिका की आँखों के सौन्दर्य को व्यक्त करते हुए उन्होंने लिखा है–

> ‘कारोबार दुनयन सरगर तरा येन लागे
> नेजानो मोर कि ये हॅल।’[6]

(भावार्थ–किसी की आँखें आसमान के तारे जैसे लगते हैं। उन्हें देखकर न जाने मुझे क्या हो गया है।)

सिर्फ़ आँखें ही नहीं, प्रेमिका के हर अंग ने उन्हें पागल बना दिया है। अपूर्व सुन्दरी प्रेयसी को प्रेम निवेदन करते हुए उन्होंने प्रेमिका के हर अंग को कल्पना की आभा से भिगो डाला है। उन्होंने लिखा है–

> ‘तुमिये मोर कल्पनारे हरिणी नयना
> तुमिये मोर जीवनरे मधुर आल्पना
> तोमार बाबेइ मोरेइ सुरर कतना मूर्च्छना
> तुमि जाना ने नेजाना।’[7]

(भावार्थ–तुम ही मेरी कल्पना की हिरनी नयनी हो, तुम ही मेरे जीवन की मधुर रंगोली हो। तुम्हें पता है या नहीं कि मेरे सुरों की मूर्च्छना तुम्हारे लिए ही है।)

प्रेम में आँखों की प्रमुख भूमिका रहती है। प्रेम नज़रों से होकर ही दिल में उतरता है। ये नज़रें ही प्रेमी को प्रेयसी के प्रति अधिक आकर्षित करती हैं। प्रेयसी की कातिल नज़रों से घायल भूपेन हाजरिका को उसकी नज़रों में प्रकृति का रंग देखने को मिला है–

> ‘गाभरु : पलाशरे रङ
> कोनेनो सानिले ?
> एइ मिठा सेउज बननित
> डेका : आरु तोमार कोमल चावनि।’[8]

(भावार्थ–युवती : इस सुन्दर हरे जंगल को किसने पलाश के रंग से रंगा है? युवक : तुम्हरी कोमल नज़रों में भी वही रंग है।)

चाओताली युवती के शारीरिक सौन्दर्य का वर्णन करते हुए वे लिखते हैं–

> ‘ताइर अंगे अंगे शोभा
> ताइर रूप मनोलोभा
> हरिण चावनित
> चेनह सरि याय।’[9]

(भावार्थ–उसके अंग-अंग में शोभा है। उसका रूप मन को मुग्ध करनेवाला है। उसकी हिरण जैसी नज़रों से मानो स्नेह गिरता है।)

केवल स्त्री की उपस्थिति द्वारा ही प्रत्येक व्यक्ति के मन में प्रेम का उन्माद, उत्कण्ठा, आशा, आनन्द, प्रेरणा आदि अनेक अनुभूतियाँ उत्पन्न होती हैं। हाजरिका का जीवन भी उससे अलग नहीं था। जीवन के भिन्न समय में भिन्न परिस्थितियों में वे अनेक स्त्रियों के संस्पर्श में आये थे। जीवन के विभिन्न समय की इन स्त्रियों के सान्निध्य से उनकी रचनाएँ सुन्दर हो उठी हैं। इसीलिए कई बार उनकी प्रणयानुभूति सम्बन्धी गीतों में नारी की एक व्यापक सत्ता भी प्रकट हुई है। उनके गीतों में नारी की अनेक सत्ताओं का अनेक रूपों में झलक मिलती है। अर्थात उनके मधुर गीतों में नारी मानो सृष्टि की प्रेरणा है, दुख का कारण है, बंजारे जीवन का क्षणिक आश्रय स्थल है, अपूर्व अनुभूतियों की सर्जक है और अतीत की मधुर स्मृति है। उनका वैवाहिक जीवन इतना सुख़द नहीं था। गुजरात की बेटी प्रियंवदा से वे अलग रहे थे। इससे पूर्व भी वे अपने पहले प्यार में असफल हुए थे। नाम-शोहरत, धन-दौलत सबकुछ मिलने पर भी अपने प्रिय की अनुपस्थिति के कारण वे अन्दर से बिल्कुल अकेले थे। उनके जीवन के परवर्ती समय में लिखे 'मइ येतिया एइ जीवनर' शीर्षक गीत में हाजरिका के मन के खालीपन की झलक मिलती है–

'सेइ सरगी धाम खनि मइ
तोमार बुकुते पाम
तोमार एटुपि चकुलो पालेइ
मइ पाम मोर दाम।'[10]

(भावार्थ–वह स्वर्गधाम मुझे तुम्हारे हृदय में ही मिलेगा। बस तुम्हारा एक आँसू मिल जाये तो मुझे मेरी क़ीमत मिल जायेगी।)

इस गीत में एक बूंद आँसू से मृत्यु को जीतने का इशारा मिलता है। वास्तव में उनके मन में पत्नी या प्रेमिका के प्रति भी क्षोभ या अभिमान नहीं है। वे सिर्फ़ उस स्त्री की उपेक्षा की ज्वाला में जलते रहे थे। लेकिन वे यह भी मानते थे कि जो प्यार उन्हें नहीं मिल पाया उसमें भी एक स्वर्गीय अनुभूति छिपी थी।

भूपेन हाजरिका के जीवन में कई स्त्रियों का आगमन हुआ, जिनका उनके जीवन में काफ़ी प्रभाव पड़ा। उनमें से कल्पना लाजमी प्रमुख हैं। सत्रह वर्ष की उम्र में कल्पना ने पैंतालीस वर्षीय हाजरिका से प्रेम किया था। उनके प्रेम को कोई

सामाजिक स्वीकृति नहीं मिली और न ही वे दोनों अपने निस्वार्थ प्रेम को विवाह के बन्धन में बाँधना चाहते थे। अपने वैयक्तिक जीवन में इसप्रकार उन्मुक्त होकर नारी के संस्पर्श में आने के कारण भी उनके गीतों में प्रणय की प्रवल धारा देखने को मिलती है। अपने गीतों के माध्यम से भूपेन हाजरिका ने नारी और प्रेम को समय और परिस्थिति के अनुसार कई रूपों में प्रस्तुत किया है। भूपेन हाजरिका की दृष्टि में प्रेम का क्षेत्र अत्यन्त विशाल है। इसीलिए प्रेमिका के रूप सौन्दर्य में पतंग की तरह जलकर उन्होंने उसके सौन्दर्य का वर्णन इस प्रकार किया है–

'कि ये तोमार संग प्रिया
मिठा तोमार संग
तोमार अंग ज्वलंत जुइ
मइ ये पतंग।'[11]

(भावार्थ–हे प्रिया तुम्हारा साथ मुझे मीठा लगता है। तुम्हारा अंग आग है और मैं उस आग में कूदनेवाला पतंग हूँ।)

भूपेन हाजरिका ने प्रेम की अधिकारिणी नारी से क्षणिक शारीरिक प्रेम नहीं माँगा है। वे तो केवल अपनी प्रिय नारी की एक आवाज़ के लिए तरस रहे हैं–

'आकाशी गंगा बिचरा नाइ
नाइ बिचरा स्वर्ण अलंकार
निष्ठुर जीवनर संग्रामत
बिचारो मरमर मात एषार।'[12]

(भावार्थ–मुझे आकाश गंगा नहीं चाहिए, न ही स्वर्ण अलंकार चाहिए। मैं चाहता हूँ कि तुम कठोर जीवन संग्राम में प्यार से मुझे एक बार बस आवाज़ दो।)

जीवन के दिनों में वे अपनी प्रेमिका के साथ एक सुन्दर दुनिया बनाने की कल्पना से ही आनंदित हो उठे हैं। इसीलिए बड़े ही उत्साह से वे कहते हैं–

'शुवनी धरणी सजाऔँ पराऔँ
तुमिएइ दिया तार प्राण
सात रहनर रामधेनु लै
आकाश करिलो म्लान।'[13]

(भावार्थ–सुन्दर पृथ्वी को मैं सजाता हूँ और उसमें प्राण देती हो सात रंगों के इन्द्रधनुष लेकर हमने आकाश को बेरंग कर दिया है।)

भूपेन हाजरिका ने प्रेम को अत्यन्त ही महान दृष्टि से देखा है। प्रेम की स्वर्गीय अनुभूति की उपेक्षा वे नहीं करना चाहते हैं और इसीलिए उस प्रेम की खातिर वे पुन: जन्म लेने की बात करते हैं–

'चिनाकि मोर मनर मानुह
तोमार बाबेइ जनम लभिछोँ;
तोमार घाटर बिपरीते
नाओँखनि मोर बांधिछोँ।
तुमि चिनिछाँने नाइ मइ नेजानिलोँ।'[14]

(भावार्थ–हे मेरे मन के परिचित प्रियजन, मैंने तुम्हारे लिए ही फिर से जन्म लिया है। तुम्हारे घाट की उस ओर मैंने अपना नाव बाँधा है। तुमने पहचाना है या नहीं मुझे नहीं पता।)

प्रेमिका के प्रति रहनेवाला प्रेम जब जीवन रथ का सारथी बन जाता है, तब वह प्रेम मनुष्य को कार्यक्षेत्र में प्रेरणा देता है, आगे बढ़ने के लिए उत्साहित करता है। उस महत्व को प्रतिपादित करते हुए भूपेन हाजरिका लिखते हैं–

'जीवन रणांगनत तुमि साहसरे तीर्थभूमि
पराजयर निराशातो तुमियेइ सांत्वना
तुमि जानाने नेजाना ?'[15]

(भावार्थ–मेरे जीवन-रणांगन में तुम साहस की तीर्थभूमि हो। तुम जानते हो या नहीं कि मेरी पराजय की निराशा में तुम ही आश्वासन हो।)

प्रेम में एक ओर मिलन की ख़ुशी है तो दूसरी ओर जुदाई का विरह भी है। अपने प्रियजन से मिले धोखे के प्रति आक्षेप करते हुए वे लिखते हैं–

'एदिन कैछिला मोर हॅबा शेष ठिकना
सँचा नकरिला सेइ कल्पना
संचित मौ धरात छटियाइ
उरि उरिओ है याम ज्योतिते बिलीन।'[16]

(भावार्थ–एक दिन तुमने कहा था कि तुम मेरा आख़िरी ठिकाना बनोगी, पर तुमने उस कल्पना को सच नहीं बनाया। संचित शहद संसार में बाँटकर मैं उड़कर ज्योति में विलीन हो जाऊँगा।)

मिलन की वासना में भी प्रेम को एक स्वर्गीय अनुभूति के रूप प्रतिष्ठित करते हुए वे लिखते हैं–

'मनर सागरखने सोधे रामधेनुखनिक
केतियानो आँकोवालि लओं
आमि दुयो एकेलगे जीवनर फुलनित
मरमर शेवालि फुलाओं।'[17]

(भावार्थ–मन का सागर इन्द्रधनुष से पूछता है कि मैं कब तुम्हें अपनाऊँगा ? हम दोनों मिलकर जीवन के बगीचे में प्रेम की शेफाली खिलायेंगे।)

केवल इतना ही नहीं, उन्होंने प्रेम की अनुभूतियों को गहरे आवेग से अंकित किया है। उस प्रेम में मिलन और वियोग के अनेक सन्देश हैं। उनके वियोगात्मक गीतों में प्रेम के मूर्त रूप की झलक मिलती है। इसमें प्रेमिका के सान्निध्य के प्रति व्याकुल होने के उपरान्त भी शारीरिक मिलन को अस्वीकार किया गया है। प्रेम के अन्वेषण में विलीन हाजरिका ने एक ऐसे साथी की तलाश की हैं, जो उन्हें प्रेम से भिगो दे और उनकी आत्मा को तृप्त कर दे। ऐसे साथी का प्रेम पाकर वे धन्य होना चाहते हैं–

'आमार प्रेम सृष्टिमय
इंगित चौंवा सौ ज्योतिर्मय।
दूरत्व देखि तुमि भय नेखाबा
मोक काषते लै आगबाढ़िबा।'[18]

(भावार्थ–हमारा प्रेम सर्जनात्मक है। वह ज्योतिर्मय भी इसी का इशारा करता है। दूरी देखकर तुम डर मत जाना, मुझे साथ लेकर आगे बढ़ना।)

भूपेन हाजरिका उन्मुक्त होकर प्रेम को अपनी प्रेमिका के साथ बाँटकर एक स्वर्ग का निर्माण करना चाहते हैं–

'एटि मनर दुटि मानुह
मरमी सरग रचे
एइ सरगी मरतते
एइ प्रियजने
आवेगर नाचोन नाचे
मरमी सरग रचे।'[19]

(भावार्थ–एक ही मन के दो व्यक्ति प्रेम का स्वर्ग बनाते हैं और इसी स्वर्ग में उसकी प्रेमिका आवेग और अनुभूतियों के आनन्द से झूम उठती है।)

शब्द और सुर के अद्वितीय संगम के क्षेत्र में वे सिद्धहस्त थे। इसीलिए उनके प्रत्येक गीत श्रोताओं को आकर्षित करने में सक्षम है। उनके गीतों में एक कोमलता है, माधुर्य है। वे एक अनन्य प्रेमी हैं। वे उन्मुक्त होकर प्रेम तो करना चाहते हैं, पर दुनिया से अपनी प्रेमिका का वास्तविक परिचय छिपाते भी हैं–

'सहस्रजने मोक प्रश्न करे
मोर प्रेयसीर नाम
मालविका ने लिपिका ने मल्लिका।
....
समिधानत कओँ–
बुकुर रक्तेरे, गुपुते जीयाइ रखा
नामबिहीन ताइ अनामिका !'[20]

(भावार्थ–हर कोई मुझसे मेरी प्रेमिका का नाम पूछता है। उसका नाम मालविका है या लिपिका या मल्लिका है ? मैं उत्तर देता हूँ कि सीने के रक्त से जीवित रहनेवाली उसका कोई नाम नहीं है, वह अनामिका है।)

हाजरिका कहते हैं कि प्रेम एक दूसरे को पूर्ण कर सकता है। उनके मूर्त प्रेम प्रकाशक गीतों में मिलन की आकांक्षा अत्यन्त कम है; फिर भी इन गीतों में प्रेमिका के रूप सौन्दर्य को पान करने की इच्छा भी परिलक्षित होती है–

'शारदीराणी तोमार हेनो नाम
तुमि मोर निचेइ आपोन
सद्यस्नाता रूपही मोर
पुवति निशार सपोन।'[21]

(भावार्थ–सुना है तुम्हारा नाम शरदरानी है। तुम मेरी बहुत अपनी हो। तुम्हारा सद्यस्नाता रूप मेरे भोर का सपना है।)

प्रणयानुभूति की मादकता में उन्मादित भूपेन हाजरिका मिलन की आकांक्षा से इस प्रकार गीत गाते हैं–

'एकेटि सुरते मिलाओँ कण्ठ यदि
बुकुर मरमबोर ढालि

कोने मिलन रुधिब पारे
आगबाढ़ौं यदि दुयो मिलि।'[22]

(भावार्थ–हृदय के प्रेम को उड़ेलकर एक ही सुर में अगर कण्ठ मिलाये और अगर हम मिलकर आगे बढ़े तो कौन हमारे मिलन को रोक सकता है ?)

मिलन की आकांक्षा निहित गीत श्रोताओं को अधिक आकर्षित करते हैं। मानव में शारीरिक मिलन की आकांक्षा होना स्वाभाविक है। यौवन युवक-युवती के मन को मिलन के लिए व्याकुल कर देता है, उनका मन रोमांचित हो उठता है। प्रेमिका के साथ के लिए व्याकुल हृदय की लालसा को उन्होंने इस प्रकार व्यक्त किया है–

'अ' आजि जोनाकरे जिलमिलीया निशा
मोर बढ़ाला ये जीवन लालसा
दुचकुत मनर आभास
चेनेहर अपरूप प्रकाश
नकरिबा भय नाइ संशय
आछे माथौं मिलनर आशा।'[23]

(भावार्थ–हे चाँदनी की चमकीली रात, तुमने मेरे जीवन की लालसा बढ़ा दी है। आँखों में मन का आभास मिलता है, स्नेह का प्रकाश मिलता है। भय मत करना, कोई संशय नहीं है, सिर्फ़ मिलन की आशा है।)

शारीरिक प्रेम के आकर्षण को उन्होंने गीतों के शब्दों में बांधा है। युवक-युवती के बीच का शारीरिक आकर्षण किसी भी बाधा को नहीं मानता। इसीलिए उन्होंने लिखा है–

'एइ धुनीया गधुलि लगन
संयमहीन आचरण
समाजर आँरते नियम भाङि
किय दुयो दुयोते मगन ?'[24]

(भावार्थ–इस सुन्दर शाम के लग्न में संयमहीन आचरण कर रहे हैं। समाज के नियमों को तोड़कर जाने क्यों एक दूसरे में मगन हैं !)

यौवन के आगमन से युवक-युवती के मन में क्या भाव उत्पन्न होते हैं ? प्रेम में किसप्रकार दो दिल एक होने के लिए व्याकुल होते हैं ? प्रेम में कैसे वादे किए जाते हैं, उन सब का वर्णन हाजरिका के गीतों में मिलता है–

'यौवनते दुयोरे देहार
लाजुकी परश मनत आछे।
मोर अबिहने चिपजरी लॅबा
बुलि कोवा मोर मनत आछे।'[25]

(भावार्थ–यौवन में दोनों के शरीर के शर्मीले स्पर्श मुझे याद है। मुझसे बिछड़कर तुम फाँसी लगाओगी, तुम्हारा यह कहना भी मुझे याद है।)

प्रेम में मान-अभिमान चलता ही रहता है। इससे प्रेमी-प्रेमिका के मन में कभी-कभी प्रेम बढ़ता है तो कभी-कभी दुःख भी पहुंचता है। अपने प्रेमी से नाराज़ होकर जब प्रेमिका उससे बात नहीं करती, तो ऐसे भावों की अभिव्यक्ति करते हुए वे लिखते हैं–

'मोर चेनेहर नाम मामनि
ताइर काहानिओ नाछिले आमनि
गोटेइ जीवन मोकेइ सँपिब
बुलि कथा दिछिल ताहानि
किबा कारणत तायो मोक नेमाते
मोर बुकुत ज्वलिछे अगनि।'[26]

(भावार्थ–मेरी प्रेमिका का नाम मामनि है, उसने कभी भी मुझे परेशान नहीं किया था। उसने अपना पूरा जीवन मुझे सौंपने का वादा किया था। लेकिन किसी कारणवश वह भी मुझसे बात नहीं कर रही है, इसलिए मेरे दिल में आग लगी हुई है।)

अपने अतीत के प्रेम को याद करते हुए भी हाजरिका ने गीत लिखे हैं, जिनमें अतीत की प्रेमसिक्त स्मृतियाँ निरन्तर स्पंदित होते परिलक्षित होती हैं। पहले के उस संस्पर्श को पुनः महसूस करने की आशा से वे किसी एक चरित्र की कल्पना कर लेते हैं। जिस स्थान के सुन्दर दृश्य उनके मन को रोमांचित करते हैं, उसी स्थान में रहनेवाली उनकी प्रेमिका के सान्निध्य के लिए व्याकुल होकर वे इस प्रकार आह्वान करते हैं–

'मनालिछा नङपोलै एबार आहाना;
आरु मयो याम छुटि पाले नंगपोलै
मन दिम, मन निम गीटारर सुरे सुरे
अदूर-मधुर कोनोबा रातिपुवा।'[27]

(भावार्थ–मनालिछा एकबार नंगपो तक आओ ना और छुट्टी मिलेगी तो मैं भी जाऊँगा। किसी मधुर सुबह को गीटार के सुर में हम दोनों एक दूसरे को अपना दिल सौंप देंगे।)

विरह की ज्वाला में तपकर ही प्रेम की वास्तविक संज्ञा को समझा जा सकता है। विरह में प्रेमी जितने तड़पते हैं, प्रेम उतना अधिक बढ़ता है। इस दर्द की, पीड़ा की कोई दवा नहीं है, यह केवल दो दिलों के प्रेम से ही शान्त हो सकता है। इसलिए उन्होंने लिखा है–

'प्रेम ज्वर सन्निपातर नाइ कबिराजटि
पलाबलै गै खाओँ बारे बारे उजुटि।
शिकलिरे बाँधा बाँधा
मन बॅहागर कुलि
मन रमणीक मन निदिले
याब बांधोन खुलि।'[28]

(भावार्थ–प्रेम ज्वर की कोई दवा नहीं है। भागना चाहूँ तो भी बार बार ठोकर खाता हूँ। हे कोयल मेरा मन जंजीरों में बाँध दो। मन रमणी को अगर मन नहीं दिया तो बन्धन खुल जायेगा।)

प्रेम निवेदन में शारीरिक आकर्षण का विशेष स्थान है। भूपेन हाजरिका के गीतों में यौन उत्तेज़ना विद्यमान है। 'बिमूर्त मोर निशाटि ये' शीर्षक गीत में उन्होंने शारीरिक मिलन की आकांक्षा को बड़े ही कलात्मक ढंग से प्रस्तुत किया है। प्रस्तुत गीत में गीतकार ने प्रेयसी के गर्म साँसों में कामना के रंग में रंगकर प्रेमी जोड़े के एक होने की बात की है। प्रेयसी के साथ मिलन की कामना से व्याकुल होकर प्रेमी ने समाज के नियम तोड़े हैं और अपनी इच्छानुसार वह आगे बढ़ा है। अपने प्रियजन के साथ पूर्णता के पल बिताने का जब भी मौका मिलता है, तब प्रेमी किसी की भी परवाह नहीं करता। इसीलिए उन्होंने लिखा है–

'बिमूर्त मोर निशाटि ये
मौनतार सूतारे बोवा
एखनि नीला चादर
तारेइ एटि मिठा भाँजत
निश्वासरे उम आरु
जीया जीया आदर।'[29]

(भावार्थ–यह विमूर्त रात्रि मौनता के सूत से बनी एक नीला चादर है। उस चादर के एक मीठे मोड़ में निस्वास की गर्मी और जीवन्त प्रेम है।)

ऐसे यौनपरक गीतों में उन्होंने स्पष्ट लेकिन मर्यादित शब्दों का प्रयोग किया है। उनका मानना है कि यौनता प्रेम में प्रेरणा हो सकती है, पर जहाँ अश्लीलता अधिक हो जाती है वहाँ प्रेम समाप्त हो जाता है। यौन उद्दीपन जगानेवाले आलिंगन की चेष्टा को वे इस प्रकार दिखाते हैं–

रङीन रङीन एइ जीवन
मिठा मिठा प्रतिटो क्षण
अॅ बारे बारे बिचारिछे आलिंगन।।
.....
मादकता भरा एइ धुनीया लगन
एरि दियाँ देह प्राण मन।।'[30]

(भावार्थ–यह जीवन रंगीन है और इसका प्रत्येक क्षण आनंदमयी है। यह बार-बार आलिंगन चाहता है। मादकतापूर्ण इस सुन्दर लग्न में अपनी देह, प्राण, मन सबकुछ छोड़ दो।)

उनके गीत युवक-युवती के मिलन की वासना को जाग्रत कर देते हैं। प्रेम में चुम्बन एक स्नेह का स्पर्श होता है। अपने प्रियजन को चुम्बन देना कोई अपराध नहीं हो सकता। यह तो हृदय के उन्मुक्त मिलन में मानो एक अमूल्य स्पर्श है। वे लिखते हैं–

'मोर जीवन रथ
एबार हठाते थमकि रैछिल।
एनेते
देहर रन्ध्रे रन्ध्रे तुलिले शिहरण
तोमार ओँठर परशे।
मोर छन्दे छन्दे उरे प्रेमर सुबास
मन नाचे किबा हरषे।'[31]

(भावार्थ–एक बार अचानक मेरा जीवन रथ रुक गया था। ऐसे में तुम्हारे होठों

के स्पर्श ने मेरे रोम-रोम को रोमांचित कर दिया था। मेरे अंग-अंग से प्रेम बहने लगा और मन किसी ख़ुशी से झूम उठा।)

प्रेम में जात-पात का कोई भेद नहीं होता। कोई भी सामाजिक बन्धन प्रेम को रोक नहीं सकता। सच्चा प्रेम सभी बाधाओं की उपेक्षा कर आगे बढ़ता है। अनेक समस्याओं से लड़कर अन्त में प्रेम की ही जीत होती है। भूपेन हाजरिका लिखते हैं–

> 'दानवी बिभेदक मानवी चेनेहे
> करिब एदिन पराजित।'[32]

(भावार्थ–मनुष्य का स्नेह एकदिन दानव रूपी भेद-भाव को अवश्य पराजित करेगा।)

समाज में सन्तुलन बनाये रखने के लिए स्त्री-पुरुष समान रूप से ज़िम्मेदार होते हैं। प्रेम में प्रत्येक स्थिति में प्रेमी और प्रेमिका एक दूसरे का साथ चाहते हैं। यही साथ उन्हें जीवन आगे बढ़ने की प्रेरणा देते हैं। आधुनिक स्त्री श्रम के महत्व को समझती हैं और वे उसे समझकर अपने साथी का साथ निभाती है। नौकरी के अभाव में उच्च शिक्षित प्रेमी के ऑटोरिक्सा चलाने पर भी उसकी प्रेमिका उसका सम्मान करती है और उससे शादी करना चाहती है। इस सम्बन्ध में भूपेन हाजरिका ने लिखा है–

> 'ककायेक: मइ सुधिलोँ तोक बिया करिब जानो
> नहलि ये तइ प्रफेछार।
> सि उत्तर दिये मोर प्रेयसीये बुजे, दादा
> दुयो : डिगनिटि अव लेबार।'[33]

(भावार्थ–बड़ा भाई : मैंने पूछा तुझसे शादी करेगी क्या तू तो नहीं है प्रोफ़ेसर? उसने उत्तर दिया–भैया, मेरी प्रेमिका श्रम के महत्व को समझती है।)

इस प्रकार भूपेन हाजरिका ने अपने गीतों में प्रेम के वास्तविक अर्थ को सार्थक करने का प्रयास किया है। उनके वियोगात्मक गीतों की तुलना में मिलन सम्बन्धी गीतों की संख्या अधिक है। उन्होंने प्रेम को अपनी कलम की शक्ति के रूप में स्वीकार किया है। हाजरिका सदाबहार प्रेम के अधिकारी थे। उनके प्रेम की शुरूआत और अन्त कहाँ है। यह कोई नहीं जानता। उनके प्रेम सम्बन्धी गीत भी प्रेम की अलग-अलग संज्ञाएँ देते हैं। प्रेम की गहनता को अत्यन्त ही साहस के साथ प्रस्तुत करनेवाले उनके गीतों ने श्रोताओं को आकर्षित तथा प्रभावित किया है और आगे भी करते रहेंगे।

सन्दर्भ-सूची

1. भूपेन हाजरिकार गीत आरु जीवन रथ, दिलीप कुमार दत्त, पृष्ठ संख्या-143
2. डॉ. भूपेन हाजरिकार रचनावली (प्रथम खण्ड), सम्पा-सूर्य हाजरिका, पृष्ठ संख्या-113
3. भूपेन हाजरिकार गीत आरु जीवन रथ, दिलीप कुमार दत्त, पृष्ठ संख्या-261
4. डॉ. भूपेन हाजरिकार रचनावली (प्रथम खण्ड), पृष्ठ संख्या-14
5. वही, पृष्ठ संख्या-226
6. वही, पृष्ठ संख्या-149
7. वही, पृष्ठ संख्या-257
8. वही, पृष्ठ संख्या-300
9. वही, पृष्ठ संख्या-445
10. वही, पृष्ठ संख्या-371
11. डॉ. भूपेन हाजरिकार रचनावली (द्वितीय खण्ड), सम्पा-सूर्य हाजरिका, पृष्ठ संख्या-1112
12. डॉ. भूपेन हाजरिकार रचनावली (प्रथम खण्ड), पृष्ठ संख्या- 64
13. वही, पृष्ठ संख्या-51
14. वही, पृष्ठ संख्या–192
15. वही, पृष्ठ संख्या–257
16. वही, पृष्ठ संख्या–373
17. वही, पृष्ठ संख्या–278
18. वही, पृष्ठ संख्या–31
19. वही, पृष्ठ संख्या–122
20. वही, पृष्ठ संख्या–488
21. वही, पृष्ठ संख्या–399
22. वही, पृष्ठ संख्या–516
23. वही, पृष्ठ संख्या –1574
24. वही, पृष्ठ संख्या–15
25. वही, पृष्ठ संख्या–12
26. वही, पृष्ठ संख्या–351
27. वही, पृष्ठ संख्या–479

28. वही, पृष्ठ संख्या–72
29. भूपेन हाजरिकार गीत आरु जीवन रथ, दिलीप कुमार दत्त, पृष्ठ संख्या-162
30. डॉ. भूपेन हाजरिकार रचनावली (द्वितीय खण्ड), सम्पा- सूर्य हाजरिका, पृष्ठ संख्या-1119
31. डॉ. भूपेन हाजरिकार रचनावली (प्रथम खण्ड), सम्पा–सूर्य हाजरिका, पृष्ठ संख्या–102
32. वही, पृष्ठ संख्या–101-102
33. वही, पृष्ठ संख्या–43

ग्रन्थ सूची

1. दत्त, दिलीप कुमार, *भूपेन हाजरिकार गीत आरु जीवन रथ.* षष्ठ. गौहाटी : बनलता, 2014
2. शर्मा, शैलेनजित, सम्पा. *डॉ. भूपेन हाजरिकार गीत आरु कवितार विश्लेषणात्मक आलोचना.* प्रथम. गौहाटी : चन्द्र प्रकाश, 2012
3. हाजरिका, सूर्य, सम्पा. *डॉ. भूपेन हाजरिकार रचनावली* .द्वितीय. गौहाटी : एस. एच. शैक्षिक न्यास, 2008

भूपेन हाजरिका के गीतों में जातीय चेतना

उदिप्त तालुकदार

कलाकार द्वारा किया गया सृजन उनके विचारों की स्वच्छन्द अभिव्यंजना होता है। युगचेता प्रत्येक कलाकार की सृष्टि समाज एवं समाज के लोगों के जीवन के हर पहलू को प्रस्फुटित करता है। प्राचीन समय से सभी कलात्मक विधाओं में मानवीय अनुभूतियों की अभिव्यक्ति हेतु गीत को सर्वाधिक सशक्त माध्यम के रूप में प्रयोग किया जा रहा है। लयात्मकता की प्रवृत्ति के कारण गीत को मनुष्य ने हमेशा क़रीब पाया है। लोगों के बीच मौखिक स्तर पर गीतों का बहुल प्रचलन रहता है। हमारे समाज में प्रतिभा सम्पन्न व्यक्तियों का एक ऐसा भी वर्ग है, जिन्होंने समाज में रहते हुए समाज से प्रभाव ग्रहण कर अधिक सशक्त एवं कलात्मक रूप में अपनी अनुभूतियों को गीतों के माध्यम से अभिव्यंजित किया है। विश्व संगीत-जगत् के ऐसे ही एक मूर्धण्य हस्ताक्षर हैं भूपेन हाजरिका। भूपेन हाजरिका ने मानव जीवन एवं समाज से तत्वों को लेकर उनको कलात्मकता के सहारे जनसाधारण के सम्मुख प्रस्तुत किया है। शायद इसलिए समाज के हर दर्जे के लोग उनकी सर्जनात्मक रचनाओं में ख़ुद को ढूढ़ पाते हैं। एक युगचेता संगीतकार की हैसियत से उन्होंने अपने गीतों में समाज-जीवन के तमाम पहलुओं को उकेरने का प्रयास किया है।

युगचेतस संगीतकार भूपेन हाजरिका के गीत विविध आयामी हैं। उनके गीतों में समाजिक चेतना, जातीय चेतना, मानवीय मूल्यबोध, साम्यवादी चिन्तन के तत्व, प्रकृति प्रेम आदि का कमोबेश प्रस्फुटन हुआ है। इस आलेख में उनके गीतों में अभिव्यक्त जातीय चेतना के सन्दर्भ में चर्चा होगी। उनके गीतों में जातीय चेतना पर प्रकाश डालने से पूर्व जातीय चेतना को सामान्य रूप से स्पष्ट करना समीचीन होगा।

व्यक्ति विशेष का किसी निश्चित भू-खण्ड के लोग, लोगों की समस्याएँ, वहाँ

की भाषा, ऐतिह्य, वहाँ के समाज पर किया गया विचार-विमर्श को जातीय चेतना के दायरे में रखा जा सकता है। किसी भी व्यक्ति के मन में उद्रेक होनेवाला जातीय चेतनाबोध प्रत्यक्ष या अप्रत्यक्ष रूप से राजनीति या राजनैतिक तत्व से सम्बन्ध रखता है। ऐसा कहने के पीछे कारण यह है कि व्यक्ति विशेष के मन में उद्रेक होनेवाले जातीय चेतनाबोध की एक निश्चित सीमा होती है। यह सीमा भू-खण्ड या फिर भू-खण्ड से जुड़े लोगों की हो सकती है। यह सीमा प्रशासनिक व्यवस्था तय करती है। परन्तु यहाँ यह भी उल्लेखनीय है कि जातीय चेतना के अलग-अलग आयाम हो सकते हैं। जैसे–सम्पूर्ण भारतवर्ष को अगर एक जाति (Nation) के हिसाब से देखे तो बंगाली, असमीया, मराठा, पंजाबी, गुजराती, बिहारी आदि यहाँ की जातिसत्ता (Nationality) एक है। उसी प्रकार असम को एक जाति मानकर जातीय चेतना का अनुभव करनेवालों के लिए असम एक जाति है, वहीं बड़ो, कार्बि, राभा, डिमाचा, मिचिङ आदि एक जातिसत्ता है। अगर इनमें से कोई जातिसत्ता ख़ुद को जाति मानकर जातीय चेतना का अनुभव करने लगे तो उस जाति के अन्दर भी कोई जातिसत्ता अवश्य होगी। ये जातीय चेतना के अलग-अलग आयाम हैं। इस आलेख में भूपेन हाजरिका के जातीय चेतना के दो आयामों के अवलोकन का प्रयास किया जायेगा। पहला सम्पूर्ण भारतवर्ष के सन्दर्भ में और दूसरा असमीया को एक जाति के रूप में ग्रहण करने के सन्दर्भ में। एक जाति के तौर पर भारत की सार्वभौम संज्ञा प्रस्तुत करना आसान है। परन्तु जब हम असमीया को एक जाति के रूप में ग्रहण कर जातीय चेतना के आकलन का प्रयास करते हैं, तब एक जाति के तौर पर असमीया की संज्ञा प्रस्तुत करना एक कठिन विषय है। विभिन्न विद्वान एवं संस्थाओं ने असमीया की भिन्न तथा विवादास्पद संज्ञाएँ प्रस्तुत की हैं। क्योंकि इस आलेख में भूपेन हाजरिका की जातीय चेतना पर विचार किया जायेगा। इसलिए भूपेन हाजरिका की दृष्टि से ही असमीया की संज्ञा प्रस्तुत की गयी है। भूपेन हाजरिका के लिए असम तथा असमीया की संज्ञा अत्यन्त व्यापक है। 'आमि असमीया नहओँ दुखीया' शीर्षक गीत में असम और असमीया को परिभाषित करते हुए उन्होंने कहा है–

'नाना जाति-उपजाति
रहणीया कृष्टि
आँकोवालि लै हैछिल सृष्टि
एइ मोर असम देश।
....
प्रति असमीया, आमि भाल भारतीय

आरु दूरणिर परा आहि लुइतर पारते
माटिक मातृ बोला प्रति भारतीय हॅल
नतुन रूपर असमीया।'[1]

यहाँ उन्होंने विभिन्न जाति-जनजातियों की समन्वित सांस्कृतिक विशेषताओं से युक्त प्रदेश को असम माना है, तो असम प्रदेश के स्थानीय लोगों के साथ-साथ भारत के विभिन्न क्षेत्रों से आकर असम को मातृभूमि के रूप में अपनाने वाला प्रत्येक भारतीय को नये रूप के असमीया की संज्ञा प्रदान की है।

आगे असम एवं असमीया के इस व्यापक संज्ञा के सन्दर्भ में भूपेन हाजरिका के गीतों में प्रतिफलित जातीय चेतना का एक अवलोकन किया जायेगा। जातीय चेतना पर विचार करते वक़्त जाति एवं जाति से जुड़े भव्य ऐतिह्य का वर्णन, जाति के लोगों का तथा उनकी समस्याओं का वर्णन, लोगों को जागृत करना, जाति की भाषा के सन्दर्भ में बात करना, उस जाति से जुड़े समाज-जीवन का वास्तविक छवि के प्रतिफलन, समाज की रक्षा एवं निर्माण पर बात करना तथा जाति के निर्माण में योगदान देनेवाले महान विभूतियों का स्मरण आदि तत्वों पर खास तौर से विचार किया जाता है। इस आलेख में भूपेन हाजरिका के गीतों में इन्हीं तत्वों को खोजने का प्रयास किया जायेगा।

भूपेन हाजरिका की जातीय चेतना का प्रारम्भिक प्रस्फुटन अपने जन्मभूमि गाँव से ही होता है। वे हर प्रकार की बाधा को लाँघकर अपने गाँव का मान रखने के लिए संकल्पबद्ध हैं। इस भावधारा की अभिव्यक्ति 'अॅ आमि तेज़ाल गाँवलीया' शीर्षक गीत में हुई है–

'अॅ आमि तेज़ाल गाँवलीया
गाँवरे राखिम मान।
नाङल-युँवलिरे पृथिवी सजाओँ
रॅदत तिरे बिराय जान
....
अॅ बतर डावरीया
लुइतत आहिछे बान
काषत कलची लै अमृत आनिछोँ
शिरते बांधिछो बान
गाँवरे राखिमे मान॥'[2]

यहाँ भूपेन हजरिका ने युवाशक्ति द्वारा गाँव के ज़रिये ही मान रखने तथा हल से पृथ्वी को सजाने की बात कही है।

वे विश्व के किसी भी कोने में क्यों न हो अपनी मातृभूमि के प्रति उन्हें असीम प्रेम हैं। मातृभूमि तक पहुँचने की व्यग्रता उनके गीतों में स्पष्ट झलकती है। इस भाव की अभिव्यक्ति 'आकाशी यानेरे' शीर्षक गीत के माध्यम से हुई है–

'आकाशी यानेरे
उरणीया मनेरे
दोकमोकालिते
पछिमरे परा, बंगरे परा
मारिलौँ उ.....रा।
मोर लक्ष्यस्थान हॅल तेजपुर।
मोर लक्ष्यस्थान हॅल तेजपुर।
आकाशी यानेरे।'[3]

अर्थात्, भोर के समय हवाई जहाज से एक व्यग्रता पूर्ण मन के साथ पश्चिम तथा बंग से अपनी यात्रा शुरू की और मेरा लक्ष्यस्थान है तेजपुर।

हवाई रास्ते से होकर तेजपुर तक पहुँचने की यात्रा में उनकी व्यग्रता स्पष्ट झलकती है। मातृभूमि के प्रति इस प्रकार के अनन्य प्रेम की झलकी उनके द्वारा लिखे 'गोदाबरी नैरे पाररे परा' शीर्षक गीत में भी मिलती है। भूपेन हाजरिका ने गोदावरी नदी के किनारे अर्थात् महाराष्ट्र में एक लम्बा समय व्यतीय किया था। वहाँ रहते हुए भी उन्होंने असम तथा असमीया जाति के निर्माण में योगदान देनेवाले शंकरदेव, लाचित बरफुकन, गोपीनाथ बरदलै को स्मरण किया है–

'गोदाबरी नैरे पाररे परा
असमी आइलै याचौँ प्रणाम।
सेइखन देश मोर दूरणिर देश
तथापि चिनाकि शुवनि नाम
असमी आइलै याचौँ प्रणाम।।

....
(हेनो) शंकरे दिछिले मानवी धरम
दुर्ज्जेय साह दिले बीर लाचिते।

लोकप्रिय गोपीनाथे दिले
मुक्तिर महा प्रवाह।'[4]

अर्थात्, गोदावरी नदी के किनारे से मैं असम मातृ को प्रणाम करता हूँ। असम मातृ से अभी दूर होने पर भी वह मेरे लिए जाना-पहचाना और सबसे अच्छा नाम है। इस असम भूमि के महापुरुष शंकरदेव ने मानवी धर्म का पाठ पढ़ाया है, तो वीर लाचित बरफुकन ने अदम्य साहस का परिचय दिया है। मुक्ति का महाप्रवाह देनेवाले गोपीनाथ बरदलै को भी वे स्मरण करते हैं।

भूपेन हाजरिका ने 'ॲ मोर भैयाइ' शीर्षक गाने के माध्यम से कहा है कि असम का एक गौरवमय इतिहास रहा है। इस भूमि में लाचित बरफुकन जैसे वीर पुरुष हुए, जिन्होंने शक्तिशाली मुग़ल सेना को शराइघाट के युद्ध में पराजित किया था। परन्तु इस असम भूमि में वर्तमान समय में लाचित बरफुकन जैसे वीरों का उत्तराधिकारी कोई नहीं है। इस गीत के माध्यम से उन्होंने असम के भव्य ऐतिह्य की ह्रासान्मुखी प्रवृत्ति को देखकर चिन्ता ज़ाहिर की है–

'ॲ मोर भैयाइ, ॲ मोर भनीटि
पुरणि असमर आकाशखनित
गौरवर पोहर ऐ रमके-जमके
सोणाली सरु-बर तरा जिलिके
लावणि मिचिकि हाँहिटि चमके
हाय हाय हाय हाय आजि नाइ।'[5]

अर्थात्, हे मेरे भाइयो और बहनो, प्राचीन असम के आसमान में गौरवपूर्ण रोशनी की झलक दिखायी दे रही है। कई छोटे-बड़े उज्ज्वल तारे यहाँ नज़र आते हैं। लेकिन दुःख की बात है कि ये सब आज नहीं हैं।

शिक्षा किसी भी जाति या समुदाय विशेष को सही मायने में विकास के पथ पर अग्रसर करती है। इसलिए वहाँ के उच्च शिक्षानुष्ठानों की भूमिका इस दिशा में अहम रहती है। ये जातीय अनुष्ठान उस जाति विशेष के लिए मार्गदर्शक तथा उसके भव्य ऐतिह्य का वाहक स्वरूप हैं। भूपेन हाजरिका के 'जिलिकाब लुइतरे पार' और 'अग्निगड़र स्थापत्य' शीर्षक गीतों में क्रमशः असम के दो प्रमुख जातीय अनुष्ठान गौहाटी विश्वविद्यालय और तेजपुर विश्वविद्यालय का गौरवमय गान है।

असमीया भाषा-संस्कृति के विकाश व प्रसार के उद्देश्य से सन् 1917 में असम साहित्य सभा नामक एक संस्था का जन्म हुआ था। इस संस्था के साथ

असमीया भाषा-संस्कृति का एक भव्य इतिहास जुड़ा हुआ है। कई महान विभूतियों ने असम साहित्य सभा के सभापति का आसन ग्रहण किया है। इस संस्था के भव्य इतिहास को भूपेन हाजरिका ने 'रङपुर तोमार नाम' शीर्षक गीत के शब्दों के माध्यम से समेट कर संस्था के प्रति अपने श्रद्धा भाव को अभिव्यक्ति दी है।

जाति विशेष से जुड़े त्योहार उस जाति की जाति सत्ता का परिचायक है। प्रत्येक जाति की लोकसांस्कृतिक विशेषताओं का प्रतिफलन वहाँ के त्योहारों में होता है। बिहु असमीया जनजीवन की पूर्ण झाँकी प्रस्तुत करनेवाला त्योहार है। बिहु के साथ असमीया जनमानस का निगूढ़ आत्मिक सम्बन्ध है और इस प्रकार असमीया लोगों के बीच में एक जाति सत्ता को बनाये रखने में बिहु की सर्वोपरि भूमिका है। बिहु असमीया जाति की जीवनरेखा स्वरूप है। भूपेन हाजरिका ने 'बिहुटि बछरि आहिबा' शीर्षक गीत के ज़रिये असमीया जाति को जगाने के लिए बिहु से आग्रह किया है तथा जातीय एकता को बनाये रखने की बात भी कही है–

'बिहुटि बछरि आहिबा
असमी आइके जगाबा।
बिपदर कालतो माह-हालधिरे
जातिटोर देह-मन धुवाबा ॥

....
बिहुटि ऐ...
काबौ करिछोँ हातयोर करिछोँ
जातिटोक शाक-भात खुवाबा
असमीया जातिटोक शाक-भात खुवाबा
ऐ मरमर दीघ दि हेँपाहर आँचुरे
एकतार गामोचा बोवाबा॥'[6]

अर्थात्, हे बिहु तुम हर साल आना और असम मातृ को जगाना। संकटकाल में भी उरद-हलधी से जाति के तन-मन को परिष्कार करना। हे बिहु तुम्हें हाथ जोड़कर अनुरोध कर रहा हूँ कि तुम आकर इस जाति के लोगों को शाक-सब्जी खिलाना। असमीया जाति की एकता का प्रतीक स्वरूप गामोचा को अत्यन्त उत्साह के साथ बुनवाना।

असमीया समाज-जीवन में ब्रह्मपुत्र प्राणस्वरूप है। ब्रह्मपुत्र से ही प्रत्येक असमीया के संघर्षमय मन को प्रेरणा मिलती है। ब्रह्मपुत्र की धारा के साथ प्रवाहमान

है असमीया समाज-संस्कृति-अर्थनीति की धारा। उनकी दृष्टि एवं सृष्टि दोनों में ब्रह्मपुत्र हमेशा नये रूप में मूर्तमान हुआ है। 'महाबाहु ब्रह्मपुत्र', 'लुइतपरीया डेका', 'लुइतर बलीया बान', 'बिस्तीर्ण पाररे असंख्य जनरे' शीर्षकों गीतों में उन्होंने ब्रह्मपुत्र या लुइत को मूर्त रूप दिया है। 'महाबाहु ब्रह्मपुत्र, महामिलनर तीर्थ' शीर्षक गीत के माध्यम से उन्होंने मिलनभूमि असम के भव्य ऐतिह्य पर प्रकाश डाला है। वे लिखते हैं–

सुदूर कान्यकुब्जरे परा बारभूञा आहिछिले
सेइ बंशते शंकरदेउ इयाते जनमिले।
मरुर देशरे आजान फ़क़ीरे
मधुर जिकिर रचिले
दिल्ली दिलोवारे आहि हस्ती-पुथि आँकिले
पंचनदीर टेग बाहादुरे धरमर सेतु गढ़िले
समन्वयर देखुवाले कत प्रकाश स्वतःस्फूर्त्त।
दूरैर लाचिते शराइघाटते शतरु आगचिले
जाति धर्म्म भाषा सवाके स्बदेशप्रेमेरे बांढिले
किराटपुत्र बिष्णु राभाइ माटिर कृष्टि जीयाले
समन्वयर देखुवाले कत प्रकाश सस्वतःस्फूर्त्त ॥'[7]

अर्थात्, दूर कान्यकुब्ज से बारभूञा आये थे और उसी वंश में शंकरदेव का जन्म हुआ था। मरु देश के आजान फ़क़ीर ने जिकिर की रचना की। दिल्ली के दिलवार ने आकर हस्ती-पुथी का अंकन किया तो पंचनदी से तेगबाहादुर ने आकर धर्म के सेतु का निर्मांण किया। समन्वय का कितना स्वतःस्फूर्त प्रकाश यहाँ दिखायी पड़ा। लाचित ने शराइघाट में शत्रुओं का सामना कर सबको स्वदेश प्रेम की भावना से बाँधा। वही किराटपुत्र विष्णु राभा ने मिट्टी की कृष्टि को जीवन्त किया। इस तरह असम भूमि में समन्वय के कई स्वतःस्फूर्त प्रकाश हमें दिखायी पड़ते हैं।

ब्रह्मपुत्र या लुइत ने हमेशा से पीड़ित लोगों को सहारा तो दिया ही तदुपरान्त विभिन्न जगहों के लोगों को अतिथि स्वरूप ग्रहण कर लुइत की दोनों ओर स्थान दिया है–

'पद्मा नदीर धुमुहात परि कत शतजन आहिले
लुइतर दुयो पारर कतना अतिथि आदरिले।'[8]

अर्थात् पद्मा नदी की आंधी से पीड़ित होकर सहस्र जन आये और लुइत यानी ब्रह्मपुत्र के दोनों किनारों ने कितने ही अतिथियों का स्वागत किया।

भूपेन हाजरिका लुइत का सम्मान करते हैं। इसलिए शायद वे लिखते हैं कि उन्हें लुइत से प्यार है और जिनसे प्यार होता है उन्हें ही गुस्से से सवाल किया जा सकता है। 'बिस्तीर्ण पाररे' शीर्षक गीत में उनकी इसी भावना का प्रतिफलन होता है। इस गीत में तत्कालीन समाज की एक छवि प्रस्तुत करते हुए वे लिखते हैं

'नैतिकतार स्खलन देखिओ
मानवतार पतन देखिओ
निर्ल्लज अलसभावे बोवाँ किय ?
ज्ञानबिहीन निरक्षरर
खाद्यबिहीन नागरिकर
नेतृत्व बिहीनतात निमात किय ?
....
ब्यक्ति यदि ब्यक्तिकेन्द्रिक
समष्टि यदि ब्यक्तित्वरहित
तेने शिथिल समाजक नाभाङा किय?'[9]

अर्थात्, नैतिकता का स्खलन और मानवता का पतन देखकर भी हे ब्रह्मपुत्र तुम क्यों लज्जा विहीन भाव से बह रहे हो। ज्ञानहीन निरक्षर और खाद्यहीन नागरिक की नेतृत्वहीनता को देखकर भी चुप क्यों हो ? अगर व्यक्ति व्यक्तिकेन्द्रिक है और समाज व्यक्तित्व से रहित है तो तुम ऐसे समाज को तोड़ते क्यों नहीं ?

असम की भूमि ने हमेशा विभिन्न स्थानों से आकर असम में बसे लोगों का स्वागत किया है। ब्रह्मपुत्र घाटी के दोनों ओर मूल असम के लोगों के साथ-साथ विभिन्न स्थानों से आये हुए लोग आपसी भाईचारे के साथ रह रहे हैं। शायद इसलिए ब्रह्मपुत्र को गीतों में महामिलन की तीर्थभूमि भी कहा गया है। परन्तु असम तथा असम के लोगों के प्रति की गयी उपेक्षा भूपेन हाजरिका को कतई स्वीकार नहीं है। इसलिए सन् 1979 में आरम्भ होनेवाले असम आन्दोलन की पृष्ठभूमि में उन्होंने 'आजि ब्रह्मपुत्र हॅल बह्निमान' शीर्षक गीत के माध्यम से असमीया के मन की बात को अभिव्यक्ति दी है–

'समदलर पदध्वनि
आबालबृद्धबनितार
स्व-निरापत्तार लक्ष्य
आरु आनको जीयाइ रखार
सहस्त्र जनर साहस देखि
पृथिवी कंपमान।
आजि ब्रह्मपुत्र हॅल बह्निमान !
सौवा ब्रजनिनादर प्रतिध्वनि
भैयामे-पर्ब्बते बाजे' संग्रामी सुस्थ प्रकाश
बलिष्ठ संयम माजे;
प्रचंड अवहेला एइबार नाशिबइ
जीवनको करि बलिदान।
आजि ब्रह्मपुत्र हॅल बह्निमान! '[10]

अर्थात्, समदलों की पदध्वनि, युवा से लेकर वृद्ध तक की रक्षा का लक्ष्य तथा सहस्त्र जनों का साहस देखकर आज यह धरती कम्पमान है। आज पहाड़ से लेकर समतल भूमि तक बज्र निनाद की प्रतिध्वनि सुनाई पड़ रही है। आज संग्रामी प्रकाश अपना जीवन न्योछावर करके भी यहाँ के लोगों के प्रति की गयी उपेक्षा को नाश करेगा। आज ऐसी संग्रामी ध्वनि से ब्रह्मपुत्र बह्निमान हो गया है।

सालों से उपेक्षित असमीया सहस्त्र जन ने अपनी सुरक्षा, अपनी जातीय सत्ता की रक्षा के हेतु स्वर बुलन्द कर सन् 1979 में असम आन्दोलन की नींव रखी। प्रताड़ित असमीया जनता की सहनशीलता ने सन् 1979 में संघर्षमय रूप ले लिया था। इस सन्दर्भ में भूपेन हाजरिका ने गीतों में ब्रह्मपुत्र को प्रतीकार्थ रूप में ग्रहण कर कहा है कि महामिलन का तीर्थ स्वरूप ब्रह्मपुत्र आज बह्निमान है अर्थात् आग के लपटों से भर गया है। इस प्रकार सन् 1979 के असम आन्दोलन की पृष्ठभूमि में ब्रह्मपुत्र को आधार बनाकर लिखा गया और एक गीत है 'लुइतपरीया डेका बन्धु'। इस गीत में हाजरिका ने असमीया जातीय सत्ता की रक्षा के लिए कफ़न बाँधकर आन्दोलन में हिस्सा लेनेवाले युवक-युवतियों को नये पुरुष यानी नयी सोच का युवा कहकर सम्बोधित किया है। इस गीत के माध्यम से उन्होंने आन्दोलन में हिस्सा लेनेवाले नयी सोचवाले युवाओं को ऊर्जान्वित किया है–

लुइतपरीया डेका बन्धु
तोमार तुलना नाइ
जीयाइ थकार युँजत नामिछा
मृत्युशपत खाइ।
पुरणि पुरुषे हात साबटि
बहुतो हेरुवाले;
उदारताक शतरुवे
दुर्ब्बलता बुलि लॅले।
आजि बज्रर दरे गर्ज्जन करि
शतरुक ओफराइ;
जीयाइ थकार युँजत नामिछा
मृत्य शपत खाइ।'[11]

इन पंक्तियों के ज़रिये कहा गया है कि लुइत के किनारे की युवा बन्धु तुम्हारी कोई तुलना नहीं है। आज मृत्यु का प्रण लेकर तुमलोगों ने जीने के संघर्ष में हिस्सा लिया है। यहाँ के पुराने लोगों ने हाथों में हाथ रखकर बैठे रहने के कारण बहुत कुछ खोया। शत्रुओं ने भी उदारता को कमज़ोरी समझ लिया। आज बज्र-सा गर्जन कर तुमलोगों ने शत्रुओं को उखार फेंकने की जंग में मृत्यु का प्रण लेकर हिस्सा लिया है।

भूपेन हाजरिका ने 'लुइतपरीया तेज़ाल डेका' शीर्षक गीत के माध्यम से असम आन्दोलन के शहीदों को स्मरण कर श्रद्धांजलि अर्पित की है। ब्रह्मपुत्र से प्रेरणा ग्रहण कर ऊर्जावान युवाओं ने जाति के स्वार्थ हेतु प्राणों को न्योछावर कर दिया। परन्तु उनकी यह शहादत निरर्थक नहीं है। देश के लिए ख़ुद को कुर्बान कर ये युवा आनेवाले समय में समस्याओं से भरे अंधकारमय समुद्र में समाज रूपी नाँव को दिशा-निर्देश देनेवाले नाविकों के लिए ज्योति स्वरूप हैं। अर्थात् उनकी शहादत आगामी पीढ़ी के लिए पथ-प्रदर्शक स्वरूप होगी–

'लुइत पाररे सबारे शान्तिर
बाबेइ संग्रामी हॅला
प्रतारणार स्वीकार है
आजि येन गुचि गॅला।
समाजर नाबिकर काल सागरत

तुमि येन प्रदीप हॅला
आजि तुमि श्वहीद हॅला।'[12]

अर्थात् लुइत के किनारे बसने वाले सभी की शान्ति के लिए तुम संग्रामी बन गये और अपना प्राण न्योछावर कर दिया। आज शहीद बनकर तुम कालसागर में समाज के नाविकों के प्रदीप स्वरूप बन गये।

असम मातृ की रक्षा हेतु प्राण न्योछावर करनेवाले वीर शहीदों को श्रद्धंजलि अर्पित करने की सबसे सशक्ततम अभिव्यक्ति उनके द्वारा लिखा गया 'श्वहीद प्रणामो तोमाक' शीर्षक गीत में होती है। उन्होंने लिखा है–

'बिंश शतिकार
अष्टम दशकर
नतुन पुरुष अगणन
जातिर स्वकीयता राखिबले
अहिंसारे करा रण
तुमियेतो दानवीय शक्तिक किछु
युक्तिर मर्म्म शिकाला
भारतीर नुमली जीक बचाबले'
तुमियेतो मृत्यु बरिला ॥
श्वहीद प्रणामो तोमाक।
श्वहीद प्रणामो तोमाक॥'[13]

अर्थात् बीसवीं शताब्दी की अस्सी के दशक के नुतन पुरुषों ने जाति की स्वकीयता की रक्षा के लिए अहिंसा से संघर्ष किया। तुमलोगों ने ही दानवी शक्ति को तर्क का मर्म समझाया। भारत मातृ की इस बेटी को बचाने के लिए अपने प्राण त्याग दिये। हे शहीद तुम्हें प्रणाम है।

इसके उपरान्त भी असम आन्दोलन तथा असम के मान-सम्मान की रक्षा हेतु विभिन्न समय में शहीद होनेवाले खर्गेश्वर तालुकदार, अजित नेओग, नगेन डेका, कुमुद गगै जैसे असम मातृ के वीर सपुतों को भूपेन हाजरिका ने 'शंकर माधवर महा महा सृष्टिरे' शीर्षक गीत के माध्यम से स्मरण किया है।

'खर्गेश्वरर कोमल बुकुत
शोषकर शाणित अस्त्र।

तेजाल डेकार तेज़ बेगेरे बॅले
देहत शुकुला बस्त्र।।
....
दुलीयाजानत गॅल अजित नेओग
नगेन डेका आरु कुमुद गगै।
बागानपारार दिलीप हुजुरीओ
हाँहि हाँहि गुचि गॅलगै।।'[14]

अर्थात्, असम आन्दोलन के प्रथम शहीद खर्गेश्वर के युवा सीने में आज शत्रुओं के तीक्ष्ण अस्त्र का आघात है। युवा रक्त बहने लगा है और उनके शरीरों में सफ़ेद वस्त्र पड़े हुए हैं। दुलियाजान से अजित नेओग, नगेन डेका और कुमुद गगै है तो बागानपारा से दिलीप हुजुरी ने हंस-हंस कर मातृभूमि के लिए प्राण न्योछावर कर दिये।

भारत की स्वतन्त्रता के लिए सम्पूर्ण देश भर में सैकड़ों माताओं ने अपने बेटे खोये। अल्पायु में ही कई युवाओं ने ख़ुद को देश के नाम पर कुर्बान किया। भूपेन हाजरिका ने देश की मुक्ति के लिए असम प्रान्त का प्रतिनिधित्व करनेवाले वीर युवा पियलि फुकन को 'पियलि पियलि' शीर्षक गीत के माध्यम से स्मरण कर श्रद्धांजलि अर्पित की है।

'पियलि, पियलि ! कॅतनो लुकालि
मुकुति युँजर सेनापति ?
....
पियलिक सुँबरि दिखौ नै थमके
चकुपानी टुकि टुकि।
मुकुतिर शिखा राइजे ज्वलाब
पियलिर थापना पाति।
मुकुति युँजर सेनापति।'[15]

अर्थात् असम भूमि के अन्यतम शहीद तथा मुक्ति के संघर्ष के सेनापति पियलि फुकन तुम कहाँ खो गये हो ? पियलि फुकन को स्मरण कर दिखौ नदी ने भी आँसू बहाये हैं। पियलि का नाम लेकर ही समस्त लोग मुक्ति की शिखा जलाएंगे।

ख़ुद गीतिकवि भूपेन हाजरिका असम मातृ के लिए प्राण न्योछावर करने के लिए तैयार हैं। देश का सम्मान अगर अन्धकारग्रस्त हो जाये तो वे किसी भी क़ीमत

पर उस अन्धकार को प्रकाश में तब्दील करने के लिए प्रतिज्ञाबद्ध है। इस प्रकार की तीव्र जातीय चेतना का प्रतिफलन होता है 'बुकु हम हम करे' शीर्षक गीत में–

'पुत्र है मइ किमते तराँ ?
आइ, तोरे है मइ मराँ।।

....

याचिम साँत्वना
आइ मुक्ति-प्रभातेरे
थापिम थापना
आइ शोणित तियागेरे।'[16]

अर्थात् असम मातृ मैं तुम्हारा पुत्र तुम्हारे लिए प्राण त्याग सकता हूँ। अपना रक्त बहाकर मैं तुम्हारे सामने अर्घ्य प्रस्तुत करूँगा।

भूपेन हाजरिका जड़ से जुड़े हुए संगीतकार हैं। मातृभूमि असम के प्रति उन्हें बेहद प्यार है। इस प्रेम-भावना की सबसे सुन्दर अभिव्यंजना 'असम आमार रूपही' शीर्षक गाने में हुई है। उन्हें असम की तरह रूप-गुण से सम्पन्न उर्वर भूमि जगत् में दूसरी नज़र नहीं आती। मातृभूमि के प्रेम से सराबोर भूपेन हाजरिका इसलिए जन्मभूमि में ही मृत्यु की ख़्वाहिश ज़ाहिर करते हुए लिखते हैं–

'असम आमार रूपही, गुणरो नाइ शेष
भारतरे पूब्बं दिशर सूर्य्य उठा देश।

....

गोटेइ जीवन बिचारिलेओ, अलेख दिवस राति
असम देशर दरे नेपाओँ इमान रसाल माटि।

....

जन्म लॅलोँ इयातेइ, इयातेइ येन मराँ।'[17]

अर्थात् भारतवर्ष की पूर्व दिशा में स्थित इस प्रदेश में रूप और गुणों की कोई कमी नहीं है। दिन-रात एक करके ज़िन्दगी भर ढूँढ़ने पर भी असम की तरह रस से भरी हुई अर्थात् ऊर्वर भूमि नज़र नहीं आती। इसलिए इस भूमि में जन्म लिया है तो इसी भूमि में मरने की ख्वाहिश है।

भूपेन हाजरिका ने अपने जीवन काल में विभिन्न देशों का भ्रमण किया था। परन्तु वे अपनी मातृभूमि के प्रेम में इतने लवलीन थे कि दुनिया की हर जगह में उन्हें

असम की ही छवि नज़र आयी। 'अतिकै चेनेहर बहलकै पृथिवी' शीर्षक गीत में उनकी इस भावना का प्रतिफलन हुआ है–

'एनेनो भाल लागे बान्धै
एनेनो भाल लागे
भल्गा नदी किनो चाबा
येन आमार लुइतहे।
एनेनो भाल लागे-
डन नैखन किनो चाबा
येन जीया भरलीहे।'[18]

अर्थात् हे दोस्त वोल्गा नदी का सौंदर्य क्या देखना! ऐसा लगता है जैसे यह हमारा ब्रहपुत्र हो। यानी वोल्गा नदी ब्रह्मपुत्र जैसी है तो डॉन नदी भी असम की एक नदी जीया भरली की तरह ही है। अर्थात् विदेश की वोल्गा, डॉन नदी जैसी सुन्दरता असम के ब्रह्मपुत्र और जीया भरली में है।

असम का प्राकृतिक सौन्दर्य नैसर्गिक है। इस नैसर्गिक शोभा की अभिव्यंजना उनके गीतों में हुई है। उनके गीतों में असम की विभिन्न नदियों के नाम तथा टिहु, मंगलदै, डिफु, डिगबै, रंगपुर आदि जगहों की विशेषताओं का प्रतिफलन हुआ है। तदुपरान्त असम का ऐतिह्यपूर्ण सत्र माजुली का स्थान उनके गीतों में है।

भूपेन हजरिका की जातीय चेतना की एक उदात्त अभिव्यक्ति है 'आमि असमीया नहओँ दुखीया' शीर्षक गीत। वे असम एवं असमीया के मान-सम्मान व स्वार्थ की रक्षा के लिए हमेशा तत्पर हैं। इस गीत के माध्यम से उन्होंने प्रत्येक असमीया को सचेत करने का प्रयास किया है। उन्होंने कहा कि आज असमीया जाति के सम्मुख मार्ग-प्रदर्शक के रूप में लाचित बरफुकन, ज्योतिप्रसाद अगरवाला या अंबिकीगिरी राय चौधुरी जैसे महानायक नहीं हैं। इन महानायकों की अनुपस्थिति में प्रत्येक असमीया को असम में अपने मान-सम्मान व स्वार्थ की रक्षा के लिए तत्पर होना पड़ेगा तथा इस दिशा में काम करना पड़ेगा।

'प्रति असमीयइ कि करा उचित
उपदेश दिबलै नाइ लाचित
डाङर नहय, देशतकैओ मोर
दुर्ब्बलचितीया मोमाइबोर बोला
हेङदाङधारी लाचित नेथाकिलेओ

आगुवाइ याबइ लागिब
अँ नहले असमीयाइ असमर माटिते
निजेइ भगनीया हॅब।
....
आजि अंबिकागिरिर चिञरक हेजारे
हाते-कामे नवरूप दिब।
आजिर असमीयाइ संग्राम नकरिले
असमते भगनीया हॅब॥'[19]

अर्थात्, आज प्रत्येक असमीया को क्या करना चाहिए इसका उपदेश देने के लिए लाचित बरफुकन नहीं है। फिर आगे बढ़ना ही पड़ेगा नहीं तो असमीया लोग अपनी मातृभूमि में ही उपेक्षित हो जायेंगे। आज अंबिकागिरि रायचौधुरी के स्वर को असमीया लोग अपने हाथों से नया रूप देंगे। आज असमीया अगर संघर्ष न करे तो स्वयं की भूमि में उपेक्षित हो जायेगा।

उन्होंने इस गीत के माध्यम से प्रत्येक असमीया को चेतावनी देते हुए कहा कि आज हमें सजग व सचेत बनकर असम के ऐतिह्य व परम्परा की रक्षा करनी पड़ेगी। अन्यथा असम व असमीया का ऐतिह्य सम्पूर्ण विश्व इतिहास से हमेशा के लिए लुप्त हो जायेगा–

'असमर राइजे निजके पाहरिले
भोगालीतो दुर्भोग पाब
आरु बापति-साहोन सेइ रङाली बिहुटिओ
कङालीत परिणत हॅब।।
आजिर असमीयाइ निजक नबचाले
असम रसातले याव।'[20]

अर्थात् असम के लोग अगर स्वकीयता को भूल जायेंगे तो उन्हें भोगाली बिहु में भूखा रहना पड़ेगा और हर्षोल्लास से भरपूर रङाली बिहु भी कङाली बिहु बन जायेगा। आज असमीया लोग अगर स्वकीयता को बचाने के लिए तत्पर नहीं हुए तो असम की हालत ख़राब हो जायेगी।

इस गीत के माध्यम से भूपेन हाजरिका ने यह भी कहा है कि जब व्यक्ति अपनी जाति, अपने लोगों के प्रति सजग नहीं होगा तब तक उस व्यक्ति से नि:सृत विश्वप्रेम का स्वर निरर्थक है–

'बिश्वप्रेम बिनन्दीया बुलि
अनुभव करा प्रति असमीया
तुमिओटो जाना एटि कथा-
आपोन मातृर अश्रु नमचिले
बिश्वप्रेम हॅब बृथा।'[21]

अर्थात् विश्वप्रेम अतुलनीय है। इस एहसास को अनुभव करनेवाले प्रत्येक असमीया को यह ध्यान में रखना चाहिए कि स्वयं की मातृ के आँसू पोछे बिना विश्वप्रेम निरर्थक है।

असम के सांस्कृतिक जीवन में शंकरदेव का योगदान अतुलनीय है। असमीया कृष्टि-संस्कृति के वे प्रारम्भिक निर्माता हैं। उन्होंने बरगीत, भाओना आदि का सृजन कर असमीया समाज-जीवन में जहाँ देववाणी का प्रचार किया, वही नामघर आदि के निर्माण के ज़रिये सम्पूर्ण जनता को एक करने का प्रयत्न किया। असमीया समाज, साहित्य एवं संस्कृति के प्रति शंकरदेव के योगदान को याद करते हुए भूपेन हाजरिका 'अॅ मोर गुर ऐ' शीर्षक गीत में लिखते हैं–

'नामघर साजिला, राइज थापिला
एकतार आसानत आनि
भाओना सोणते बरगीत सुवगा
प्रचारिला देवबाणी
मोर गुरु ऐ, प्रचारिलाँ देवबाणी॥'[22]

अर्थात् मेरे गुरु शंकरदेव आपने नामघर का निर्माण किया और सब को एकता के आसन में बैठाया तथा भाओना, बरगीत जैसी सृष्टि से देवावाणी का प्रचार किया।

एक जाति को विकास के पथ पर आगे बढ़ने के लिए एकता का अत्यन्त आवश्यक है। इसका एहसास भूपेन हाजरिका को भली-भाँति था। इसलिए उन्होंने गीतों के माध्यम से बिहु के अवसर पर प्यार के बन्धन से सबको एक होने के लिए आह्वान किया है। इस भावना का प्रतिफलन 'अग्नियुगर फिरिङति मइ' शीर्षक गाने के माध्यम से भी हुआ है। इस गीत में जातीय चेतना के राष्ट्र और राज्य सम्बन्धी आयाम समानान्तर रूप से प्रस्फुटित हुआ है। यहाँ उनकी जातीय चेतना ने विद्रोह का स्वर धारण किया है। इस गीत के माध्यम से वे असमीया समाज में फैले भ्रष्टाचार, शोषण, भेदभाव के ख़िलाफ़ एक ठोस विद्रोह करने की इच्छा

व्यक्त करते हैं। वे समाज को दूषित करनेवाले सभी तत्वों का स्वयं नाश कर तथा हरिजन, पहाड़ी, हिन्दू-मुसलमान, बड़ो, कोच, चुतीया, कछारी, आहोम सभी के भेदों को मिटाकर एकता और समानता से एक नया असम तथा भारत के निर्माण के लिए संकल्पबद्ध हैं।

'अग्नियुगर फिरिङति मइ
नतुन असम गढ़िम
सर्ब्बहारार सर्ब्बस्ब
पुनर फिराइ आनिम
नतुन भारत गढ़िम।
....
हरिजन, पाहारी, हिन्दु-मुछलिमर
बड़ो, कोच, चुतीया, कछारी, आहोमर
अन्तर भेदि मौ बोवाम
भेदाभेदर प्राचीर भाङि
साम्यर सरग रचिम
नतुन भारत गढ़िम।'[23]

अर्थात्, मैं अपनी आवाज़ बुलन्द कर सर्वहारा का कुछ वापस लाकर एक नये असम, नये भारत का निर्माण करूँगा। हरिजन, पहाड़ी, हिन्दू-मुसलमान, बड़ो, कोच, चुतीया, कछारी, आहोम के अन्तर के भेद के प्राचीर को तोड़कर एक समनता का स्वर्ग निर्माण करूँगा।

प्रत्येक जाति के लिए उसकी भाषा जीवन्तता का प्रतीक है। स्वभाषा के अभाव में अपनी जातीय सत्ता को दृढ़ रख पाना नामुमकिन है। जाति विशेष के लिए स्वकीय भाषा की अहमियत को समय-समय पर विभिन्न विद्वान-साहित्यकारों ने अपनी रचनाओं व लेखों के माध्यम से दर्शाने की कोशिश की है। यह कहना भी गलत नहीं होगा कि भाषा जातीय चेतना का वाहक स्वरूप है। भूपेन हाजरिका ने अपने से गीतों में असमीया भाषा की बात कही है। असमीया एक अत्यन्त श्रुतिमधुर तथा असम प्रान्त की जाति-जनजातियों के बीच एक समन्वय सेतु स्वरूप भाषा है। इस भाषा की संरचना में यहाँ की जनजातीय भाषाओं का योगदान उल्लेखनीय है। बड़ो, तिवा, हाजङ, राभा, देउरी, मणिपुरी तथा ताइ मूल की भाषाओं के तत्वों ने असमीया भाषा

को एक सुदृढ़ रूप दिया है। इस भाव की अभिव्यक्ति भूपेन हाजरिका के 'रङमन तोमार नाम' शीर्षक गीत में इस प्रकार देखने को मिलती है–

'भाषा गठनर कत कथाके लिखिम
जनजातिर भाषार दान किमान बखानिम हे'
बड़ो तिवा हाजङ राभा ए, हे देउरी मणिपुरी
ताइ भाषाइ असमीयाक राखे दृढ़ करि हे'।[24]

अर्थात् असमीया भाषा के निर्माण में कई जनजातीय भाषाओं का योगदान है। बड़ो, तिवा, हाजङ, राभा, देउरी, मणिपुरी, ताइ भाषा के कई उपादानों ने असमीया भाषा को दृढ़ बनाया है।

'शंकर माधवर महा महा सृष्टित' शीर्षक गीत भूपेन हाजरिका के मन में स्थित असमीया भाषा के प्रति चेतना की एक सफल अभिव्यक्ति है। इस गीत के प्रारम्भ में वे असमीया भाषा के महान ऐतिह्य की बात करते हैं। इस भाषा के ज़रिये मध्ययुगीन कवि शंकर-माधव से लेकर आधुनिक युग के पद्मनाथ गोहाञि बरुवा, आनन्दचन्द्र आगरवाला, चन्द्रकुमार आगरवाला, हेमचन्द्र गोस्वामी, अंबिकागिरी रायचौधुरी, लक्ष्मीनाथ बेजबरुवा आदि महान लेखकों ने अपने विचारों को अभिव्यक्ति प्रदान की है। इस क्षेत्र में रहे-बसे अलग-अलग भाषा-भाषियों ने असमीया भाषा के माध्यम से आपस में विचार-विनिमय किया है। परन्तु इस ऐतिह्यपूर्ण असमीया भाषा को लेकर राजनैतिक षड़यन्त्र रचा गया। असम में ही असमीया भाषा के स्थान पर बांग्ला को राजभाषा बनाया गया। भूपेन हाजरिका को किसी और भाषा से कोई परहेज नहीं है। भारत के हर जगह में वहाँ की भाषा को एक मर्यादित आसन प्राप्त है। इसलिए वे सवाल करते हैं कि क्या असम में असमीया भाषा को मर्यादित आसन नहीं मिलना चाहिए। जिन शक्तियों द्वारा असम में असमीया भाषा को लेकर सामन्तवाद की राजनीति हो रही है, उनको इस गीत से चेतावनी देते हुए हाजरिका कहते हैं कि नयी ऊर्जावान असम भूमि की युवाशक्ति इन अपशक्तियों के नाश के लिए अब कफ़न बाँधकर संघर्ष के लिए तैयार है। उन्होंने इस भाव की अभिव्यक्ति भी की है कि अगर कोई इस गीत को समझने में समर्थ नहीं होता है तो ऐसे शत-शत गीत लिखकर वे ब्रह्मपुत्र के दोनों ओर बसे लोगों की भाषिक चेतना को जागृत करने में प्रयासरत रहेंगे–

'तेंते किय भारतर अंचले अंचले
सु-आसन एकोटि भाषार ?

(तात) दूरणिर परा आहि संख्यालघुवे लिखे
बुरंजी जीण योवार।।

....

असमीया जातिटोवे असमीया कॅबलै
काकनो करिछे बलात्कार ?
(हेर) असमीया भाषाटिर असमते नाइ जानो
योग्यता पोवार अधिकार?? '[25]

अर्थात्, भारत के भिन्न प्रान्तों में निज भाषा का आसन सुरक्षित तथा सम्पन्न है। क्या असम में असमीया भाषा को ऐसा ही आसन नहीं मिलना चाहिए ?

उपर्युक्त विवेचन में असमीया जाति को केन्द्र में रखकर भूपेन हाजरिका की जातीय चेतना को देखा जा सकता है। असम भारत का एक अंगराज्य है। इसलिए हमारी वृहद् सत्ता भारत के साथ जुड़ी हुई है। इस वृहद् जातीय चेतना की अभिव्यक्ति उनके कई गीतों में हुई है। 'अॅ भारतरे पँजा घरत', 'अॅ भारतीरे' शीर्षक गीतों में भारतमातृ के प्रति उनके प्रेम की झाँकी प्रस्तुत हुई है। भारत की सुख-समृद्धि की कामना करते हुए उन्होंने लिखा है–

'अॅ भारते पँजा घरत
नैर पारत
सोनर पथारत
बाजक सुखर बाँही।'[26]

अर्थात्, भारतवर्ष की झोपड़ियों, नदी के किनारे, सुनहली खेतों में सुख के बाँसुरी की ध्वनि निकले।

सम्पूर्ण विश्व के भ्रमणोपरांत भी भारतमातृ के चरण में वापस आने की ख़्वाहिश उनके मन में है। इस भाव की अभिव्यक्ति करते हुए वे लिखते हैं–

'पृथिवी घूरि
बहु फुरि,
एइ भारतर चरण चुमिम
जनम जनम आहि॥'[27]

अर्थात्, पूरी दुनिया घुम-फिरने के बाद अन्त मैं आकर में भारतभूमि का चरण स्पर्श करूँगा।

उन्होंने सन् 1965 की भारत-पाक की लड़ाई की पृष्ठभूमि में 'अॅ आयुब खान' शीर्षक गीत की रचना की। पाकिस्तानी सेना के प्रमुख अयूब ख़ाँ को चेतावनी देते हुए भूपेन हाजरिका लिखते हैं–

'आमार देशक काफ़ीरस्तान बुलि
जोकाबि आरुनो किमान ?
कोटि मुछलिम भाये बाछि दिया
प्रतिनिधिरेओ चले हिंदुस्तान
....
शुन शुन हेरॅ शेष कथा आयुब ख़ान
भारत जय करा एर उम्मीद
आमार माजते आछे हेजार-बिजार
निर्भीक बीर आब्दुल हामिद।'[28]

अर्थात्, हमारे देश को काफिरस्थान कहकर कितना मज़ाक उड़ाओगे। करोड़ों मुसलमान भाइयों द्वारा चुनाव किये गए प्रतिनिधियों द्वारा यह हिंदुस्तान चलता है। भारत को जीतने की उम्मीद छोड़ दे अयूब खाँ। हमारे बीच हज़ारों निडर वीर आब्दुल हामिद हैं।

गीत के इन पंक्तियों के माध्यम से संगीतकार ने भारत की धर्मनिरपेक्षता की ख़ासियत को प्रस्फुटित किया है। भारत की सीमाओं में समय-समय पर विदेशी शक्तियों द्वारा आक्रमण हुए हैं। इन विदेशी आक्रमणों को धराशायी करने के उद्देश्य से हमारे वीर जवान सीमा पर दिन-रात तैनात हैं। इतनी लड़ाइयाँ लड़के भी देश के ये जाग्रत प्रहरी युद्ध से थके नहीं और न ही दिशा दिग्भ्रांत हुए। देश के इन जाग्रत प्रहरियों को अभिवादन कर 'रणक्लांत नहओँ' शीर्षक गीत में भूपेन हाजरिका लिखते हैं–

'रणक्लांत नहओँ सेइ मुहूर्त्तलै
यि मुहूर्त्तते मोर सीमांतते
शेष शत्रु दैत्यटिर नहय मरण।
रणक्लांत नहओँ।'[29]

अर्थात्, भारतवर्ष की सीमान्त के सभी शत्रुओं का जब तक निधन नहीं हो जाता तब तक नहीं थकूँगा।

इस प्रकार भूपेन हाजरिका के गीतों में भारत तथा इसके प्रान्त असम को लेकर उनकी जातीय चेतना की धारा समानान्तर प्रवाहित होती है। दरअसल स्वतन्त्र

भारत विभिन्न भाषा-भाषी कई प्रान्तों का एक महासंघ है। लोगों की सांस्कृतिक और भाषिक वैविध्य के बावजूद सब मिलकर एक गणतन्त्र का निर्माण करते हैं। विविधता में एकता भारतवर्ष की ख़ासियत है। ऐसी एकता की स्थिति में राष्ट्रीयता को जातीयता से पूर्ण रूप से पृथक कर पाना सम्भव नहीं है। दरअसल भारत की राष्ट्रीयता यहाँ के भिन्न भाषिक एवं सांस्कृतिक जातीयता के सह-अस्तित्व का परिणाम है। ऐसी स्थिति में किसी व्यक्ति द्वारा जातीयता के सन्दर्भ में किया गया योगदान दरअसल में राष्ट्रीयता के प्रति योगदान है। भूपेन हाजरिका के गीतों में प्रवाहित जातीय चेतना की धारा इसका सबसे सशक्त उदाहरण है।

सन्दर्भ-सूची

1. भूपेन हाजरीकार गीत समग्र-सम्पा. सूर्य हाजरिका, पृष्ठ संख्या- 81
2. वही, 4
3. वही, 65
4. वही, 176
5. वही, 34
6. वही, 352
7. वही, 389
8. वही, 389
9. वही, 350
10. वही, 74-75
11. वही, 451
12. वही, 455
13. वही, 476
14. वही, 462-463
15. वही, 315
16. वही, 354
17. वही, 53
18. वही, 46
19. वही, 81
20. वही, 82
21. वही, 82

22. वही, 1
23. वही, 42
24. वही, 423
25. वही, 460-461
26. वही, 26
27. वही, 26
28. वही, 6-7
29. वही, 428

ग्रन्थ-सूची

1. कुमार, थानेश्वर, सम्पा. *डॉ. भूपेन हाजरिकार गीत आरु किछु कथा.* गौहाटी: अशोक बुक ष्टल, 2011.
2. दत्त, दिलीप कुमार. *भूपेन हाजरिकार गीत आरु जीवन रथ* . गौहाटी : बनलता, 1981 .
3. हाजरिका, सूर्य, सम्पा. *डॉ. भूपेन हाजरिकार गीत समग्र.* चतुर्थ. गौहाटी: एच.एच.शैक्षिक न्यास, 2015.

प्रगतिशील कलाकार डॉ. भूपेन हाजरिका के गीतों में अनुगुंजित क्रान्तिकारी चेतना

पूजा शर्मा

असम तथा पूर्वोत्तर भारत के सांस्कृतिक आकाश के जाज्वल्यमान नक्षत्र, प्रगतिशील कलाकार डॉ. भूपेन हाजरिका (ई. 1926–ई. 2011) एक ऐसे युगान्तरकारी व्यक्तित्व हैं जिनकी अमर सृष्टि-सर्जना में विश्व-मानस को रचनात्मक चिन्तन की अविचल धारा प्राप्त हुई। बरगीत के गायक-गायिका नीलकान्त हाजरिका और शान्तिप्रिया हाजरिका के ज्येष्ठ पुत्र डॉ. भूपेन हाजरिका को बचपन से ही वैष्णव सांस्कृतिक परिवेश प्राप्त हुआ और स्वर-सुर-संगीत के प्रति उनका रुझान बढ़ता गया। उनका बहुरंगी व्यक्तित्व एक ही साथ गायक, गीतकार, संगीत-निर्देशक, गीति-कवि, फ़िल्म-निर्माता-निर्देशक, साहित्यकार, पत्रिका-सम्पादक, अध्यापक, राजनीतिविद, मानव-प्रेमी आदि वैविध्यपूर्ण आयामों से युक्त है। इन्द्रधनुषी रंगों से सजे इस व्यक्तित्व का एक प्रमुख पहलू है–'क्रान्तिकारी चेतना से ओत-प्रोत ओजस्वी स्वरूप' जो उनके द्वारा विरचित अधिकांश गीतों में परिव्याप्त है।

'भारत-रत्न' डॉ. हाजरिका का महान व्यक्तित्व एवं उनका अमर कृतित्व सदैव अध्ययन-विश्लेषण का केन्द्र रहा है। उन्होंने विशेषकर अपने विद्रोही गीतों में जन-जागृति, प्रगतिशील जातीयताबोध एवं विश्व-मानवताबोध का समर्थन तथा जाति-वर्ग वैषम्य, रूढ़ रीति-नीति-नियमों का विरोध जिस प्रखर ओजस्वी स्वर में किया उससे जन-गण को राष्ट्रीय चेतना एवं जीवन-संग्राम की प्रेरणा प्राप्त हुई। उनके विद्रोही गीत एक ओर अगर जन-मानस को प्रतिकूलताओं-भरे परिवेश का साक्षात्कार कराते हैं, तो दूसरी ओर उसका अतिक्रमण कर जीवन जीने का रास्ता भी दिखाते हैं। इस सन्दर्भ में चिन्तनशील लेखक मुनीन बायन द्वारा 'भूपेन हाजरिका' शीर्षक लेख में प्रस्तुत कथन अवलोकनीय है–

'भूपेन हाजरिकार महत्व एइखिनिते ये तेआँर अलेख गीते येनेकै बर असमर नाना जाति-उपजातिर साधारण लोकर जीवनक स्मरणीय करिछे, तेनेदरे तेआँर गीते साधारण श्रोताक दान करिछे जीवन आरु जगत सम्पर्के नतुन एक मानवीय आरु संग्रामी चेतना। तेआँर गीतत जीवन-संग्रामे कातर करि पेलोवा दुर्भागार कथा येनेकै आछे, तेनेकै आछे ताक अतिक्रम करि भविष्यतले धियाब परा आन एछाम मानुहर कथा। सबातोकै डाङर कथा भूपेन हाजरिका निजेइ सेइ मानुहजन।'[1]

(यानी, भूपेन हाजरिका का महत्व इसी में है कि उनके असंख्य गीतों ने जिस प्रकार विशाल असम की नाना जाति-उपजाति के सर्वसाधारण लोगों के जीवन को स्मरणीय बनाया है, ठीक उसी प्रकार उनके गीतों ने सामान्य श्रोताओं को दी है–जीवन एवं जगत् के सम्बन्ध में एक नूतन मानवीय और क्रान्तिकारी चेतना। उनके गीतों में एक तरफ़ जहाँ जीवन-संघर्ष से थके-हारे अभागों की बात है, तो दूसरी तरफ़ इन सभी को पार करके भविष्य की ओर बढ़ने वाले अन्य एक समूह के लोगों की कहानी भी है। सबसे बड़ी बात तो यही है कि स्वयं भूपेन हाजरिका ही वह व्यक्ति हैं।)

आज का युग भौतिकवादिता, स्वार्थपरता, भ्रष्टाचार और संत्रास के दलदल में धंसा चला जा रहा है। आधुनिक मानव आज स्वदेश एवं स्वजातीय प्रेम की धारा से कटता चला जा रहा है। ऐसी विडम्बनापूर्ण परिस्थिति में डॉ. हाजरिका के गीतों में प्रतिध्वनित क्रान्तिकारी चेतना निश्चय ही जन-मानस को समय-समय पर आलोड़ित एवं आन्दोलित करती रही है। भारतीय एवं असमीया जन-मानस में 'जननी-जन्मभूमि' के प्रति गौरव-भाव जगाने तथा समाज की नकारात्मक शक्तियों के प्रति विद्रोह की ज्वाला भड़काने के कारण इस महान कलाकार के क्रान्तिकारी चेतना-संपृक्त गीतों का महत्व अपरिसीम है।

क्रान्ति, क्रान्तिकारिता एवं क्रान्तिकारी चेतना

क्रान्तिकारी चेतना के बीज-शब्द 'क्रान्ति' का तात्पर्य है–बहुत भारी परिवर्तन अथवा उलट-फेर जिससे स्थिति का स्वरूप बिलकुल बदल जाता है। इस प्रकार के परिवर्तन की कामना करने वाले या उसका समर्थन करने वाले क्रान्तिकारी विचार-सम्पन्न (Revolutionary) कहलाते हैं। स्वाधीनता-आन्दोलन की परिस्थितियों के बीच जन्मे डॉ. भूपेन हाजरिका भी बचपन से ही क्रान्तिकारी विचारों से उद्वेलित रहे और आगे चलकर यही विचारधारा अनेक कारकों के योग से सम्पुष्ट होकर उनके

गीतों का केन्द्रीय विषय बन गयी। मातृभूमि के प्रति सम्मान एवं शोषण-उत्पीड़न-दमन के विरुद्ध विद्रोह उनकी क्रान्तिकारी चेतना के ही स्वतः स्फूर्त परिणाम हैं।

डॉ. भूपेन हाजरिका की क्रान्तिकारी चेतना के प्रेरक-तत्व

क्रान्तिकारिता को जीने वाले डॉ. हाजरिका की विद्रोही चेतना के उत्स में अनेक तत्वों का योग रहा है। ई. 1926 से ई. 1947 तक परिव्याप्त स्वतन्त्रता आन्दोलन की आक्रामक गतिविधियों ने डॉ. हाजरिका के जीवन के प्रथम दो दशकों को अग्नियुग के रूप में परिणत कर दिया था; फलतः उनका सृजनशील मानस क्रान्तिकारी उर्मियों से प्रबुद्ध होकर वाणी व सुर का रूप लेने लगा। चिन्तक-विचारक डॉ. अरूप कुमार दत्त ने इस सम्बन्ध में अपने लेख 'Renaissance man' में डॉ. हाजरिका के कथन का उल्लेख करते हुए लिखा है–

'A fire had burnt in me since childhood', Bhupen wrote in his autobiography, 'to change society…that fire is still burning. I was greatly influenced by Sankardeva. The first lyric I ever wrote was for him. It expressed juvenile anguish at the hatred and violence in society, as also the desire to guide it towards love and brotherhood.'[2]

(यानी, 'बचपन में ही मेरे भीतर एक अग्निशिखा भड़क उठी थी', अपनी आत्मकथा में भूपेन ने लिखा था। 'समाज को बदलने के लिए…वह अग्निशिखा आज भी प्रज्ज्वलित है। मैं शंकरदेव से बहुत अधिक प्रभावित था। मैंने अपनी पहली गीति-कविता उन्हीं पर लिखी थी। उस गीत ने समाज में व्याप्त घृणा और विद्वेष के प्रति कैशोर-क्षोभ प्रकट करने के साथ ही समाज को प्रेम व भ्रातृत्वबोध की ओर ले जाने की आकांक्षा को भी अभिव्यक्त किया था।')

अन्यत्र स्वयं डॉ. हाजरिका ने लिखा है–

'कार्ल मार्क्स, महात्मा गांधी एफाले–आनफाले असमर शंकरदेव, ज्योतिप्रसाद, विष्णुराभार प्रभावर कोनोबा एटा मिलनबिन्दुत थिय हब खोजे मोर यौबन। मोर मनर सकलो कोठार खिरिकी खोला।'[3]

(यानी–कार्ल मार्क्स, महात्मा गांधी एक तरफ़ और दूसरी तरफ़ असम के शंकरदेव, ज्योतिप्रसाद, विष्णुराभा के प्रभाव के किसी मिलन-बिन्दु पर ठहरना चाहता है मेरा यौवन। मेरे मन के सभी कक्षों की खिड़कियाँ खुली हुई हैं।)

उनका दूसरा गीत 'अग्नियुगर फिरिङति मइ' (ई. 1939) अपनी प्रचण्ड शक्ति एवं ओजस्विता के कारण उनकी इस क्रान्तिकारिता का बीजांकुर बना।

देशभक्त तरुणराम फुकन, क्रान्तिवीर 'कलागुरु' विष्णुप्रसाद राभा, 'अमर शिल्पी' ज्योतिप्रसाद आगरवाला, 'नटसूर्य' फनी शर्मा, विश्व-प्रसिद्ध गण-कलाकार पॉल रबसन–जैसे असाधारण गुण-सम्पन्न व्यक्तियों के सान्निध्य में डॉ. हाजरिका का क्रान्तिकारी हृदय प्रज्ज्वलित एवं प्रदीप्त होता गया और वे असहयोग आन्दोलन में अपनी वैचारिक भागीदारी निभाने में समर्थ हुए। विचारक डॉ. अरूप कुमार दत्त ने अपने लेख 'Renaissance man' में अफ्रीकन-अमेरीकन गायक पॉल रबसन के सम्बन्ध में डॉ. भूपेन हज़ारिका के कथन का उल्लेख करते हुए लिखा है–

'He was a social singer with the power to change', Bhupen later wrote, 'Like Jyotiprasad and Bishnu Kokaideu (brother), he was responsible for moulding my philosophy of action. I too wanted to be a singer with the power to change society.'[4]

(यानी, 'वे परिवर्तन लाने में समर्थ जन-कलाकार थे', भूपेन आगे लिखते हैं, 'ज्योतिप्रसाद और विष्णु 'कोकाइडेउ' (भाईसाहब) की तरह, वे भी मेरे कर्म-सिद्धान्त को गढ़ने में ज़िम्मेदार रहे। मैं भी समाज को बदलने की क्षमता रखने वाला गायक बनने की चाहत रखने लगा था।)

वस्तुतः भूपेन हज़ारिका के चिन्तन-मनन की तह में शंकरदेव, ज्योतिप्रसाद आगरवाला और विष्णुप्रसाद राभा का प्रभाव पूरी तरह व्याप्त था। इन लोगों से ही उन्हें सामाजिक उत्तरदायित्व का आदर्श उत्तराधिकार-रूपेण प्राप्त हुआ। ज्योतिप्रसाद आगरवाला ने उनमें रागात्मक-तत्व एवं सौन्दर्य-बोध का बीजारोपन किया जो आगे चलकर उनके अधिकांश गीतों, गीति-कविताओं तथा चलचित्र-निर्मितियों का आधारभूत-तत्व बना। वहीं दूसरी ओर, विष्णुप्रसाद राभा ने युवक भूपेन की क्रान्तिकारी मनोवृत्तियों को रूप दिया और साधारण जन के प्रति उनके हृदय में जागृत प्रेम एवं स्नेह को और अधिक घनीभूत किया, जिसके फलस्वरूप भूपेन हाजरिका कालान्तर में जन-कलाकार बनकर उभरे। कार्ल मार्क्स के दर्शन एवं पॉल रबसन के सान्निध्य में वह समंजित प्रभाव और भी दृढ़तर होता गया। इस सन्दर्भ में यह भी ध्यातव्य है कि डॉ. हाजरिका के जीवन के सर्वाधिक उर्वर कालखण्ड में उनकी प्रखर दीप्त प्रतिभा जिस वेगवती धारा-रूप में प्रवाहित हुई उसमें तत्कालीन राजनीतिक चेतना-सम्पन्न भारतीय गणनाट्य संघ (I.P.T.A.) का प्रभाव विलक्षणीय था। इस प्रकार वैचारिक धरातल पर स्थित उनकी क्रान्तिकारी मनोवृत्ति के पीछे न केवल तत्कालीन औपनिवेशिक शोषण-शासन का ही हाथ रहा, वरन् क्रान्तिवीरों और क्रान्तिकारी संगठनों का सान्निध्य एवं सहयोग भी प्रेरक कारक बना।

डॉ. भूपेन हाजरिका के गीतों में अनुगुंजित क्रान्तिकारी चेतना के विविध पहलू

जनता के गायक डॉ. भूपेन हाजरिका ने न केवल क्रान्ति को वाणी एवं सुर का परिधान पहनाया, बल्कि अपने जीवन में भी इसकी शिखा प्रज्ज्वलित करके मिसाल कायम की। लीक से हटकर चलने वाले इस 'मुक्तिकामी कलाकार' के जीवन में ही ऐसे अनेकानेक प्रसंग हैं, जैसे–गौहाटी विश्वविद्यालय के अध्यापक पद से इस्तीफा, क्रान्तिकारी आन्दोलनों में वैचारिक भागीदारी, विवाह-प्रसंग, इत्यादि–जो उनके विद्रोही हृदय के परिचायक हैं। अपने गीतों में भी उन्होंने अपनी इसी प्रवृत्ति को आवाज़ दी है–

'नियम भङार नियम इ ये
नियमाकांक्षी बाटर
कोमल आघात प्रति आघात
नीला निशार नाटर'[5]
(यानी, नियम तोड़ने का नियम ये जो
नियमाकांक्षी राह के
कोमल घात-प्रतिघात के
नीले निशा-नाट के)

वास्तव में, डॉ. हाजरिका अग्नियुग की ज्वलंत शिखा थे जिन्होंने प्रखर ओजस्वी तान छेड़कर सुप्त जन-मानस में जातीय संस्कारों की चेतना जगायी। इस सन्दर्भ में विचारक लोकनाथ गोस्वामी ने अपने लेख 'गणनाट्य युगर अक्लांत शिल्पीसेनागराकी' में सटीक टिप्पणी करते हुए लिखा है–

'भूपेन हाजरिका बुलिलेइ यिखन छबि एटियाओ ठाउकते आमार चकुत भाहि उठे, सेइजन हॅल गणनाट्य युगर भूपेन हाजरिका–पंचाशर दशकर 'एराबाटर सुर' बोटला भूपेन हाजरिका–पानेइ, पोनार गान गोवा भूपेन हाजरिका–असाधारण त्याग आरु संग्रामर रणुवा शिल्पी भूपेन हाजरिका। भूपेन हाजरिका दराचलते गणनाट्य युगर जुये पोरा सोण।'[6]

(यानी, भूपेन हाजरिका कहने से ही जो छवि तुरन्त ही हमारी आँखों के सामने उभरती है, वे ही हैं गणनाट्य युग के भूपेन हाजरिका–पचास के दशक में 'एराबाटर-सुर' चलचित्र के ज़रिये छोड़ी हुई राहों के सुरों को इकट्ठा करने वाले भूपेन हाजरिका–पानेइ, पोना के गीत गाने वाले भूपेन हाजरिका–असाधारण त्याग और संग्राम के सैनिक कलाकार भूपेन हाजरिका। वास्तव में, भूपेन हाजरिका हैं गणनाट्य युग की अग्नि से तपाये जाने वाले स्वर्ण।)

उनके गीतों में उनका यही दृढ़ विद्रोही स्वर पल्लवित एवं फलीभूत होता हुआ दृष्टिगोचर होता है। आगे उनकी क्रान्तिकारी चेतना को निम्नांकित पहलुओं के अन्तर्गत विश्लेषित किया जा रहा है।

अन्यायी, अत्याचारी, भ्रष्टाचारी शोषक वर्ग के प्रति विद्रोह

डॉ. हाजरिका ने अपने गीतों के माध्यम से स्वदेश के जातीय जीवन के मर्म को पहचानने का प्रयास किया है। ब्रिटिश शासन के अन्याय-अत्याचार के विरुद्ध विभिन्न प्रदेशों के कवि-गीतकारों ने स्वरोद्घोष किया था। बंगदेश के प्रसिद्ध विद्रोही गीतकार नज़रुल इस्लाम ने 'अग्निवीणा' में प्रखर स्वर झंकृत कर अपने विद्रोह को वाणी देते हुए कहा था–

'आमि विद्रोह करेछि–विद्रोहर गान गेयेछि अन्यायेर विरुद्धे; अत्याचारेर विरुद्धे–या मिथ्या, कलुषित, पुरातन-पचा। सेइ मिथ्या सनातनेर विरुद्धे, धर्मेर नामे भंडामि उ कुसंस्कारेर विरुद्धे।'[7]

(यानी–हमने विद्रोह किया है, अन्याय के विरुद्ध विद्रोह के गीत गाये हैं, अत्याचार के विरुद्ध–उन सबके विरुद्ध जो असत्य, कलुषित, जीर्ण-शीर्ण पुरातन हैं। उस मिथ्या सनातन के विरुद्ध, धर्म के नाम पर मिथ्यात्व एवं कुसंस्कार के प्रचार के विरुद्ध।)

उन्हीं की तरह असम के विप्लवी कवि 'रूपकोँवर' ज्योतिप्रसाद आगरवाला ने 'लुइतपारर अग्निसुर' गीत की रचना कर स्वदेशप्रेमियों के हृदय में विद्रोह की ज्वाला भड़कायी थी, यथा–

'लुइतर पाररे अग्निसुर
तोके लिखि गालो तेज़रे मोर
लुइतर पाररे अग्निसुर।
तोके रचि दिलौँ
व्यथा वेदनारे
करि दिलौँ तोक
मोरे हृदयरे अग्निशिखारे पूर।...'[8]
(यानी, लोहित-किनारे के अग्निसुर !
तुझे बनाकर गाया अपने लहू से
लोहित-किनारे के अग्निसुर !

तुझे बनाकर
भर दिया व्यथा से
कर दिया तुझे
अपने हृदय की अग्निशिखा से पूर्ण।...)

क्रान्तिवीर 'कलागुरु' विष्णुप्रसाद राभा ने भी शोषक-त्रासक के विरुद्ध जनता में जागृति फैलाने हेतु 'अग्निशिखा' का प्रखर-प्रभावपूर्ण प्रयोग अपने गीतों में किया था, यथा–

'हेरॅ हेरॅ' अग्नियुगर
रङा फिरिङति शिखा
ज्वल् ज्वल् उठ् उठ् आन काढ़ि
रक्त चन्द्र कला रेखा..."[9]
(यानी,अरी ओ, अग्नियुग की
लाल लाल चिनगारी !
जल, उठ, ला छीनकर
रक्तिम चन्द्र की रेखा काली।)

अपने कर्म-गुरुओं एवं प्रेरणादाताओं के प्रभाव से आलोड़ित भूपेन हाजरिका ने तेरह वर्ष की आयु में सन् 1939 में 'अग्नियुगर फिरिङति मइ' शीर्षक गीत की रचना कर नवीन समाज के निर्माण का आगाज़ किया था। समाज-विरोधी भ्रष्टाचारी शोषकों के अत्याचार एवं उत्पीड़न के विरुद्ध आवाज़ उठाते हुए उन्होंने इस गीत में न सिर्फ़ उस आततायी वर्ग को फटकारा है, बल्कि शोषित जनमानस को शोषण के ख़िलाफ़ हथियार उठाने की भी प्रेरणा दी है, यथा–

'अग्नियुगर फिरिङति मइ
नतुन असम गढ़िम।
सर्वहारार सर्वस्व पुनर फिराइ आनिम
नतुन असम गढ़िम।
नरकंकालर अस्त्र साजि
शोषणकारीक बधिम।
सर्वहारार सर्वस्व पुनर फिराइ आनिम।'[10]
(यानी,अग्नियुग की चिनगारी हूँ मैं
नया असम बनाऊँगा।

सर्वहारा का सर्वस्व पुनः वापस लाऊँगा
नया असम बनाऊँगा।
नरकंकाल से शस्त्र बनाकर
शोषकों का बध करूँगा।
सर्वहारा का सर्वस्व पुनः वापस लाऊँगा।)

इस सन्दर्भ में चिन्तक थानेश्वर कुमार ने अपने लेख 'अग्नियुगर फिरिङति मइ' में आलोच्य गीत के प्रसंग में अपने विचार रखते हुए डॉ. हाजरिका की विद्रोहधर्मिता के मानवीय पक्ष को उजागर किया है–

'डॉ. भूपेन हाजरिका मानबताबादी कबि गीतकार। सेये तेओँ समाजर शोषणकारीहँतक बिनाश करिबलै बंदुक बा आणबिक-पारमाणबिक अस्त्रर प्रयोजनबोध करा नाइ। नरकंकालर अस्त्र हे बिसारिछे। बैप्लबिक अर्थत नरकंकालर अस्त्र, शोषणकारीहँतले एक चरम घृणा आरु अपमान। महापुरुष शंकरदेवेओ एदिन अत्याचारी, निधनकारीहँतक सावधान करि दिबलै 'राम' नामर अस्त्र गानत प्रयोग करिछिल। सेइ कालजयी गीतटि आछिल 'शुन शुन रे सुर बैरी प्रमाणा/निशाचर नाश निदाना/रामनाम जम समरक साजि समदले कयलि पयाना।'[11]

(यानी, डॉ. भूपेन हाजरिका मानवतावादी कवि-गीतकार हैं। इसीलिए समाज के शोषणकारियों का विनाश करने के लिए उन्होंने बन्दूक या आणविक-पारमानविक अस्त्रों के प्रयोजन का अनुभव नहीं किया है। उन्होंने तो नरकंकाल से निर्मित अस्त्रों की बात की है। क्रान्तिकारिता के सन्दर्भ में नरकंकाल से निर्मित अस्त्र शोषणकारियों के प्रति चरम घृणा और अपमान का सूचक है। महापुरुष शंकरदेव ने भी एक दिन अत्याचारी आततायियों को चेतावनी देने हेतु 'राम'-नाम के अस्त्र का गीत में प्रयोग किया था। वह कालजयी गीत था–'शुन शुन रे सुर बैरी प्रमाणा/निशाचर नाश निदाना /रामनाम जम समरक साजि समदले कयलि पयाना'।)

सर्वसाधारण जनता द्वारा असाधारण शक्ति के साथ शोषक-वर्ग के शोषण का विध्वंस कर नित नये समर छेड़ने का स्वप्न देखते हुए डॉ. भूपेन हाजरिका ने गाया है–

'अमित संकल्प प्रतिरोधर पदाघाते
पाशविकतार दंभर
अकाल मृत्यु माते।
सुदूर प्रसारी

मानब सभ्यताइ
प्रति मानबर आग्नेयगिरि आत्माइ
नव बिप्लब निते गढ़े
प्रचण्ड अग्निपिण्ड ज्वालामयी हइ उरे,
सेये उरे।'[12]
(यानी, अमित संकल्प के प्रतिरोध के पदाघात
पशुता के दम्भ की
अकाल मृत्यु बुलाए।
दूर-दूर तक फैली
मानव सभ्यता
प्रत्येक जन की उद्दीप्त आत्मा
नूतन क्रान्ति रोज लाये
प्रचण्ड अग्निपिण्ड ज्वालामय बनकर उड़े,
वही जो उड़े।)

गणनाट्य-युग के अक्लांत सैनिक डॉ. हाजरिका ने नकारात्मक शक्तियों द्वारा घिरे समाज की मुक्ति एवं प्रगति की वकालत की है। लघु श्रमजीवी मनुष्यों की 'मदार' (मंदार) के साथ तुलना कर उनके द्वारा विराट् परिवर्तन साधित करने की कामना करते हुए उन्होंने लिखा है–

'मदारर फूल हेनो पूजातो नेलागे
मदारर फूल हेनो सबाहत नेलागे,
लागे पिछे बहागते रंग सानिबले,
लागे पिछे आकाशत जुइ जलाबले।

....
सँचा सरु मानुह यदि
रङा मदार हय
मदारर शिखा यदि
हाते हाते लय
तेतियाहे समाज-आकाश ज्योतिरे भरिब
ज्योति लागे एंधारके नाश करिबले।'[13]
(यानी, मंदार का फूल पूजा में न काम आये

मंदार का फूल त्योहार में न काम आये,
आये काम बैसाख में रंग भरने में,
आये काम आकाश को प्रदीप्त करने में।

....

सच्चे लघु मानव अगर
लाल मंदार होंगे
मंदार-रूपी मशाल अगर
हाथों में लेंगे
तभी समाज-रूपी आकाश ज्योति से भरेगा
काम आये ज्योति अन्धकार मिटाने में।)

इस गीत के सन्दर्भ में थानेश्वर कुमार ने अपने लेख 'मदाररे फुल हेनो पूजातो नेलागे' में बड़ी सटीक टिप्पणी की है–

'तेआँर 'मदाररे फुल हेनो पूजातो नेलागे' गीतटोवे एहाते तेआँर शिल्पी प्राणक अधिक संयमी आरु शक्तिवान करि तुलिछे, आनहाते समाजर सरु अथच सचा शिल्पीखिनिको 'आगबाढ़ आगबाढ़' एइ मंत्ररे आगुवान हबले अनुप्राणित करिछे।'[14]

(यानी, 'मदाररे फुल हेनो पूजातो नेलागे' शीर्षक गीत ने एक तरफ़ जहाँ उनके शिल्पी मानस को अधिक संयमी और शक्तिशाली बना दिया है, वहीं दूसरी तरफ़ समाज के लघु परन्तु सच्चे कलाकारों को 'आगे बढ़ो, आगे बढ़ो' मन्त्र के साथ सदा अग्रसर होने हेतु अनुप्रेरित भी किया है।)

डॉ. हाजरिका के गीतों में अनुगुंजित शोषक-वर्ग के प्रति तीव्र आक्रोश के भावों के कारण उनके विरुद्ध शीतल आक्रमण की लहर भी दौड़ पड़ी थी, पर उन सबकी परवाह किये बिना वे अपनी विद्रोही तान छेड़ने में मदमस्त रहे। पुत्रशोक-सन्तप्ता पानेइ के विक्षुब्ध शब्दों में क्रान्ति की हुंकार भरते हुए अमर कलाकार डॉ. हाजरिका ने लिखा है–

'बर बर मानुहर भँरालर परा मइ
काढ़ि आनि फल दिम

....

भोकत शुकाब मन्त्री रजा
आरु यत आछे
चोर महारजा।'[15]

(बड़े-बड़े लोगों के भण्डार से
छीनकर फल ला दूँगी
....
सूख जायेंगे भूख से मन्त्री और राजा और जितने भी हैं
चोर-महाराजा।)

महापुरुष श्रीमन्त शंकरदेव, विष्णुप्रसाद राभा, ज्योतिप्रसाद आगरवाला जैसे युगान्तरकारी व्यक्तियों के प्रभाव से अनुप्रेरित डॉ. हाजरिका ने उनकी परम्परा को आगे बढ़ाते हुए ओजस्वी कण्ठ में समाजविरोधी अत्याचारी नेताओं को नेस्तनाबूद करने के लिए जनता का आह्वान् किया है–'राम' की भारतभूमि में निवास कर रहे रावण-रूपी शोषक-असुरों का संहार करते हुए अगर प्राण भी चले जाये तब भी अब पीछे नहीं हटना है, यथा–

'आह्
आह्
ओलाइ आह्
सजाग जनता–
आह्
आह्
ओलाइ आह्
पोहर आनोता
रामरे देशते थका रावण बधोते
याय जदि याय जीवनटो याक।'[16]
(यानी, आओ
आओ
निकल आओ
जागरूक जनगणों–
आओ
आओ
निकल आओ
ज्योति के आवाहकों

राम के देश में निवास करने वाले रावण का बध करते हुए
अगर यह जीवन चला जाये तो चला भी जाये।)

दीन-हीन, असहाय, शोषित श्रमजीवी वर्ग के प्रति सहानुभूति

डॉ. हाजरिका के अनेकानेक गीतों में शोषित एवं प्रताड़ित जनता की दु:ख-व्यथा की अनुगूंज प्राप्त होती है। समूची पीड़ित जनता की असह्य वेदना को आत्मसात कर उनसे सहानुभूति रखने में कार्ल मार्क्स की विचारधारा का व्यापक प्रभाव उन पर परिलक्षित किया जा सकता है। वे केवल इस प्रताड़ित जनता के गायक ही नहीं हैं, बल्कि उनकी अवरुद्ध चेतनाओं, उर्मियों एवं क्षोभ-व्यथाओं के संवाहक भी हैं, यथा–

'शीतरे सेमेका राति
सेमेका शीतरे राति
बस्त्रबिहीन कोनो खेतियकर
भागि परा पँजातिर
तुँह जुइ एकुरार
उमि उमि ज्वलि थका
रक्तिम येन एटि उत्ताप हओँ।
....
शीतरे सेमेका राति
कण्ठरुद्ध कोनो सुगायकर
प्रभात आनिब परा
अथछ नोगोवा
एटि अमर गीतर बाबे
मइ येन एटि सुधा कण्ठ हओँ।'[17]
(यानी,शीत की भीगी रात
भींगे शीत की रात
वस्त्रविहीन किसी किसान की
टूटी झोपड़ी के
अलाव की आग की
दहक-दहक कर जलने वाले

लाल रंग की तपीश बनूँ।
शीत की भीगी रात
कण्ठरुद्ध किसी सुगायक के
प्रभात लाने वाले
पर गाए न गये
एक अमर गीत के लिए
मैं एक सुधा-कण्ठ बनूँ।)

प्रगतिशील कलाकार डॉ. हाजरिका इस शोषित वर्ग के प्रति सदैव सहृदय रहे हैं। सामन्त-युग का शोषण-अत्याचार युगोपरान्त विद्यमान है, केवल उसके रूप में किंचित परिवर्तन आ गया है। आज भी साधारण जन पूँजीपतियों के शोषण का भार वाहन करता हुआ मानो चल रहा है। प्रत्येक मानव-हृदय में आत्म-सम्मान की भावना जागृत होना परमावश्यक है। लेकिन पूँजीपतियों की सेवा का उचित प्रतिदान 'डोला' उठाने वाले साधारण जन प्राप्त नहीं कर पाते। उनकी इस श्रम-व्यथा को देखकर सहृदयी डॉ. हाजरिका का मन मदमत्त उच्च वर्गाधिकारियों के प्रति विद्रोह कर उठता है–

'हे दोला हे दोला हे दोला हे दोला
एका बेका बाटेरे कढ़ियाओं कढ़ियाओं
बर बर मानुहर दोला
हे दोला...

....
युगे युगे जापि दिये मेटमरा बोजाटि
कान्ध भाङो भाङो करे, हे करे
बर बर मानुहे दोलात टोपोनियाय
आमारहे घामबोर सरे ॲ सरे।'[18]
(यानी, हे डोला हे डोला हे डोला हे डोला
टेढ़े-मेढ़े रास्ते से ले चलते हैं
बड़े-बड़े लोगों का डोला
हे डोला...

....
युग-युगों से भारी बोझ डाले
कन्धे टूटने को आये, ओ आये

बड़े-बड़े लोग डोले में ऊँघें
हमारे पसीने छूटे, ओ छूटे।)

फिर कभी उनका विद्रोही मन असहाय 'पानेय' की विद्रोही चेतना में अन्तर्ध्वनित हो हज़ारों-लाखों 'पोनाटि' की अकाल मृत्यु पर चीत्कार कर उठता है, यथा–

'बिद्रोही पानेये नतुन आशा लै
श श पानेइर बाटटि लॅलेगै
पृथिवी उठिले कँपि
हेजार पानेये चिआँरि उठिले
आकाशत सुरुये रङाकै आँकिले
न समाजरे छबि'[19]
(यानी,
विद्रोही पानेय नवीन आशा लेकर
सौ-सौ पानेइ के पथ पर चल पड़ी
पृथ्वी काँप उठी,
हज़ारों पानेय चीत्कार कर उठीं
आकाश में सूरज ने लाल रंग से बना दी
नूतन समाज की छवि।)

शोषित व पीड़ित श्रमजीवी जन-मानस की हृदयविदारक छवि अंकित करते हुए उनमें विद्रोह की ज्वाला प्रज्ज्वलित करने, उनकी चेतना को आन्दोलित करने के लिए जिस प्रकार अमर शिल्पी ज्योतिप्रसाद आगरवाला और बंगदेश के नज़रुल इस्लाम तत्पर थे, उसी प्रकार डॉ. हज़ारिका का कण्ठ भी प्रचण्ड स्वरों से प्रयत्नबद्ध है–

'भाङ शिल भाङ
भाङ भाङ भाङ शिल भाङोता
तोर घाम भरा नङठा पिठि तपत रँदत याय फाटि
कोमल भरिर तलुवात ज्वले तपत रङा रङा माटि
तथापिओ तोर नाइ गुण गाओँता।'[20]
(यानी,
तोड़
पत्थर तोड़

तोड़ तोड़ तोड़ ओ पत्थर तोड़नेवाले !
पसीने से तर-बतर तेरी नंगी पीठ तप्त गर्मी में फट जाये
कोमल पाँव के तलवे के नीचे लाल-लाल तप्त धरती दहक उठे
फिर भी नहीं हैं तेरे गुण गाने वाले।)

डॉ. हाजरिका के ऐसे गीतों में कहीं-कहीं एक सुप्त आशावाद का स्वर भी घनीभूत होता हुआ दृष्टिगोचर होता है। श्रमिक, मजदूर, ड्राइवर, लाइन्समेन, किरानी जैसे सर्वसाधारण जनों के हक की वकालत करने वाले इस विश्व-विख्यात कलाकार के कण्ठ से साहस-रूपी आशा की मीठी-मधुर वृष्टि भी हुई है जिसमें नवीन समाज-जीवन के प्राण बसे हुए हैं, यथा–

"मेघे गिर् गिर् करे
(आ हा) हिर् हिर् मेघे करे
बा लागि आगलती कलापात लरे
एजाक ये़न बरषुण आहौँ आहौँ करे।
....
बहुतो ये़ घाम सरालो
तेजओ बुकुर बहु दिलो
काचि खनत शान दिलो
साहस भरि परे।"[21]
(यानी,
बादल गरजे बादल गरजे
(आ हा) बादल गरज उठे
हवा से केले के पत्ते झूम उठे
झम-झम बारिश जो आने लगे।
....
बहुत जो पसीने बहाए
बहुत जो लहू लुटाए
हासिए को सान पर चढ़ाए
साहस जो भर उठे।)

जाति-वर्ण-वैभिन्न्यमुक्त साम्य-मैत्री-सद्भाव द्वारा निर्मित समतामूलक सुन्दर समाज की परिकल्पना

मानव-प्रेमी एवं जीवन-प्रेमी डॉ. भूपेन हाजरिका ने अपनी मातृभूमि असम के प्रति निस्वार्थ प्रेम रखते हुए कहा है–

'निजर अंचलक भाल पोवाटो, निजर अंचलर राइजर आशा निराशात आलोक निक्षेप करिले यदि कोनोबाइ संकीर्ण बोले बोलकना !...निजर देश, निजर राज्य, निजर नगर, निजर गाओँखन किछु विशेष धरणे भाल पाले सि दोषनीय बुलि बर्णना करा युक्तिते ये दोष थाकि याय।'[22]

(यानी, अपने अंचल से प्रेम करने, अपने अंचल की जनता की आशा-निराशा में आलोक की किरणें विकीर्ण करने से यदि कोई मुझे संकीर्ण बोलता है तो बेशक बोले ! अपने देश, अपने राज्य, अपने नगर, अपने गाँव से कुछ विशेष ढंग से प्रेम करने को दोषपूर्ण करार देने वाले तर्क में ही वस्तुत: दोष रह जाता है।)

समाज की नकारात्मक शक्तियों का विध्वंस कर जाति-वर्गगत संकीर्णता एवं स्वार्थपरता की जंजीरों से मुक्त होकर एक समतामूलक सुन्दर समाज के निर्माण का स्वप्न देखने वाले इस विश्व-प्रसिद्ध जन-कलाकार ने ओजस्वी तान छेड़ते हुए गाया है–

'झक झक रेल चले मोर
रेल चले मोर रेल चले
साम्य रिङियाइ,
शान्ति उकियाइ रेल चले

....
यन्त्र युगर सुमहान कृष्टिरे
मानुहर मुक्तिर गढ़िम सोपान
नतुनर गति खेदि बाहुवे बाहुवे बंधा,
आकाश परशि योवा
एकतार बांधोनक
रुधिब कोने ?
साम्यर धुमुहाइ ठेले ठेले।'[23]
(यानी,
झक-झक करती चलती रेल मेरी

रेल चलती मेरी रेल चलती
साम्य की बात कहती
शान्ति का उद्घोष करती रेल चलती
....
यन्त्रयुग की महान संस्कृति से
मानव-मुक्ति के सोपान बनायेंगे
नूतन की गति पकड़े बाहु से बाहु बंधे
आकाश को छूने वाले
एकता के बन्धन को
भला कौन तोड़ सकेंगे ?
साम्य की आँधी आगे बढ़ाए।)

शोषित एवं पीड़ित वर्ग के प्रति सहानुभूतिशील डॉ. हाजरिका ने अपने अधिकांश गीतों में जाति-भेद, शोषण-अत्याचार का प्रसंग उठाते हुए इस वर्ग के उत्थान एवं उनमें जागरण संचार करने का प्रयास किया है–

'धान निदिऑं
ऋणो नलऑं
सुद निदिऑं आरु
महाजनर निठुर बुधि सहौं केलेइ बारु ?'[24]
(यानी,
अनाज भी नहीं देंगे
ऋण भी नहीं लेंगे
सूद भी भरेंगे नहीं
महाजन की निष्ठुरता सहूँ क्यों रे ?)

जातिगत संकीर्णता, अंध मानसिकता तथा रंग-भेद के विरुद्ध जिस प्रकार एक समय पॉल रबसन ने सुर-संग्राम किया था, वर्ग-वैषम्य के शिकार मानव-समुदाय का आह्वान कर सबको एकता के बंधन में बाँधने का प्रयास किया था, ठीक उसी प्रकार डॉ. हाजरिका ने भी उन्हीं के स्वरों को अनुगुंजित करते हुए 'आमि एकेखन नावरे यात्री' (हम सब एक ही नाव के यात्री हैं–We are on the same boat brother) द्वारा सांस्कृतिक समन्वय का महान प्रयास किया है। विभिन्न जनजातियों

में आपसी सद्भाव, भाईचारे और मैत्रीपूर्ण सम्बन्ध द्वारा साम्य के स्वर्ग-निर्माण की परिकल्पना करते हुए उन्होंने गाया है–

'हरिजन, पाहारी, हिन्दु, मुस्लिमर
बड़ो, कोच, चुटिया, कछारी, आहोमर
अन्तर भेदि मौ बोवाम
भेदाभेदर प्राचीर भाङि
साम्यर सरग रचिम।'[25]
(यानी,
हरिजन, पहाड़ी, हिन्दू, मुस्लिम के
बड़ो, कोच, चुटिया, कछारी, आहोम के
हृदयों में समाकर सुधाधारा बहाऊँगा
भेदाभेद की दीवार गिराकर
साम्य का स्वर्ग रचूँगा।)

चीन, असम, भाषा आन्दोलन आदि के सम्बन्ध में जनहितकारी प्रतिक्रिया

स्वाधीनता आन्दोलन के दिनों में असम में ज्योतिप्रसाद आगरवाला ने अपने गीतों के माध्यम से विद्रोह की ज्वाला भड़कायी थी–

'नवबिप्लवी कबि जागे
आलोक आशिष जागे
आग्नेयगिरि सम–
भोहारि-बिदारि-भाङि-बिस्फोरि पृथिबिर गर्भ
जागे बिद्रोही करि उद्गारि अगणित अग्नि-स्फुलिंग।'[26]
(यानी,
नवविप्लवी कवि जाग उठे
आलोक आशीष जाग उठे
ज्वालामुखी के समान
पृथ्वी के गर्भ को फोड़के-तोड़के-विदीर्ण करके
जाग उठे विद्रोही अगणित अग्नि-स्फुलिंगों को विस्फोटित करके।)

ठीक इसी प्रकार अग्नियुग की ज्वलंत चिनगारी डॉ. हाजरिका के क्रान्तिकारी मानस पर भी अनेक अशान्त एवं संत्रासपूर्ण घटनावलियों का व्यापक प्रभाव पड़ा। इनमें से 1942 ई. में घटित ऐतिहासिक भारत छोड़ो आन्दोलन, अकाल-प्रभावित बांग्लादेश में हज़ारों की संख्या में लोगों की मृत्यु, असम में कम्यूनिस्त पार्टी की शाखा का गठन, सन् 1944-45 ई. में देश की चरम आर्थिक दुरवस्था, खाद्य-संकट, सन् 1946 ई. में कलकत्ते में हुए साम्प्रदायिक संघर्ष, सन् 1947 ई. में भारत की स्वाधीनता-प्राप्ति के बाद की स्थिति, 1948 ई. में महात्मा गांधी की मृत्यु, भाषा आन्दोलन, 1962 ई. में हुए चीनी आक्रमण, सन् 1979 ई. में आरम्भ होने वाले असम आन्दोलन जैसी घटनाएँ प्रमुख रहीं। इन सभी गतिविधियों के बीच से गुजरने वाले डॉ. हाजरिका ने समय-समय पर अपनी जनहितकारी प्रतिक्रियाएँ दी हैं। भाषा आन्दोलन के समय असमीया भाषा की प्रतिष्ठापना एवं षड्यन्त्रकारी पक्षों के विध्वंस की कामना करते हुए उन्होंने ओजस्वी हुंकार भर गाया है–

'आरु यदि कोनोबाइ उच्चात्मिका मन लै
असमीक जोकाय एबार,
लख्य लख्य नव डेका गाभरुवे
तेज़ दिब रङा कलिजार।'[27]
(यानी,
और अगर किसी ने अहंता-भरे मन से
असमी को छेड़ा एक बार,
लक्ष-लक्ष नव युवक-युवतियाँ
अपना शोणित देकर होंगे कुर्बान।)

असम आन्दोलन के दौरान देशप्रेम के उदात्त स्वर एवं स्वदेश-प्रेम की अमोघ वाणी की उद्घोषणा करते हुए डॉ. भूपेन हाजरिका ने नवीन पीढ़ी का आह्वान किया है कि जब तक इस नश्वर शरीर में प्राण शेष हैं, तब तक मातृभूमि के रक्षार्थ दृढ़प्रतिज्ञ रहेंगे और पाखण्डियों को मृत्यु के घात उतारकर ही दम लेंगे, यथा–

'लुइतपरीया डेका बन्धु
तोमर तुलना नाइ
जीयाइ थकार युँजत नामिछा
मृत्यु शपत खाइ
....

रणक्लान्त नहओँ
सेइ मुहूर्तलै
यि मुहूर्तते
मोर सीमान्तते
शेष शत्रु दैत्यादि
नहय मरण...इत्यादि।'[28]
(यानी,
लोहित-किनारे के युवा-मित्रो !
तुम्हारी तुलना नहीं
जीवित रहने हेतु रण में कूदे हो तुम
खाकर सौगन्ध मृत्यु की।
....
युद्ध में थकूँगा नहीं
उस क्षण तक
जब तक कि
मेरी भूमि की सीमा पर के
अन्तिम शत्रु-दानवादि की
हो न जाये मृत्यु-बर्बादी।)

ठीक उसी प्रकार सन् 1962 में घटित चीनी आक्रमण के समय देशव्यापी संत्रास एवं अन्धकारपूर्ण परिवेश का वर्णन करते हुए डॉ. हाजरिका ने अपने जागृत क्रान्तिकारी शिल्पी मानस का ही परिचय दिया है, यथा–

'देशरे चन्द्रमा
काल एन्धारे आवरे
अगनि कालिका
देह रन्ध्रे-रन्ध्रे चरे'[29]
(देश की चन्द्रमा को
काल अँधियारा रहा है घेर
दहकती आग
शरीर के रोम-रोम में जल उठे।)

चीनी आक्रमण के समय पूर्वोत्तर प्रान्त के बमदिला, कामेंग आदि क्षेत्रों में भय और विध्वंस का वातावरण व्याप्त था। युद्ध के आरम्भ होने के कुछ ही समय पूर्व तत्कालीन प्रधानमन्त्री पं. जवाहरलाल नेहरू ने रेडियो माध्यम से अपनी वाणी प्रसारित कर *'My heart bleeds for the people of Assam'* (असम की जनता के लिए मेरा हृदय रो रहा है) कहकर असमवासियों को चीनी आततायियों के सम्मुख निरस्त्र छोड़ दिया था। उस भीषण विध्वंस और रक्तपात के उपरान्त की परिस्थितियों को चाक्षुष देखने के बाद डॉ. हाजरिका का विक्षुब्ध कवि-हृदय रो उठा और उनके नेत्रों से अश्रुधारा एवं उनके कण्ठ से संगीत-धारा बह निकली, यथा–

'कत जोवानर मृत्यु हॅल
कार जीबन यौबन गॅल
सेइ मृत्यु अपराजेय
तेने मृतक नहॅलौं मइ किय ?
.... ॥
आजि कामेंग सीमान्त देखिलौं
देखि शत्रुर पशुत्व चिनिलौं
आरु मृत मौन शत जोवानले
मोर अश्रु अंजलि याछिलौं।'[30]
(यानी,
कितने ही जवानों की मृत्यु हुई
कितनों के ही जीवन-यौवन गये
वह मृत्यु है अपराजेय
वैसा मृतक क्यों न मैं हुआ ?
....
आज कामेंग-सीमा देखी
देखकर शत्रुओं की पशुता पहचानी
और मृत मौन पड़े उन शत-शत जवानों के प्रति
मेरी अश्रुसिक्त अंजलि अर्पित की।)

इस कालजयी गीत में उन आर्तजनों का आर्तनाद भी मानो मूर्तित हो उठा है जिन्होंने उन शहीद जवानों के रूप में अपने पुत्र, पति, भाई, पिता आदि खोए थे। प्रसंग असम आन्दोलन का हो, तत्कालीन प्रधानमन्त्री इन्दिरा गांधी के सन् 1975

ई. की आपातकालीन घोषणा का हो या 1965 ई. के भारत-पाक् युद्ध का हो–ऐसी अनेकानेक संत्रासपूर्ण स्थितियों के सम्बन्ध में डॉ. हाजरिका कलम और कण्ठ से क्रान्ति एवं क्षोभ के स्वर समय-समय पर गुंजित करते रहे।

समाज में क्रान्तिकारी परिवर्तन लाने हेतु 'लोहित' का आह्वान्

लोहित्य की लाली से घिरे असम की सुयोग्य संतान डॉ. भूपेन हाजरिका ने एक तरफ़ 'जिलिकाब लुइतरे पार' शीर्षक अमर गीत की रचना कर नवीन पीढ़ी को लक्ष्य करते हुए समाज में आमूल-चूल परिवर्तन लाने एवं 'बरलुइत' (विशाल ब्रह्मपुत्र नद) के दोनों किनारों को प्रगति-प्रसिद्धि की जगमगाहट से रोशन करने की बात की है। दूसरी तरफ़ समाज में व्याप्त शोषण, अत्याचार, अशिक्षा, अमानवीय आचरण-रूपी अन्धकार में जकड़े भयाक्रान्त, निर्बल, जड़ जनमानस को 'मुक्तिकामी' बनाने हेतु उन्होंने उसी 'बूढ़े लोहित' का आह्वान् करते हुए गाया भी है–

'बिस्तीर्ण पाररे
असंख्य जनरे
हाहाकार शुनिओ
नि:शब्दे निरबे बुढ़ा लुइत तुमि
बुढ़ा लुइत बोवा किय ?
नैतिकतार स्खलन देखियो
मानबतार पतन देखियो
निर्लज्ज अलस भाबे बोवा किय ?
......
सहस्र बारिषार
उन्मादनार
अभिज्ञतारे
पंगु मानबक
सबल संग्रामी
आरु अग्रगामी
करि नोतोला किय ?'[31]
(यानी,
विस्तृत किनारों में बसे

असंख्य जनगणों के
हाहाकार को सुनकर भी
नि:शब्द नीरव भाव से बूढ़े लोहित तुम
ओ बूढ़े लोहित तुम बहते हो क्यों ?
नैतिकता का स्खलन देखकर भी
मानवता का पतन देखकर भी
निर्लज अलस भाव से बहते हो क्यों ?
....
सहस्त्र बरसातों के
उन्माद के
अनुभव से
पंगु बने मानव को
सबल संग्रामी
और अग्रगामी
बनाते नहीं हो क्यों ?)

असमीया जनगण की जीवन-धारा के साथ अन्योन्याश्रित रूप से सम्बद्ध 'लोहित' को क्रान्ति का प्रतीक बनाते हुए जन-जागृति का यह प्रयास निश्चित रूप से सराहनीय है।

पूर्वोक्त विवेचनोपरान्त निष्कर्ष रूप में यही कहा जा सकता है कि डॉ. भूपेन हाजरिका ने अपने समसामयिक समाज एवं परिवेश से प्राप्त क्रान्तिकारिता को अपने जीवन में जिया भी है और साहित्यिक सरसता, तान एवं लय के साथ उसे गीतों के माध्यम से जनगण तक पहुँचाया भी है। उनकी यह क्रान्तिकारी चेतना उनके व्यक्तित्व के आन्तरिक और बाह्य दोनों रूपों में झलकती है। उन्होंने अपने विद्रोही गीतों में राजनीतिक, सामाजिक-सांस्कृतिक, आर्थिक, भाषिक सभी स्तरों पर क्रान्ति की वकालत करते हुए शोषकों-त्रासकों को फटकारा है और शोषितों-त्रासितों को जीवन-संग्राम में डटकर खड़े रहने का साहस प्रदान किया है। उनकी इस चेतना में कहीं भी नकारात्मक विरोध-विद्रोह का भाव नहीं है, बल्कि यह सकारात्मकता, रचनात्मकता, नव-निर्माण और व्यापक मानव-कल्याण की भावना से ओत-प्रोत है।

'संग्राम को जीवन का पर्याय' मानने वाले विश्व-प्रसिद्ध कलाकार डॉ. हाजरिका ने अपने गीतों में समाज की नकारात्मक शक्तियों से आक्रान्त दीन-हीन,

असहाय, श्रमजीवी जनगण का मर्मस्पर्शी चित्रण किया है, साथ ही अशुभ शक्तियों के नाश द्वारा आशावाद की नींव भी रखी है। दर-असल उनकी क्रान्तिकारी चेतना की सबसे बड़ी विशेषता इस बात में रही कि वह प्रचारात्मक न होकर स्वानुभूत भावों का साक्षात् मूर्तिकरण है– उनमें विद्रोह की लपट एवं उष्णता है परन्तु, वह अपने में अहिंसा एवं मानवतावाद को आत्मसात् किए हुए है। इसीलिए उनके गीत न केवल श्रोता जनगण को आनन्द-विभोर करते हैं, वरन् जनता के भीतर सोयी हुई क्रान्ति की आग्नेय शक्ति को प्रज्ज्वलित कर लोगों को 'इन्सान बनकर इन्सानों के लिए' सोचने हेतु प्रेरित भी करते हैं। सर्वसाधारण की आत्मा में प्रविष्ट होकर ये गीत सभी को प्रेम-मैत्री-स्वतन्त्रता-न्याय से आपूरित एक नये समाज के निर्माण के पथ पर आरूढ़ कराते हैं। प्रगतिशील कलाकार डॉ. भूपेन हाजरिका के महान गीतों में अनुगुंजित यह क्रान्तिकारी चेतना निश्चय ही व्यापक मानवता के हित में आनेवाली पीढ़ियों के भीतर भी स्फूर्ति एवं प्रेरणा भरती जायेगी।

सन्दर्भ-सूची

1. कथा-गौहाटी (2009) -- शोणित विजय दास, सम्पा., पृ. 4
2. मोर समाधित तोमार सँहारी -- हिल्लोल कुमार पाठक और लाचित बर्मन, सम्पा., पृ.129
3. अग्नियुगर फिरिङति -- पुलिन कलिता, पृ. 51
4. मोर समाधित तोमार सँहारी -- हिल्लोल कुमार पाठक और लाचित बर्मन, सम्पा., पृ. 130-131
5. भूपेन हाजरिकार गीत आरु जीवन रथ–दिलीप दत्त, पृ.116
6. मोर समाधित तोमार सँहारी -- हिल्लोल कुमार पाठक और लाचित बर्मन, सम्पा., पृ.110
7. भूपेन हाजरिकार गीत आरु जीवन रथ–दिलीप दत्त, पृ. 49-50
8. डॉ. भूपेन हाजरिकार गीत आरु किछु प्रासंगिक कथा–थानेश्वर कुमार, पृ. 24
9. वही, पृ. 24-25
10. भूपेन हाजरिकार गीत आरु जीवन रथ–दिलीप दत्त, पृ. 326
11. डॉ. भूपेन हाजरिकार गीत आरु किछु प्रासंगिक कथा–थानेश्वर कुमार, पृ. 25-26
12. भूपेन हाजरिकार गीत आरु जीवन रथ–दिलीप दत्त, पृ. 52

13. वही, पृ. 102-103
14. डॉ. भूपेन हाजरिकार गीत आरु किछु प्रासंगिक कथा–थानेश्वर कुमार, पृ. 78
15. भूपेन हाजरिकार गीत आरु जीवन रथ–दिलीप दत्त, पृ. 60
16. डॉ. भूपेन हज़ारिका रचनावली (द्वितीय-खण्ड)–सूर्य हाजरिका, सम्पा., पृ. 1049
17. भूपेन हाजरिकार गीत आरु जीवन रथ–दिलीप दत्त, पृ. 143-144
18. डॉ. भूपेन हज़ारिका रचनावली (द्वितीय-खण्ड)–सूर्य हाजरिका, सम्पा., पृ. 1016
19. भूपेन हाजरिकार गीत आरु जीवन रथ–दिलीप दत्त, पृ. 59-60
20. वही, पृ. 56
21. वही, पृ. 65
22. अग्नियुगर फिरिङति-पुलिन कलिता, पृ. 33
23. डॉ. भूपेन हज़ारिकार गीत समग्र-सूर्य हाजरिका, सम्पा., पृ. 239
24. भूपेन हाजरिकार गीत आरु जीवन रथ–दिलीप दत्त, पृ. 65
25. वही, पृ. 326
26. वही, पृ. 50
27. भूपेन्द्रज्योति (2014)–मणिराम कलिता, सम्पा., पृ. 173
28. वही
29. भूपेन हाजरिकार गीत आरु जीवन रथ–दिलीप दत्त, पृ. 360
30. डॉ. भूपेन हज़ारिका रचनावली (द्वितीय-खण्ड)–सूर्य हाजरिका, सम्पा., पृ. 1038
31. वही, पृ. 1051

ग्रन्थ-सूची

1. कलिता, पुलिन. *अग्नियुगर फिरिङति.* द्वितीय. गौहाटी : बनलता, 2011.
2. कलिता, मणिराम, सम्पा. *भूपेन्द्रज्योति.* तृतीय. भूपेन्द्र भवन, निजरापार : भूपेन हाजरिका सांस्कृतिक न्यास, 2014.
3. कुमार, थानेश्वर. *डॉ. भूपेन हाजरिकार गीत आरु किछु प्रासंगिक कथा.* द्वितीय. गौहाटी : अशोक बुक स्टॉल, 2011.

4. दत्त, दिलीप. *भूपेन हाजरिकार गीत आरु जीवन रथ.* तृतीय. महात्मा गांधी रोड, कोलकता : श्रीभूमि पब्लिशिंग कंपनी, 1990.
5. दास, शोणित विजय, सम्पा. *कथा-गौहाटी.* प्रथम. गौहाटी : कथा पब्लिकेशन्स, 2009.
6. पाठक, लाचित बर्मन और हिल्लोल कुमार, सम्पा. *मोर समाधित तोमार सँहारी.* द्वितीय. गौहाटी : सुरक्षित अकादेमी, 2011.
7. हाजरिका, सूर्य, सम्पा. *डॉ. भूपेन हाजरिका रचनावली* (*द्वितीय खण्ड*). अरुण नगर, गौहाटी : सूर्य हाजरिका ऐच्छिक शैक्षिक न्यास, 2008.
8. हाजरिका, सूर्य, सम्पा. *डॉ. भूपेन हाजरिकार गीत समग्र.* अरुण नगर, गौहाटी : सूर्य हाजरिका ऐच्छिक शैक्षिक न्यास, 2008.

भूपेन हाजरिका के गीतों में चित्रित जनजातीय जीवन

डॉ. जयश्री काकति

बहुमुखी प्रतिभा के अधिकारी भूपेन हाजरिका (1926-2011) ने असम तथा असमीया संगीत को विश्वदरवार में प्रतिष्ठित किया। हज़ारिका एक साथ संगीतकार, सुरकार, संगीत-निर्देशक, वाद्य-यन्त्र वादक, अभिनेता, सिनेमा निर्देशक तो थे ही साथ ही साथ एक अच्छे कवि, गद्यकार, निबन्धकार, नाट्यकार आदि भी थे। भूपेन हाजरिका दक्षिण एशिया के श्रेष्ठतम सांस्कृतिक दूतों में से एक माने जाते हैं। ज्योतिप्रसाद आगरवाला, विष्णुप्रसाद राभा, पॉल रबसन, पबलो पिकासो, नेल्सन मन्डेला आदि से हाजरिका प्रभावित हुए थे। उन्होंने अपने गीतों के ज़रिये जातीय एकता तथा समन्वय लाने की कोशिश की थी। उनके गीतों में पूरे विश्व को प्रभावित करने की शक्ति है। उनके गीतों के मूल स्वर है विश्व भातृत्व तथा मानवतावाद। उनके गीतों को 'भूपेन्द्र संगीत' नाम से जाना जाता है और ये गीत असमीया साहित्य की अति मूल्यवान संपद हैं।

सुधाकंठ भूपेन हाजरिका ने कला-संस्कृति के माध्यम से असमीया जाति तथा समाज को विश्वदरवार में पहचान दिलाने की कोशिश की थी। वे असम के पर्वतीय अंचल तथा समतल भूमि में निवास करने वाले सभी लोगों में एकता और समन्वय का भाव जगाकर एक सुन्दर असम गढ़ना चाहते थे।

सुधाकंठ भूपेन हाजरिका एक कलाकार ही नहीं, वे मानव के प्रति अत्यन्त सहानुभूतिशील हृदय के अधिकारी थे। उन्होनें अपने गीत तथा रचनाओं के ज़रिये असम के साथ-साथ पूरे विश्व को एकता के डोर से बान्धने की कोशिश की। उन्होंने भिन्न भाषा-भाषी लोगों में आये अलगाववाद को हटाकर सब के बीच समन्वय लाने की कोशिश की।

हाजरिका के गीत असमीया समाज का दर्पण हैं। ऐसा कोई विषय नहीं होगा जिसे भूपेन हाजरिका ने अपने गीतों में स्थान नहीं दिया है। प्रेम-प्रीति, परम्परा, शोषिकों के विरुद्ध विद्रोह, पीड़ितों के प्रति सहानुभूति, देश-प्रेम आदि स्वर उनके गीतों मे मिलते हैं और इन स्वरों में सभी को अपनापन का एहसास दिलाने के लिए उन्होंने लोक-कला का व्यवहार किया था। यह उनके गीतों की एक अन्यतम विशेषता है। असम भिन्न जाति तथा जनजाति की मिलनभूमि है और ये जाति-जनजाति अपनी अपनी कला-संस्कृति से समृद्ध हैं। भूपेन हाजरिका ने अपने गीतों में प्राय: सभी जाति तथा जनजाति के शब्द, स्वर, वाद्ययन्त्र आदि का उपोयोग किया है और इसका मुख्य कारण है इन जनजातियों के बीच समन्वय करके 'बर असम' (बड़ा असम) गढ़ना।

कलाकार वह होता है, जो समाज में चलने वाली राह पर न चलकर लोगों में आशा की लहर को जन्म देता है। मनुष्य में निहित कला-सौन्दर्य को उन्मीलित करके उन्हें प्रेरणा जगा देता है, सच्चे अर्थ में भूपेन हाजरिका ऐसे ही एक कलाकार थे। श्रीमंत शंकरदेव, ज्योतिप्रसाद आगरवाला, विष्णुप्रसाद राभा के बाद असम की कला-संस्कृति का नेतृत्व भूपेन हाजरिका ने दिया था। उन्होंने गीत, सिनेमा, साहित्य आदि के ज़रिये अपने कला-जीवन को सार्थक किया था। यायावरी प्रकृति के भूपेन हाजरिका मानवता के एक उज्वल प्रतीक हैं। उन्होंने अपने गीतों में शोषितों तथा पीड़ितों की मनोदशा, आशा-आकांक्षाओं को उजागर किया है। इसीकारण वे सभी के प्रिय थे। जाति-धर्म-वर्ण निर्विशेष सभी उनके गीतों से मुग्ध होते हैं।

असम रंग-बिरंगी कला-संस्कृति की रम्यभूमि है। सदियों से यहाँ बड़ो, राभा, मिचिङ, डिमासा, कार्बि, चाय आदि जाति समुदायों ने अपने-अपने पहनावा, खान-पान, त्योहार-पर्व, गीत-वाद्य, नृत्य, लोक कथा आदि से समृद्ध होकर हँसी-ख़ुशी जीवन निर्वाह करते आये हैं। पर समय-समय पर विभिन्न राजनैतिक तथा सामाजिक कारणों से इन जाति-जनजातियों के बीच अलगाववाद का भाव पनपा था, उसी समय डॉ. भूपेन हाजरिका ने अपने गीतों तथा अपनी कलाकारी से लोगों के बीच की दूरियों को मिटाकर सबको अपनापन का एहसास दिलाने की चेष्टा की थी।

चाय जनजाति असमीया जाति का एक अन्यतम अंग है। चाय के बगीचों में मजदूरी करने के लिए अंग्रेज़ भारत के अन्य प्रान्तों से इन लोगों को लेकर आये थे। उनलोगों के अपने प्रान्त में व्यवहृत भाषा-संस्कृति तथा इस प्रान्त की भाषा-संस्कृति के मिश्रण से एक नयी भाषा-संस्कृति का जन्म हुआ और उसी भाषा संस्कृति को चाय जनजाति की अपनी भाषा-संस्कृति के रूप से पहचान मिली। भूपेन हाजरिका

के विभिन्न गीतों में चाय जनजाति की समाज व्यवस्था के साथ-साथ उनकी आशा-आकांक्षा, सुख-दुख आदि का वर्णन बड़े ही सुन्दर ढंग से हुआ है। उनके द्वारा रचित "एटि कलि दूटि पात" गीत में चाय जनजाति के पीड़ित लोगों की दुख-वेदना का प्रतिफलन देख सकते हैं। इन लोगों को काम के अनुसार मजदूरी नहीं मिलती है। बगीचे के मालिक इन लोगों पर शोषण करता रहता है, इस कारण ये लोग अन्धकार रूपी जीवन बिताते के लिए विवश है। हाजरिका लिखते हैं–

'सेइ मानुह कलि दुति पात रतनपुर बागिचात
अकालते चिङिबले पिशाचउ आहिले।'[1]

(भावार्थ-रतनपुर बगीचा में, पूर्ण विकसित होने से पहले उस मनुष्य रूपी कलि और दो पत्ते को तोड़ने के लिए राक्षस भी आ जाते हैं।)

हाजरिका को इन श्रमजीवी लोगों की एकता पर सम्पूर्ण विश्वास था। इसी कारण वे लिखते हैं–

'ताम बरणर देहारे सबल सुठाम बाहुरे
ढमढमाढम मादल बजाइ कोनेनो नाचिले
अॅ हेजारे नाचिले।
नतुन तुफ़ान आहिले हेजार मादल बाजिले
सेइ मादलर साहस देखि पिशाचउ पलाले।'[2]

(भावार्थ-धमधमाकर मादल बजाते हुए ताम्रवर्ण शरीर वाले शक्तिशाली बाहु के हज़ार लोग जब नाचते हैं, तब उनके साहस देखकर राक्षस भी भाग जाते हैं।)

हाजरिका द्वारा रचित अन्य कुछ गीतों में भी चाय जनजाति के समाज के वस्त्र-आभूषण, कला-संस्कृति, प्रेम-प्रीति, त्योहार-पर्व आदि का चित्रण हुआ है। 'जनकपुरर जानकीये', 'रूमझुम नेपुर बजाइ', 'आसिन मासे दुर्गा पूजा', 'जिगिजा गिजाउ अॅ गिजाउ', 'असम देशर बागिचारे' आदि इसी तरह के जनप्रिय गीत हैं। वर्षा ऋतु के बाद शरद ऋतु आता है। इसी ऋतु के आश्विन महीने में दुर्गा पूजा बड़ी धूमधाम एवं उत्साह के साथ मनायी जाती है। चाय के बगीचे में धूम-धाम से मनाये जाने वाली दुर्गा पूजा का वर्णन करते हुए भूपेन हाजरिका ने लिखा है–

'आश्विन मासे दुर्गा पूजा
ढाकेर केमन गूर गूरि
तारेइ माझे झिलमिल करे
मोर प्रानेर सुन्दरी।'[3]

(भावार्थ-आश्विन महीने में दुर्गा पूजा मनायी जाती है। ढाक की जो आवाज़ है, उसी के बीच मेरी प्रिय सुन्दरी झिलमिल करती हुई नाचती है।)

अपनी बहुरंगी भाषा-संस्कृति से समृद्ध असम के अन्य एक जनजाति है मिचिङ। मिचिङ लोककथा जंकी-पानै की प्रेमकहानी के आधार पर रचित 'बोलो, अॅ मिचिङ डेकाटि' भूपेन हाजरिका का अन्य एक उल्लेखनीय गीत है। इन गीतों से समकालीन जनजातीय समाज की बहुरंगी संस्कृति, आशा-आकांक्षा, सुख-दुख आदि का आभास देखने को मिलता है। मिचिङ भाषा के शब्दों का प्रयोग इन गीतों की एक उल्लेखनीय विशेषता है। असमीया गीतों में 'मिबुगालुक', 'पेरे रुमबङ', 'एगे' आदि मिचिङ शब्दों के प्रयोग कर असमीया समाज के साथ मिचिङ समाज को जोड़ने की राह दिखाया है–

'मिबुगालुक चोलाटि पेरे रुम् बंग चादरखन कियनो पिन्धिलि
मुरत देखोन दुमेर् दि गामोचा आंटिलि
आरुरू तोरे पुरुष देहाते फुटि फुटि उठिछे
सेउज रंङर जीया जीया ऐनितमटि।'[4]

[भावार्थ-मिबुगालुक (=त्योहार में पहनने वाली कमीज), रुम् बंग(=चादर) क्यों पहने हो, शिर पर गमछा भी बाँध लिया है। अरे तेरे पुरुष शरीर पर फुट उठा है हरे हरे ऐनितम् (=मिचिंङ समाज का लोकगीत।]

भूपेन हाजरिका ने उत्तर पूर्वांचल के पर्वतीय अंचल तथा समतल भूमि में निवास करने वाले सभी लोगों को एकता की डोर से बाँधकर रखने की कोशिश की थी। 'चियाङरे गालङ, लोहितरे खामति', 'टिराप सीमान्त', 'का: मङाइह् चे: मिज़ोराम' आदि इसका उत्कृष्ट उदाहरण है। उनके द्वारा रचित 'चियाङरे गालङ, लोहितरे खामति' गीत में प्रेम-प्रीति, भातृत्वबोध को सुन्दर रूप से प्रतिबिम्बित किया है–

'चियाङरे गालङ, लोहितरे खामति;
टिरापरे वानचुवे मोक किय मातिछे।
असमीरे पदूलि उदूलि ये मुदुलि
मरम चेनहरे हाट बहिछे।'[5]

(भावार्थ-चियाङ (=नदी का नाम) के गालङ(=अरुणाचल की एक जनजाति), लोहित (=एक नदी का नाम) की खामति (=अरुणाचल की एक जनजाति) तथा टिराप (=एक नदी का नाम) के वानचु (अरुणाचल की एक जनजाति) आदि जनजाति के लोग मुझे क्यों बुला रहे हैं! असम के आँगन में स्नेह का बाज़ार बैठा है।)

जनजातीय समाज भिन्न लोककथाओं से समृद्ध है। इन लोककथाओं के आधार पर गीत रचना कर विश्वरत्न भूपेन हाजरिका ने समाज में प्रचलित रीति-रिवाज, आचार-विचार, प्रेम-प्रीति आदि को चित्रित करने का प्रयास किया था और उन्हें इस क्षेत्र में सफलता भी मिली थी। जनजातीय लोककथा के आधार पर रचित हाजरिका के कुछ उल्लेखनीय गीत हैं–'लियेङ माकाउ', 'अय अय आकाश शुब', 'हे हे ढोले डगरे' आदि। खाची जनजाति के वर्गीय-संग्राम की छवि प्रतिफलित करने वाले गीत 'लियेङ माकाउ' में उन्होंने गाया है–

'लियेङ माकाउ
कोन पाहार शिखरते बाट चाइछा ?
सुरर पँजा किय उदङ राखिम
अकलशरे मइ किमान कान्दिम
ताके एकेमने भाविछा ?'[6]

(भावार्थ–लियेङ माकाउ कौन से पर्वत शिखर में राह देख रहे हो? सूर की झोपड़ी क्यों खाली रखूँ, अकेले में कितना रोऊँ, तन्मय होकर क्या वही सोच रहे हो?)

प्रत्येक जाति-जनजाति की निजी एक भाषा होती है। असम में निवास करने वाली बड़ो, राभा, कार्बि, मिचिङ आदि जनजातियाँ भी अपनी भाषा, कृष्टि- संस्कृति से समृद्ध हैं। इन्हीं भाषाओं के समन्वय से ही असमीया भाषा पुष्ट हुयी है। इसी कारण सन 1972 में हुए भाषा आन्दोलन से दुखित होकर अपने क्षोभ को हाजरिका ने इस तरह व्यक्त किया था–

'बड़ो, राभा, मिचिङर रूपे रसे भरपूर
जीया जीया आमार भाषार।
लिखाबोर किय बारु पढ़ि पढ़ि
चोवा नाइ पामेगाम बिष्णुराभार।'[7]

(भावार्थ-बड़ो, राभा, मिचिङ के रूप-रस से भरपूर हमारी यह जीवन्त भाषा है। पामेगाम विष्णुराभा ने जो लिखा हैं, वह एकबार भी पढ़ कर क्यों नहीं देखा?)

यायावरी कलाकार भूपेन हाजरिका अरुणाचल, मिज़ोराम, नागालैंड, मणिपुर, त्रिपुरा आदि सात बहनों के समन्वय के लिए जीवनभर गीत गाते गये। उन्होंने पूर्वोत्तर की कुल तेरह भाषाओं में गीत गाया था। समय-समय पर भिन्न राजनैतिक तथा समाजिक कारणों से असम में अलगाववाद का भाव पनपा था। असम और उत्तर

पूर्वांचल की भिन्न जाति-जनजातियों को समन्वित करके वृहत्तर जातीय संस्कृति का स्वप्न देखने वाले भूपेन हाजरिका ने कहा था–

'एइखन महापुरुष शंकर-माधवर देश, लाचित बरफुकनर देश, बिष्णुराभार देश, ज्योतिप्रासादर देश। आमि यदि सकलो धर्मर, सकलो भाषार, सकलो जाति-उपजातिर लोकक सन्मान करि मिलिजुलि थाको, तेन्ते आमार शान्ति-सम्प्रीति सदाय अटुट थाकिब, उन्नीत हब।'[8]

(भावार्थ-यह महापुरुष शंकर-माधवदेव का देश है, लचित बरफुकन का देश है, बिष्णुराभा का देश है, ज्योति प्रसाद का देश है। अगर हम सभी धर्म, सभी जाति-उपजाति के लोगों को सम्मान करते हुए मिलजुल कर रहते हैं, तो हमारी शान्ति-सम्प्रीति हमेशा अटूट रहेगी।)

उन्होंने अपने बहुचर्चित गीत 'आमि असमीया नहउँ दुखिया' में लिखा था–

'नाना जाति उपजाति रहणीया कृष्टि
आकौँवालि लेइ होइछिल सृष्टि
एइ मोर असम देश।'[9]

(भावार्थ-विभिन्न जाति-उपजाति के रंग-बिरंगी संस्कृति को समेट कर मेरे इस असम देश की सृष्टि हुई थी।)

डॉ. भूपेन हाजरिका विश्व-विश्रुत शिल्पी हैं। सुधाकंठ के गीतों के प्रत्येक शब्द-सुर-ताल में श्रोता को आलोड़ित करने की क्षमता है। बचपन से ही हाजरिका असमीया संस्कृति से जुड़े थे और ज्योतिप्रसाद आगरवाला, विष्णुप्रसाद राभा आदि जैसे महान शिल्पी के सान्निध्य में आने से उनकी शिल्प-कला अधिक निपुण तथा आकर्षक बन गयी। उनके गीतों में लोगों को प्रेरित करने की शक्ति है। समाज के हर वर्ग के सुख-दुख, आशा-आकांक्षा, आचार-विचार उनके गीतों में प्रतिबिम्बित हुये हैं। यायावरी जीवन व्यतीत करने के कारण ही उनकी कलात्मकता में व्यापकता देखी जाती है। वैचित्र उनकी एक अन्यतम विशेषता है और इस वैचित्र में रहकर ही वे एकता की खोज करते गये। भूपेन हाजरिका ने अपने गीतों के ज़रिये जातिगत भेद-भाव को दूर कर पूरे असम तथा उत्तर पूर्व को एकसाथ जोड़ने की चेष्टा की थी। अपनी कलात्मकता से उन्होंने समाज प्रतिबद्धता का परिचय दिया, जिस कारण वे और उनकी रचनाएँ हमेशा प्रासंगिक बने रहेंगे। मनवातावादी दृष्टि के कारण ही हाजरिका के गीत सदा अमर रहेंगे और समय-समय पर आनेवाले हिंसा-विभेद को मिटाने की राह दिखायेंगे।

सन्दर्भ सूची:

1. डॉ. भूपेन हाजरिकार गीत समग्रर चमु विश्लेषण-सम्पा.तरणी पाठक और मनोमती पाठक, पृष्ठ संख्या-55
2. वही, पृष्ठ संख्या-55
3. वही, पृष्ठ संख्या-232
4. वही, पृष्ठ संख्या-106
5. वही, पृष्ठ संख्या-82
6. वही, पृष्ठ संख्या-120
7. वही, पृष्ठ संख्या-198
8. *बिश्वरत्न भूपेन हाजरिका*–भूपेन्द्र रायचौधुरी, पृष्ठ संख्या-105
9. डॉ. भूपेन हाजरिकार गीत समग्रर चमु विश्लेषण-सम्पा.तरणी पाठक और मनोमती पाठक, पृष्ठ संख्या-145

सहायक ग्रन्थ सूची :

1. पाठक, तरणी और मनोमती पाठक डाकुवा. *भूपेन हाजरिकार गीत-समग्रर चमु बिश्लेषण*. प्रथम गौहाटी: आइकन प्रकाशन, 2009
2. बरकटकी, अरिंदम,सम्पा. *प्रकाश*. गौहाटी: फ़रवरी 2016
3. रायचौधुरी, भूपेन्द्र. *बिश्वरत्न भूपेन हाजरिका*. प्रथम गौहाटी: रेखा प्रकाशन, 2011.
4. श्रीवात्सव, मुकुन्दीलाल, कालिका प्रसाद और राजवल्लभ सहाय. सम्पा. *बृहत हिन्दी कोश*. सप्तम वाराणसी: ज्ञानमंडल प्रकाशन, 2010

भूपेन हाजरिका के गीतों में असम के त्योहार

डॉ. रीतामणि वैश्य

डॉ. भूपेन हाजरिका (सन् 1926-2011) असमीया साहित्य एवं संस्कृति जगत् के उज्ज्वल नक्षत्र हैं। कलाप्रेमी हाजरिका मानव-प्रेमी, समाज-संगठक, देश एवं जाति के शुभचिन्तक और स्वदेशप्रेमी हैं। कला एवं संस्कृति की साधना से वे समाज संगठन करना चाहते थे। आप यायावरी प्रकृति के व्यक्ति थे। आप जहाँ भी जाते, वहाँ की संस्कृति से प्रभावित होते थे, वहाँ के जनजीवन के सामाजिक, अर्थनैतिक, राजनैतिक, धार्मिक, रीति-रिवाज़ों को वे अपना लेते थे। परिणामतः इन सबकी छवि इनके गीतों में प्रतिफलित होती है। आपने असम में मनाये जाने वाले त्योहारों का वर्णन अपने गीतों में किया है। इनमें बिहु, ईद, दीपावली, दुर्गापूजा, महो हो आदि प्रमुख हैं।

बिहु

बिहु असमीया का जातीय उत्सव है। बिहु तीन प्रकार के होते हैं–बहाग या रङाली बिहु, काति या कङाली बिहु और माघ या भोगाली बिहु। इन तीनों बिहुओं में से रङाली बिहु ने डॉ. हाजरिका को अत्यधिक आकर्षित किया। बिहु प्रकृति पर आधारित त्योहार है। वैशाख महीने में मनाये जाने वाले इस बिहु में प्रकृति नया रूप लेती है, वह हरा-भरा हो जाती है। प्रकृति के साथ लोग भी प्रफुल्लित होते हैं। वे बिहु नाचते हैं और गाते हैं। अतः बिहुगीत में प्रकृति का चित्रण स्वाभाविक रूप से होता है। उनके 'आहुधान दाबलै' गाने में यही हुआ है–

'आहुधान दाबलै
लागे कत बेलि
बाउधान दाबलै टान

ओ टान
आमरे गाँवते
सोण बुटलिछोँ
पथारत उपचे धान।'[1]

(भावार्थ–आहुधान रोपने के लिए थोड़ा ही समय लगता है, जबकि बाउधान रोपना कठिन है। हमारे गाँव में सोना हम बटोर रहे हैं। खेत का मैदान धान से भरा है।)

बिहुगीत प्रेम का गीत है। यौवनावस्था के युवक-युवतियाँ बिहुगीतों के माध्यम से एक-दूसरे से प्रेम निवेदन करते हैं। हाजरिका के 'आहुधान दाबलै' गाने में कोई प्रेमिक प्रेमिका से जीवन भर प्रेम की याचना कर रहा है–

'माछ माराँ दिचाङत
पानी खाउँ कलङत
हे माछ माराँ दिचाङत
टुलुङा नावते उठि।
जीवन-लुइतते बिछाराँ तोमाक जान
जीवन-लुइतते बिछाराँ तोमाक जान
आमालै निदिबा पिठि नाजीतरा
आमालै निदिबा पिठि।'[2]

(भावार्थ–दिचाङ नदी में मछली पकड़ता हूँ और कलङ नदी का पानी पीता हूँ। मेरी जान ! मैं जीवन-नदी में तुम्हारा साथ चाहता हूँ। मुझे भूल मत जाना।)

इसी रङाली बिहु की किसी रात को कोई प्रेमिका अपने प्रियतम को अपनी बाहों में लेकर जी भर के प्यार देना चाहती है। 'मिठा मिठा गधुलि' गाने की ये पंक्तियाँ देखिए–

'बै बै बै रङा नै बैयेइ आछे
कै कै कै तोरे कथात लतायो नाचे
सोन तइ पुरिलि गाभरु मनक
कि सोवाद पाव, पुरि आपोन जनक !
मनर पथार मुकलि रमके जमके
मोरे बाहु पशते एइ बिहुर निशाते
आकाशरे तलते

मरमते तइ पमि या।
चेनाइ मोर ॲ-'[3]

(भावार्थ–रङा नदी बह रही है। लता भी तेरी बातें कहती हुई नाचती है। सोना! तूने जवान दिल को जलाया है। अपने लोगों को जलाकर तुझे क्या मजा आता है ? इस बिहु की रात में आसमान के नीचे मेरी बाहों में आ जा और जी भरकर प्यार ले।)

प्रकृति का त्योहार होने के कारण बिहु के गीतों में खेती-बाड़ी, पशु-पक्षी, पेड़-पौधे, फल-पूल आदि के प्रसंग यत्र-तत्र आते हैं। 'मिठा मिठा गधुलि' गाने में हाजरिका ने रङाली बिहु के समय असम की प्रकृति में जो बदलाव आता है, उसका वर्णन किया है–

'रै रै रै माते कुलि केतेकी
रै रै रै रै मइ नाचो है रचकी
सोन तइ उलालिहि मिठा बहागत
खोपाते कपौ फुल नाचे उलाहत।'[4]

(भावार्थ–रह-रह कर कोयल और केतेकी आवाज़ देती हैं। मैं भी रह-रह कर नाचती हूँ। सोना ! तू मिठास भरे–इस वैशाख महीने में आया है जूड़े में ख़ुशी के मारे कपौ फूल (=द्रौपदीलता) नाचता है।)

ईद

डॉ. भूपेन हाजरिका समन्वय के साधक हैं। उन्होंने ईद को सिर्फ़ मुसलमानों का धार्मिक उत्सव नहीं माना है। उनकी दृष्टि में ईद असम के आंगन के सभी जाति, धर्म एवं सम्प्रदाय के लोगों का महफिल है। 'रमजानरे रोजा गॅल' कव्वाली में आपने यही सन्देश दिया है–

'रमजानरे रोजा गॅल उलाल ईदर जोन
चेनेहरे मेहफिलते बहे आजि कोन ?
आजि ईद मजलिछते एकेलगे बहिछे
आजि ईद मजलिछते श्रीराम कुमारो बहिछे
आजि ईद मजलिछते फातेमा पेहीउ बहिछे
आजि ईद मजलिछते तैयब मोमाइटि बहिछे
आजि ईद मजलिछते जेकब खुराउ बहिछे
इनछानियत लै मेहफिलत आमिउ बहोँछोन।'[5]

(भावार्थ–रमजान का रोजा गया और ईद का चाँद निकल आया है। इस प्यारे मजलिस में रहीम चाचा, श्रीराम कुमार, फातेमा बुआ, तैयब मामा, जेकब चाचा सब एक साथ बैठे हैं। आओ इन्सानियत की इस महफिल में हम भी बैठें।)

दीपावली

प्रकाशोत्सव दीपावली डॉ. भूपेन हाजरिका का प्रिय त्योहार है। हाजरिका अपने गीति-काव्य से समाज से अँधेरा मिटाना चाहते हैं। दीपावली भी अपने दीप के प्रकाश से कार्तिक महीने के अमावस की रात का अन्धकार ख़त्म करती है और धरती को प्रकाशमय बनाती है। 'अँ जोनाली दीपान्विता' गाने में दीपावली की यही महिमा प्रस्फुटित हुई है–

'अँ जोनाली दीपान्विता
दीपान्विता दीपान्विता
घिटमिट एंधार कातिर राति
उज्ज्वलित सोणरे माटि।'[6]

(भावार्थ–दीपावली में कार्तिक महीने का घना अँधेरा दीपक के चकाचौंध में गायब हो जाता है।)

गीतकार के अनुसार दीपावली सिर्फ़ एक त्योहार नहीं है। 'नामि आहा सुन्दररे' गाने में आपने दीपावली को अदम्य जीवनी शक्ति का प्रतीक माना है–

'बाटे पथे याय चोवाँ सौवा पाले पाले
मुमूर्ष जीवित नर कंकाल
सिहँतर कारणे आशरे गीत गोवा
जीवनत सिहँतर रहण बोलोवा
आजि मरणक मषिमुरि जीवनर जेउतिरे
ज्वलोवा दीपावली!'[7]

(भावार्थ–रास्ते से झुण्ड-झुण्ड जीवित नरकंकाल जा रहे हैं। उनके लिए आशा भरा गीत गाओ। उनके जीवन में रंग भर दो। आज मृत्यु को जीत कर जीवन की ज्योति से दीपावली मनाओ।)

दुर्गापूजा

दुर्गापूजा हिन्दुओं का पवित्र त्योहार है। यद्यपि दुर्गा देवी का आर्शीवाद ही इस पूजा का प्रमुख उद्देश्य है, फिर भी पूजा के दिनों में होने वाले नृत्य-गीत से लोगों का

जीवन फिर से सजीव हो जाता है। असम के चाय बागानों की दुर्गापूजा मानो युवक-युवतियों की आशा का प्रतीक है–

'आश्विन मासे दुर्गा पूजा
ढाकेर केमन गुड़ गुड़ि
तारेइ माझे झिलमिल करे
मोर प्राणेर सुन्दरी।'[8]

(भावार्थ–आश्विन मास में मनाये जाने वाली दुर्गा पूजा में ढाक की आवाज़ चारों तरफ़ फैली हुई होती है। उसी के बीच मेरी प्राणप्यारी रहती है।)

महो हो

निचले असम के कुछ इलाकों में एक विशेष प्रकार का उत्सव मनाया जाता है, जिसे 'महो हो' नाम से जाना जाता है। इस उत्सव में गाँव के युवक शाम को लाठी लेकर घर-घर जाते हैं और गृहस्थ के आंगन में मच्छर भगाने का गीत गाते हैं। महो हो मच्छर भगाने का उत्सव है। सांस्कृतिक दृष्टि से समृद्ध होने के कारण डॉ. हाजरिका ने असम के ग्रामीन इलाक़ों से लोकगीतों का सुर ग्रहण कर गीत लिखे हैं। 'अहो हो महो हो' गाने में इस उत्सव का ज़िक्र किया गया है–

'अहो हो महो ओ
देशर हके मरौँ ओ
किंचितो नाइ भय नाइ
उलालौँ मुक्ति पथ यात्री।'[9]

(भावार्थ–ओ हो हो महो हो ! देश के लिए मरने को हम तैयार हैं। इसके लिए हमें थोड़ा भी डर नहीं लगता। हम मुक्ति पथ के यात्री हैं।)

हाजरिका के गीतों में एक लोकनृत्य का सुन्दर वर्णन मिलता है, जिसे झुमुर कहते हैं। यद्यपि यह कोई उत्सव नहीं है, यह असम के उत्सवों का अपरिहार्य अंग है। असम के विविध उत्सवों में लोग झुमुर नाचते हैं। इसीलिए प्रस्तुत अध्ययन में इसे भी समेट लेना उचित होगा।

चाय जनजाति असमीया जाति का अभिन्न अंग है। चाय खेती में हाथ बँटाने के लिए अंग्रेज़ों ने बंग, उड़ीसा, मध्य प्रदेश आदि से असम में श्रमिक लाये थे। वे ही लोग वर्तमान की चाय जनजाति हैं। इन लोगों में बचे पूर्व की कुछेक भाषा-संस्कृति

एवं यहाँ की स्थानीय भाषा-संस्कृति के मिश्रण से एक नयी भाषा-संस्कृति का जन्म हुआ, जिसने असमीया संस्कृति को और समृद्धि प्रदान की। ये लोग मालिक पक्ष द्वारा शोषित एवं वंचित है। श्रम की थकान मिटाने एवं जीवन को रंगीन बनाने के लिए ये लोग अपने उत्सव-अनुष्ठानों में झुमुर नाचते और गाते हैं। 'असम देशर बागिचाते' गाने में हाजरिका ने झुमुर नाचती हुई किसी युवती की ख़ुशी का बयान किया है–

'असम देशर बागिचारे छोवाली
झुमुर टुमुर नाचि करौं धेमालि
ए लछ्मी नहय मोरे नाम चामेलि।'[10]

(भावार्थ–मैं असम देश के बगीचे की लड़की हूँ। झुमुर नाचकर मैं मजा लेती हूँ। मैं लछमी नहीं हूँ। मेरा नाम चमेली है।)

प्रकृति और पुरुष एक-दूसरे के पूरक होते हैं। 'राधाचूड़ार फुल गुजि' गाने में हाजरिका की सुन्दरी राधिका झुमुर नाचकर प्रेमिका जुँगनू को शराब भेंट करती है–

'राधाचूड़ार फुल गुजि
राधापुरर राधिका
चाह बागिचात झुमुर नाचि
जुगनुक याचे फटिका।'[11]

(भावार्थ–राधाचूड़ा का फूल बालों में गूँठकर राधापुर की राधिका चाय बागान में झुमुर नाचती हुई जुँगनू को शराब भेंट करती है।)

डॉ. भूपेन हाजरिका असम के सुयोग्य पुत्र हैं। संगीत के क्षेत्र में उन्होंने अपनी असाधारण प्रतिभा का परिचय दिया है, अपने गीतों की कथा एवं अपने कण्ठ से विश्व दरबार में असम की प्रतिष्ठा की। सही अर्थ में वे असमीया संस्कृति के गायक थे। असम के यत्र-तत्र फैली संस्कृति के उपादानों का उन्होंने सिर्फ़ संग्रह ही नहीं किया, उन सबका विस्तार भी किया। उनके गीत असमीया लोक-संस्कृति के तत्वों का भण्डार है। अगर हम त्योहार की बात करें तो उन्होंने बिहु, दीपावली, ईद, महो हो आदि का वर्णन किया है। साथ ही चाय बागानों के झुमुर नृत्य एवं गीत से आपका बेहद लगाव था। अत: अनेक गीतों में झुमुर के प्रसंग भी आ जाते हैं। वस्तुत: हाजरिका के गीतों में असम के विभिन्न त्योहार और उन त्योहारों के रीति-रिवाज़ों का सजीव चित्रण मिलता है।

सन्दर्भ सूची:

1. डॉ. भूपेन हाजरिका रचनावली (द्वितीय खण्ड)–सम्पा. सूर्य हाजरिका, पृष्ठ संख्या- 1149-1150
2. वही, पृष्ठ संख्या-1150
3. डॉ. भूपेन हाजरिकार गीत समग्रर चमु विश्लेषण-सम्पा.तरणी पाठक और मनोमती डाकुवा पाठक, पृष्ठ संख्या-446
4. वही, पृष्ठ संख्या-446
5. वही, पृष्ठ संख्या-436
6. वही, पृष्ठ संख्या-10
7. वही, पृष्ठ संख्या-30
8. वही, पृष्ठ संख्या-232
9. वही, पृष्ठ संख्या-49
10. वही, पृष्ठ संख्या-229
11. वही, पृष्ठ संख्या-174

सन्दर्भ ग्रन्थ:

1. पाठक, तरणी और मनोमती डाकुवा पाठक : *भूपेन हाजरिकार गीत समग्रर चमु विश्लेषण* . प्रथम. गौहाटी: पाठक प्रकाशन, 2009
2. हाजरिका, सूर्य, सम्पा. *डॉ. भूपेन हाजरिका रचनावली* (प्रथम खण्ड). प्रथम. गौहाटी: लावण्य प्रकाशन, 2008
3. हाजरिका, सूर्य, सम्पा. *डॉ. भूपेन हाजरिका रचनावली* (द्वितीय खण्ड). प्रथम. गौहाटी: लावण्य प्रकाशन, 2008

भूपेन हाजरिका के गीतों में नद-नदी

डॉ. देवहरि तालुकदार

डॉ. भूपेन हाजरिका (1926-2011) असमीया साहित्य और संस्कृति जगत के उज्ज्वल नक्षत्र हैं। उन्होंने गद्य और पद्य के साथ संगीत, चलचित्र निर्माण आदि द्वारा असमीया जाति को विश्व दरबार में प्रतिष्ठित किया हैं। भूपेन हाजरिका के व्यक्तित्व का अन्यतम सबल रूप है उनका गीतकार, संगीतकार और गायक होना। उनकी *प्रत्येक* अनुभूति ही मानो मूर्त्त होकर गीत का रूप लेती है। संगीत ने ही भूपेन हाजरिका को विश्व के लोगों की आँखों का तारा बना दिया। भूपेन हाजरिका ज़मीन से जुड़े हुए व्यक्ति थे। यह यायावर शिल्पी जहाँ भी गये, वहाँ की हवा, मिट्‌टी, पानी को अपना बना लिया और परिणाम स्वरूप समग्र समाज और समाज का वातावरण उनके गीतों में प्रतिफलित हुए। देश-विदेश की सभ्यता, संस्कृति, पहाड़-मैदान, जाति-जनजाति, आहार, पोशाक, पक्षी आदि के साथ ही उनके गीतों में विशेष रूप से नद-नदियों ने स्थान पाया है।

भारतवर्ष की सभ्यता और संस्कृति में नद-नदी का महत्व बहुत अधिक है। धरती के प्राचीनतम ग्रन्थ ऋग्वेद के साथ-साथ युजुर्वेद, सामवेद और अथर्ववेद के जन्म के साथ भी नदियों का गहरा सम्बन्ध है। भारत के ऋषि-मुनियों ने सिंधु नद के किनारे ही वेद के मन्त्रों का दर्शन किया था। वेद के साथ ही पुराण, उपनिषद, बाह्मण आदि प्राचीन भारतीय धर्मग्रन्थों में नद-नदियों का विस्तृत वर्णन मिलता है। सिंधु नद के किनारे ही हिन्दू सभ्यता का विकास हुआ था। प्राचीन काल से भारतीय साहित्य में नद-नदियों के वर्णन की परम्परा वर्तमान समय तक भी अविरत रूप से चलती आ रही है। भूपेन हाजरिका के गीत भी इसके अपवाद नहीं हैं। डॉ. हाजरिका ने देश-विदेश का भ्रमण कर नद-नदियों से किस प्रकार प्राभावित हुए और ये नद-

नदियाँ अलग-अलग क्षेत्रों में क्या भूमिका निभाती आ रही हैं, उसका मूल्यांकन करना निश्चित रूप से महत्त्वपूर्ण है।

भारतवर्ष के शोण, सिंधु, हिरणाक्ष, ब्रह्मपुत्र, कोक, घर्घरा और शतद्रु–इन सातों को नदी न कहकर नद कहा गया है। हाजरिका के गीतों में नद-नदियों का प्रसंग विशेष महत्त्व रखता है। उन्होंने असम से लेकर दुनिया के विभिन्न देशों के अनेक नद-नदियों की महिमा और गरिमा गीतों के माध्यम से उजागर किया है। उनके गीतों के नद-नदियों को स्थान के आधार पर तीन भागों में विभक्त किया जा सकता है–असम के नद-नदी, भारतवर्ष की नदी और दुनिया के अन्य देशों की नदी।

असम के नद-नदियों में भूपेन हाजरिका के गीतों में सबसे ज़्यादा महत्त्व मिला है ब्रह्मपुत्र नद को। अवसर मिलते ही यह ब्रह्मपुत्र हाजरिका के गीतों में लुइत, लोहित, लौहित्य, बरलुइत, बुढ़ा लुइत या लुइत आदि नामों से आया है। इसके साथ ही कपिली, गदाधर, दिखौ, दिहिङ, दिवाङ, पागलादिया, जीया भरली, रूपसी आदि नदियों के प्रसंग उनके गीतों में मिलते हैं। असम के अलावा भी भारत की विभिन्न नदियों ने भी हाजरिका को प्रभावित किया था। उत्तरपूर्व भारत के कामेङ, चियाङ, टिराप, सोवणशिरि आदि नदियों ने डॉ. हाजरिका को अभिभूत किया था। इसके अलावा पंचनदी, गोदावरी, महानदी, काबेरी, यमुना, पद्मा आदि नदियों का वर्णन हाजरिका के गीतों में मिलता है। भारत के बाहर की नदियों में नील, मिसिसिपि, डॉन और वल्गा नदियों का वर्णन उन्होंने किया है।

डॉ. हाजरिका की दृष्टि में नदियाँ प्रकृति के अन्यतम सौन्दर्य की अधिकारिणी हैं। उनकी कपिली नदी रंगीली युवती है। 'कपिली कपिली' गीत में उन्होंने कहा है–

> 'कपिली कपिली, गाभरु छोवाली
> चंचला नाइ तोर मान
> कपिली कपिली देहार भाजे भाजे
> मिठा यौवनर गान।'[1]
> (भावार्थ-
> कपिली कपिली जवान लड़की
> चंचला नहीं है तुझ जैसी
> कपिली कपिली देह की मोड़ों में
> मीठा यौवन के गान।)

नदियों का सौन्दर्य निहारने के लिए डॉ. हाजरिका ने देश-विदेश की यात्रा की है। 'मइ एटि यायाबर' गीत में उन्होंने कहा है–

'मइ लुइतर परा मिछिछिपि है भल्गार रूप चालों;
अटोवार परा अष्ट्रीय है पेरिछ सावटि लॅलों।'[2]
(भावार्थ-
मैंने लुइत से लेकर मिसिसिपि होकर वल्गा का रूप देखा
ओटावा से ऑष्ट्रिया होकर पेरिस को अपना लिया।)

गीतकार की अनुभूति में लुइत ही हो या जीया भरली ही हो या वल्गा हो या डॉन ही हो–इन नद-नदियों को वे बहुत चाहते हैं। 'अतिकै चेनहर बहलकै पृथिवी' गीत में उन्होंने वही कहा हैं–

'एनेनो भाल लागे बांधै
एनेनो भाल लागे
भल्गा नदी किनो चाबा
येन आमार लुइतहे
एनेनो भाल लागे–
डन् नैखन किनो चबा
येन जीया भरलीहे।'[3]
(भावार्थ-
इतना अच्छा लगता है बन्धु
इतना अच्छा लगता है
वल्गा नदी का क्या कहना
मानो हमारा लुइत ही हो।
इतना अच्छा लगता है–
डॉन नदी का क्या कहना
मानो जीया भरली हो।)

डॉ. हाजरिका के गीतों में ग्राम्य जीवन के साथ नदियों का घनिष्ठ सम्बन्ध देखने को मिलता है। 'रुम् झुम् नेपूर बजाइ' गीत में कोई चाओताली सुन्दरी नूपुर बजाकर झुमका कँपाकर चलती है–

'रुम् झुम् नेपूर बजाइ
झुम झुम झुमका कँपाइ

रूपसी नैर पारेदि कोन
चाओताली गाभरु याय !'[4]
(भावार्थ-
रूम् झूम नुपूर बजाकर
झूम झूम झूमका कँपाकर
रूपसी नदी के तट से कौन
चाओताली सुन्दरी जाती है !)

'टिराप सीमान्त' गीत में टिराप के चाङलाङ बस्ती की लुङचाङ जनजाति के किसानों के जीवन में टिराप नदी की भूमिका व्यक्त किया गया है–

'टिरापरे बस्ती चाङलाङ
सरल जनजाति लुङचाङ
सौवा टिराप नैर बुकुरे
बाँहर ओलमा साँकोरे
ताङचा खेतियक पार हय
सौवा देखौँ दले दले नामिछे
अॅ पिठित पहु लै नामिछे।'[5]
(भावार्थ–
टिराप की बस्ती चाङलाङ
सरल जनजाति लुङचाङ
वह टिराप नदी के वक्ष से
बाँस के लटकते पुल से
टाङचा किसान पार होता है
दल के दल उतर रहे हैं
हाँ पीठ पर हिरण लेकर उतर रहे हैं।)

नदी ग्राम्य जीवन का आधार होती है। 'पागलादियार पारे पारे' गीत में पागलादिया नदी को बरजहा गाँव की जीवन रेखा कहा गया है–

'बरजहा आमार गाँव सुखी किय
आमाक सोधा यदि
(कॅम) गाँवर आयुसरेखा हॅल

पागलादिया नदी।
एइ नदीर पानीये (आमार)
देहा शीतलाय।
पागलादियार पारे पारे
कोन सुन्दरी याय।'[6]
(भावार्थ-
बरजहा हमारा गाँव सुखी क्यों है
हमें अगर पूछो तो
(बताऊँगा) गाँव की जीवन रेखा है
पागलादिया नदी।
इस नदी का पानी (हमारा)
शरीर शीतल करता है।
पागलादिया के किनारे किनारे
कौन सुन्दरी जाती है।)

डॉ. हाजरिका के गीतों में ब्रह्मपुत्र को विभिन्न रूपों में देख सकते हैं। ब्रह्मपुत्र के किनारे शदिया में जन्म ग्रहण करने वाले हाजरिका ने जीवन का पर्याप्त समय ब्रह्मपुत्र के तट पर ही बिताया। ब्रह्मपुत्र के तट का शहर तेजपुर शहर में उन्होंने बचपन बिताया। बाद में वे ब्रह्मपुत्र के तट की गुवाहाटी के निजरापार में रहने लगे। ब्रह्मपुत्र नद अनेक रूपों में उनके गीतों में उजागर हुआ है। इन रूपों में अन्यतम रूप है ब्रह्मपुत्र का 'महामिलन का तीर्थ' वाला रूप। ब्रह्मपुत्र अतीत गौरव का प्रतीक है। 'महाबाहु ब्रह्मपुत्र' गीत में उन्होंने गाया है–

'महाबाहु ब्रह्मपुत्र महामिलनर तीर्थ
कॅत युग धरि आहिछे प्रकाशि
समन्वयर अर्थ।'[7]
(भावार्थ-
महाबाहु ब्रह्मपुत्र महामिलन का तीर्थ
कितने युगों से प्रकाशित करता आया है
समन्वय का अर्थ।)

ब्रह्मपुत्र डॉ. हाजरिका का अति प्रिय है। इसके साथ ही प्रिय हैं ब्रह्मपुत्र के दोनों तट। गौहाटी विश्वविद्यालय की प्रतिष्ठा से ब्रह्मपुत्र के दोनों किनारे चमक

उठेंगे, ऐसा वे आशा रखते थे। 'जिलिकाब लुइतरे पार' गीत में इसी विश्वास को व्यक्त किया है–

'जिलिकाब लुइतरे पार
आंधारर भेता भाङि
प्रगज्योतिषत बय
जेउति निजरारे धार
शत शत बंतिर
ज्ञानर दीपालीये
जिलिकाब लुइतरे पार।'[8]
(भावार्थ-
चमकेंगे लुइत के किनारे
अँधेरे का प्राचीर तोड़कर
प्रागज्योतिष में बहती है
रोशनी के झरने की धारा।
शत शत दीयों के
ज्ञान की दीपावली
चमकायेगी लुइत के किनारे।)

ब्रह्मपुत्र शक्ति का प्रतीक है। ब्रह्मपुत्र के किनारे बसने वाले युवक अदम्य शक्ति के अधिकारी हैं। 'लुइतपरीया डेका बन्धु' गीत में ब्रह्मपुत्र के किनारों के मृत्यु की शपथ लेकर ज़िन्दा रहने के युद्ध में उतरनेवाले युवकों की प्रशंसा की है–

'लुइतपरीया डेका बन्धु
तोमार तुलना नाइ
जीयाइ थकार युँजत नामिछा
मृत्यु शपत खाइ।
....
....
आजि बज्रर दरे गर्जन करि
शतरुक ओफराइ
जीयाइ थकार युँजत नामिछा
मृत्यु शपत खाइ।'[9]

(भावार्थ–
लुइत किनारे के युवक बन्धु
तुम्हारी तुलना नहीं है
ज़िन्दा रहने के युद्ध में उतरे हो
मृत्यु की शपथ लेकर

....

आज बज्र की तरह गर्जना करके
शत्रु को पराजित कर
ज़िन्दा रहने के युद्ध में उतरे हो
मृत्यु की शपथ लेकर।)

ब्रह्मपुत्र की तरह कपिली भी शक्ति का प्रतीक है। 'कपिली कपिली' गीत में उन्होंने कपिली को हज़ार सूर्यों की ज्योति से ज्योतिष्मान कहा है–

'कपिली कपिली, तइतो नेजान
तोर गात किमान शकति;
तइतो नेजान तोतेइ लुकाइ आछे
हेजार सूरुजर ज्योति।'[10]
(भावार्थ-
कपिली कपिली, तू तो नहीं जानती
तेरी देह में कितनी शक्ति है
तू तो नहीं जानती तुझमें में ही छिपी है
हज़ार सूर्यों की ज्योति।)

ब्रह्मपुत्र असम की जीवन धारा है। ब्रह्मपुत्र की महिमा ऐसी है कि ब्रह्मपुत्र के तटों के कुएँ का पानी भी मीठा है। 'असमी आइरे लालिता-पालिता' गीत में भूपेन हाजरिका ने गाया है–

'बरलुइतर पाररे शीतलकै नादरे
मिठा पानी टुपि पि
असमीर सम्मान सदाये राखिमे
आरुनो कऔँ मइ कि?'[11]

(भावार्थ–
बरलुइत के तटों के शीतल कुएँ का
मीठा पानी पीकर
असमी के सम्मान की हमेशा रक्षा करूँगा
और मैं क्या कहूँ?)

ब्रह्मपुत्र असमीया लोगों का सम्मान और स्नेह का पात्र है, आशा-भरोसा का आधार है। ब्रह्मपुत्र के साथ सहस्र लोगों का सुख-दुख जुड़ा हुआ है। अत: असमीया जाति की अभाव-अनुभूति के प्रति ब्रह्मपुत्र को उत्तरदायी होना ही होगा। 'बिस्तीर्ण पाररे' गीत में ब्रह्मपुत्र अस्तित्व के प्रश्न के सम्मुख खड़ा है–

'बिस्तीर्ण पाररे
असंख्य जनरे
हाहाकार शुनिओ
नि:शब्दे नीरवे
बुढ़ा लुइत तुमि
बुढ़ा लुइत बोँवा किय?

नैतिकतार स्खलन देखिओ
मानवतार पतन देखिओ
निर्लज्ज, अलसभावे बोँवा किय?'[12]
(भावार्थ-
विस्तीर्ण किनारों के
असंख्य जनों का
हाहाकार सुनकर भी
नि:शब्द नीरव
बूढ़ा लुइत तुम
बूढ़ा लुइत तुम बहते हो क्यों?
नैतिकता का स्खलन देखकर
मानवता का पतन देखकर
निर्लज्ज आलस्य से तरह बहते हो क्यों?)

ब्रह्मपुत्र मानो चुपचाप बैठा नहीं रह सका। परिस्थिति को सुधारने के लिए ब्रह्मपुत्र ने विद्रोह की घोषणा की। 'आजि ब्रह्मपुत्र हॅल बह्निमान' गीत में ब्रह्मपुत्र क्रोधोन्मत्त जनता की वेदना की ज्वालामुखी का रूप ले चुका है–

'एइ बह्नि नहय श्यामली बनर
एइ बह्नि क्रोधान्वित लक्ष मनर
पुँजीभूत नोपोवार बेदना
आग्नेयगिरि समान।
आजि ब्रह्मपुत्र हॅल बह्निमान!'[13]
(भावार्थ-
यह वह्नि नहीं है श्यामली वन की
यह वह्नि है क्रोधोन्मत्त लाखों लोगों की
पुँजीभूत न पाने की वेदना
ज्वालामुखी के समान।
आज ब्रह्मपुत्र है ज्वलंत।)

ब्रह्मपुत्र जब विध्वंसी रूप लेकर बाढ़ की सृष्टि करता है, तब डॉ. हाजरिका शंकित हो जाते हैं। 'लुइतर बलिया बान' गीत में उन्होंने कुछ इस प्रकार शंका व्यक्त की है–

'लुइतर बलिया बान
तइ कॅलैनो ढापलि मेलिछ?
हिर् हिर् शवदे
काल रूप धरि लै
काकनो बारे बारे खेदिछ?'[14]
(भावार्थ–
लुइत की बावली बाढ़
तुम किधर को चल पड़ी हो?
हिर् हिर् आवाज़ से
काल रूप लेकर
किसको बार बार खदेड़ रही हो?)

'पद्मार धुमुहाइ' गीत में फिर इस ब्रह्मपुत्र के बालूचर में ही पद्मा के तूफ़ान में विध्वस्त जन बसे हैं–

'पद्मार धुमुहाइ उरुवाइ निछिल
हे आमार सोणर घरे बारी
ऐ उजनि पानीते साँतुरि पालेहि
बरलुइतर चापरि।'[15]

(भावार्थ-
पद्मा का तूफ़ान उड़ाकर ले गया था
हाँ हमारा सोने सा घर
पानी में ऊँचाई की तरफ़ तैरकर पहुँचे
बरलुइत के तट।)

'लुइतर बलिया बान' गीत में ब्रह्मपुत्र की शक्ति से ही ब्रह्मपुत्र को भृत्य बना लेने का प्रयास करते हुए आप कहते हैं–

'पानीर पारते जनम आमार
पानीयेइ पितृ,शक्ति आमार
सेइ शक्तिरेइ बानक रुधिम
सहस्र हातेरे दुपार बांधिम
तोर सेइ शक्तिक काढ़ि काढ़ि आनि
तोकेइ आमार भृत्य करिम।'[16]

(भावार्थ-
पानी के तट पर ही हमारा जन्म हुआ
पानी ही हमारा पिता है, हमारी है शक्ति
उसी शक्ति से बाढ़ को रोकेंगे
सहस्र हाथों से दोनों तटों को बाँधेंगे
तुम्हारी इस शक्ति को छीन छीन कर
तुम्हीं को हमारा नौकर बानायेंगे।)

महिमामण्डित ब्रह्मपुत्र हाजरिका के कलेजे का टुकड़ा है। 'असम आमार रूपही' गीत में उन्होंने ब्रह्मपुत्र के दोनों तटों को नमस्कार कर यहीं मृत्यु की कामना की है–

'लौहित्यर बहल पारक प्रणिपात करौं
जन्म लॅलौं इयातेइ इयातेइ येन मरौं।'[17]

(भावार्थ-
लौहित्य के विस्तृत तटों को नमस्कार करता हूँ
जन्म यहीं लिया है, यहीं मर भी जाऊँ।)

इतना ही नहीं नदी ही लोगों की अनुभूति का वाहक है। 'कँपि उठे किय ताजमहल' गीत में शाहजहाँ के दिल में यमुना के सौ तूफ़ानों का कोलाहल सुनते हैं–

'महिला: हाय, हाय, हाय
दुयो : कँपि उठे किय ताजमहल?
पुवति निशार आजानर सँते आजान
पुरुष: यमुनात तुलि शत-धुमुहार कोलाहल
ताजमहल। ताजमहल॥'[18]
(भावार्थ-
महिला: हाय, हाय, हाय
दोनों: काँप उठता है क्यों ताजमहल?
पो फटते ही अजान के साथ अजान
पुरुष: यमुना में उठाकर शत-तूफ़ान कोलाहल
ताजमहल। ताजमहल।)

डॉ. भूपेन हाजरिका संस्कृति के साधक हैं। उन्होंने देश-विदेश की विभिन्न संस्कृतियों को अपने गीतों के माध्यम से चित्रित किया है। नद-नदी संस्कृति को हमेशा प्रभावित करते हैं। इसलिए उन्होंने गीतों में नद-नदियों के विभिन्न रूप चित्रित किए हैं। नद-नदी के माध्यम से उन्होंने सुन्दर संस्कृति का चित्रण किया है। नद-नदी गाँवों और पहाड़ों के लोगों के जीवन के आधार भी होते हैं। ऐसे क्षेत्रों के लोगों के जीवन का मानदण्ड निर्धारित करते हैं ये नद-नदी। शहरों में भी नद-नदियों की पर्याप्त महत्त्वपूर्ण भूमिका रहती है। डॉ. हाजरिका की दृष्टि में ये नद-नदियाँ सौन्दर्य शक्ति, विद्रोह, एकता के प्रतीक हैं। साथ ही यह नद-नदियाँ अतीत के गौरव गाथाओं का भी गान करते हैं। बाढ़ के रूप में नद-नदी विध्वंसी स्वरूप प्रकट करते हैं। हाजरिका ने नद-नदी के इस स्वरूप से अधिक साकारात्मक रूपों को ज़्यादा महत्त्व दिया है। डॉ. भूपेन हाजरिका की दृष्टि में नद-नदी मानव सभ्यता के लिए केवल आशा के सन्देशवाहक हैं।

सन्दर्भ सूची:

1. डॉ. भूपेन हाजरिका रचनावली (प्रथम खण्ड)–सम्पा. सूर्य हाजरिका पृष्ठ संख्या-137
2. वही, पृष्ठ संख्या-366
3. वही, पृष्ठ संख्या- 45-46
4. वही, पृष्ठ संख्या-445
5. वही, पृष्ठ संख्या-241-242
6. वही, पृष्ठ संख्या-305
7. वही, पृष्ठ संख्या-389
8. वही, पृष्ठ संख्या-224
9. वही, पृष्ठ संख्या-451
10. वही, पृष्ठ संख्या-137
11. वही, पृष्ठ संख्या-56
12. वही, पृष्ठ संख्या-349
13. वही, पृष्ठ संख्या-74
14. वही, पृष्ठ संख्या-545
15. वही, पृष्ठ संख्या-29
16. वही, पृष्ठ संख्या-454
17. वही, पृष्ठ संख्या-153
18. वही, पृष्ठ संख्या-129

सन्दर्भ ग्रन्थ:

1. हाजरिका, सूर्य, सम्पा. *डॉ. भूपेन हाजरिका रचनावली* (प्रथम खण्ड).प्रथम. गौहाटी: लावण्य प्रकाशन, 2008
2. हाजरिका, सूर्य, सम्पा. *डॉ. भूपेन हाजरिका रचनावली* (द्वितीय खण्ड). प्रथम. गौहाटी: लावण्य प्रकाशन, 2008

भूपेन हाजरिका के गीतों में 'लुइत'

पूजा बरुवा

असम रत्न भूपेन हाजरिका असमीया संगीत जगत का एक सिर परिचित नाम हैं। उनके लिखे गये गीतों से असमीया जातीय जीवन इतना समृद्ध हो गया है कि आज हमें ख़ुद को असमीया कहने में गौरव का अनुभव होता है। नदियों के साथ तो उनका गहरा सम्बन्ध है, ख़ासकर लुइत के साथ। लुइत को उन्होंने जिस दृष्टि से देखा है, और किसी ने नहीं देखा। इसीलिए तो उनके गीतों में लुइत, गंगा, वोल्गा, सोवणशिरी आदि नदियों को संस्कृति के वाहक, समन्वय के सूत्र आदि के रूप चित्रित किया गया है। जनसाधारण के प्रति संवेदनशीलता तथा शोषण के प्रति विद्रोह की अभिव्यक्ति इन गीतों के माध्यम से ही सम्भव हो पाई है। लोकसंगीत के माध्यम से पूरे विश्व में जादुई असर पैदा करनेवाले 'ब्रह्मपुत्र के कवि' भूपेन हाजरिका के गीत अपने लालित्य, सरलता, गम्भीरता, प्रवाहमयता, प्रभावोत्पादकता आदि गुणों के कारण पूरे विश्व में समादृत हैं। लुइत की दोनों तरफ़ रहनेवाले लोगों का रहन-सहन, उनकी संस्कृति ये सब भी उनके गीतों में समाहित हैं। उनके लिए लुइत साहस, शक्ति, प्रेरणा है। भूपेन हाजरिका के गीतों में लुइत के सभी रूपों का प्रतिफलन हुआ है।

विश्व कल्याण की भावना से पुष्ट, स्वदेश तथा स्वजाति के अनन्य साधक भूपेन हाजरिका असमीया सांस्कृतिक जगत के उज्ज्वल नक्षत्र हैं। असमीया कला-संस्कृति से पूरे विश्व को परिचित कराके भिन्न भाषा तथा संस्कृतियों से सांस्कृतिक समन्वय स्थापित कराने का श्रेय इन्हीं को जाता है। हाजरिका यायावर होकर भी असम से जी-जान से जुड़े हुए थे। उन्होंने स्वयं कहा है–

'मइ यॅतेइ नाथाको मोर मन असमते थाके।'[1]
(भावार्थ-मैं जहाँ भी रहूँ मेरा मन असम में ही रहता है।)

उन्होंने भेदभाव शोषण से मुक्त, एकता-समन्वय तथा सम्प्रीति से समृद्ध एक स्वस्थ असम की कामना थी और इस समन्वय का जीवन्त प्रतीक है महाबाहु ब्रह्मपुत्र। पूर्वोतर भारत, ख़ासकर असमीया मानव जीवन के साथ लुइत या ब्रह्मपुत्र अभिन्न रूप से जुड़ा हुआ है। इसकी उत्पत्ति तिब्बत में हुई। वहाँ इसका नाम चांग-पो, अरुणाचल में दिहाङ है। दिहाङ, चांग-पो, लुइत, लोहित, लौहित्य ये सभी नाम एक ही नदी के हैं। समतल में जब यह दिहाङ से मिल जाता है, पूर्वी दिशा से बहनेवाले लुइत से मिलकर यह ब्रह्मपुत्र बन जाता है। लोगों का विश्वास था कि इस नदी की उत्पत्ति आबर पर्वतमाला के भीतर और मिश्मी पर्वतमाला के बीच ब्रहमकुण्ड में है।[2]

ब्रह्मपुत्र मूलतः ब्रह्मा और आमोघा का पुत्र तथा शान्तनु मुनि का कुलनन्दन है। कालिका पुराण, पद्म पुराण आदि में ब्रह्मपुत्र के सम्बन्ध में अनेक कथाओं का उल्लेख है। ब्रह्मपुत्र नाम सबसे पहले कालिका पुराण में ही मिलता है। इसके अलावा भी ब्रह्मपुत्र के सम्बन्ध में अनेक लोककथाएँ तथा किंबदंतियाँ प्रचलित हैं। यह नदी नहीं नद है।

लुइत के किनारे अवस्थित तब का कुंडिल अब शदिया नाम से जाना जाता है। भूपेन हाजरिका का जन्म लुइत तट के शदिया में हुआ तथा सुनहरा बचपन बीता प्राकृतिक सौन्दर्य से पुष्ट हरे-नीले पर्वत-श्रेणियों से परिवेष्टित गौहाटी के लुइत किनारे स्थित भरलुमुख में और यौवन भी बीता धुबरी-तेजपुर के लुइत किनारे ही। इसलिए लुइत के साथ हाजरिका का जुड़ाव आजीवन था। असम के रमनीय प्रकृति से प्रेम होने के साथ-साथ लुइत के प्रति भी उनकी गहरी आस्था थी। लुइत की सुधा ने मानो बचपन में ही उनके कण्ठ में वास किया और वे बन गये सुधाकंठ। तब से लेकर अपने जीवन के अन्त समय तक उन्होंने अपने सुरामृत से श्रोताओं को आप्लुत किया।

लुइत असमीया रचनाकारों का प्रमुख पात्र रहा है, चित्रकार के लिए आकर्षक विषय तथा नाविकों के लिए जीवन की गति है तो मछुआरों के लिए ज़िन्दगी और पूर्वोत्तर में प्रवेश करने का सबसे पुराना रास्ता। जब यातायात का अन्य कोई साधन नहीं था, तब इसी के सहारे पूरे देश का सम्बन्ध पूर्वोत्तर के साथ था। शंकर-माधव की नौका-यात्रा, शराइघाट का युद्ध, लक्ष्मीनाथ बेजबरुवा का जन्म इन सभी घटनाओं का साक्षी है यह विशाल ब्रह्मपुत्र। ब्रह्मपुत्र पर न जाने कितने गीत लिखे गये, लिखे जा रहे हैं और भविष्य में भी इस पर न जाने कितने गीत लिखे जायेंगे। ज्योतिप्रसाद आगरवाल, विष्णु राभा, पार्वती प्रसाद बरुवा, रुद्र बरुवा

आदि संगीतकारों ने लुइत को लेकर अनेक गीतों की रचना की। भूपेन हाजरिका ने भी स्वयं लुइत पर कई गीत लिखे हैं। उनके लुइत सम्बन्धी गीतों में 'जिलिकाब लुइतरे पार', 'बिस्तीर्ण पाररे असंख्य जनरे', 'लुइतपरीया डेका बन्धु', 'लुइतपरीया तेजाल डेका', 'लुइतर बुकुते संधियार बेलिटि', 'महाबाहु ब्रह्मपुत्र महामिलनर तीर्थ', 'आजि ब्रह्मपुत्र हॅल बह्निमान', 'जिलिकाब लुइतरे पार', 'लुइतते मोर घर', 'मइ एटि यायाबर', 'लुइतर पार दुटि', 'लुइतर बलिया बान', 'आकौ यदि जाब लागे शराइघाटलै', 'शंकर माधवर महा महा सृष्टिरे', 'ब्रह्मपुत्रर पार दुटि', 'श्वहीद प्रणामो तोमाक' आदि विशेष रूप से उल्लेखनीय हैं। लुइत के प्रति अपने प्रेम और उसे अपने गीतों का विषय बनाने के सम्बन्ध में वे 'बह्निमान ब्रह्मपुत्र' में इसप्रकार लिखते हैं–

'भारतर नदीसमूह सदाय नारी-लास्यमयी किम्बा श्रद्धेया-ब्रह्मपुत्रहे भारतर एकमात्र पुरुष नद। सेइ बाबेइ इयार पौरुष उद्दाम-सबल विशाल। मइ जन्मा शदियार घरटिओ पंचाछर बरभूँइकँपत ब्रह्मपुत्रइ गिलि थॅले। एइ उन्मादनार बाबेओ ब्रह्मपुत्र मोर प्रिय। मोरेइ ने? समग्र असमवासीर इ आयुसरेखा। एइ नदक आमार बुकुरो आपोन बड़ोसकले भुल्लुङबुतथुर मातिछिल बुलि विष्णु राभादेवे आमाक कै गैछे। ज्योतिप्रसादे एइ लुइतर पारर डेका लॅरार शकतिर कथा घोषणा करि गैछे। शदियार परा धुबुरीलैके इयार पारते आमि शैशवरे परा धेमालि करि डाङर दीघल हॅलो। ब्रह्मार एइ पुत्रक लुइत नामेरे मातिलेइ आकौ बेलेग भाब एटि मनलै आहे, लुइत शबदे असमीयार कलिजात हेङुलीया किम्बा सेंदूरिया रहन सानि सानि याय-सेइ लुइत आरु लुइतपरीया समस्यावलीये मोर गीतत भूमुकि मारिबइ।...'[3]

(भावार्थ–भारत की नदियाँ हमेशा नारी-लास्यमयी तथा श्रद्धेय हैं। ब्रह्मपुत्र ही भारत का एकमात्र पुरुष नद है। इसीलिए इसका पौरुष उद्दाम-सबल विशाल है। मेरा जन्म शदिया के जिस घर में हुआ था वह घर भी पचास के भूकम्प में ब्रह्मपुत्र ने निगल लिया। इस उन्मादना के लिए भी ब्रह्मपुत्र मेरा प्रिय है। मेरा ही क्या? समस्त असमवासियों की यह आयु-रेखा है। विष्णु राभा हमें कह गये हैं कि इस नद को हमारे हृदय के पास बसनेवाले बड़ो लोगों ने भुल्लुङबुतथुर कहकर पुकारा था। ज्योतिप्रसाद इस लुइत के तट के युवाओं की शक्ति की घोषणा कर गये हैं। शदिया से धुबुरी तक इसके तट पर हम बचपन से खेल कूद कर बड़े हुए हैं। ब्रह्मा के इस पुत्र को लुइत नाम से पुकारने पर फिर एक अलग भाव मन में आता है, लुइत शब्द असमीया के हृदय को सिन्दूरी रंग से रंगता हुआ बहता जाता है। उस लुइत और लुइत तट की समस्याएँ मेरे गीतों में झाँकेंगी ही।)

वे अपने गीतों के विषय में कहते हैं–

'मोर किछु गीत समसामयिक संघातर समयत लिखिछोँ–यार जीवन हयतो सेइ विशेष समस्यार समाधानर लगे लगेइ शेष है याब-आरु सेये मोरो लक्ष्य। किछु लिखिछोँ यि लुइतर पारर ऐतिह्यक किम्बा समन्वयक सन्मान करिछे। किछु लिखिछोँ यार माजेरे लुइतर पारर अनागत सुन्दर भविष्यतर छवि अँकार चेष्टा करिछोँ।'[4]

(भावार्थ-मेरे कुछ गीत समसामयिक संघर्ष के समय लिखे गये हैं–जिनका जीवन शायद उस विशेष समस्या का समाधान के साथ-साथ ही समाप्त हो जायेगा– और वही मेरा लक्ष्य है। कुछ लिखे हैं, जिसने लुइत तट की धरोहर अथवा समन्वय का सम्मान किया है। कुछ लिखे हैं जिनके माध्यम से लुइत तट के आनेवाले सुन्दर भविष्य का चित्र अंकित करने का प्रयास किया गया है।)

उदार ब्रह्मपुत्र के लिए सब समान है, वह किसी की उपेक्षा नहीं करता, इसीलिए तो अनेक स्थलों से बहनेवाली नद-नदी-नालों को उसने इसप्रकार ख़ुद में समाहित कर लिया मानो कभी वे भिन्न प्रान्त के थे ही नहीं। पूरे विश्व को समन्वय की वार्ता देने वाले हाजरिका का व्यक्तित्व भी कुछ लुइत के समान ही विशाल, उदार एवं बाधाओं के प्राचीर को तोड़ निरन्तर प्रवाहमान है। बचपन से ही लुइत का सान्निध्य प्राप्त करने के कारण उनमें सर्वहित तथा समन्वय की भावना का होना स्वाभाविक ही है। लुइत के लिए उन्होंने ब्रह्मपुत्र, बर लुइत, बुढ़ा लुइत, महाबाहु आदि शब्दों का व्यापक प्रयोग किया हैं। लुइत असमीया जनजीवन के लिए एक वरदान है। असम के अस्सी प्रतिशत लोग कृषिजीवी हैं और असम के खेतों में हरियाली इसी लुइत की ही देन है। एक समय था जब लुइत ने असम के वीर-वीरांगनाओं को साहस दिया, प्रेरणा दी, मानवता तथा नैतिकता का पाठ पढ़ाया, विश्व दरबार में एक पहचान दी थी; पर अब स्थिति बदल चुकी है। लुइत की वह गरिमा अब नहीं रही। क्योंकि वह मात्र शोषण, हत्या, लुंठन, अशान्ति, नैतिकता का स्खलन तथा समस्त मानवता का पतन चुपचाप देखने लगा है। युगसचेत गायक हाजरिका भी अपने समकालीन परिस्थितियों से उदासीन नहीं थे। समाज की कुरूपता को देख उनका हृदय चीत्कार कर उठता था। वे लुइत की निन्दा करते हुए 'बिस्तीर्ण पाररे असंख्य जनरे' (1965) नामक गीत में सहस्रजन के सुख-दु:ख से जुड़े हुए इस 'लुइत' से पूछते हैं–

'बिस्तीर्ण पाररे असंख्य जनरे
हाहाकार शुनिओ नि:शब्दे नीरबे

बुढ़ा लुइत तुमि
बुढ़ा लुइत बाँवा किय?
नैतिकतार स्खलन देखिओ
मानवतार पतन देखिओ
निर्लज्ज, अलस भावे बाँवा किय?'[5]

(भावार्थ–लुइत तट के अगणित जनता का हाहाकार सुनकर तुम नि:शब्द नीरव होकर क्यों बह रहे हो? नैतिकता का स्खलन तथा मानवता का पतन देखकर भी तुम निर्लज की तरह क्यों बह रहे हो?)

युवा शक्ति पर हाजरिका को गहरा विश्वास था, क्योंकि युवाओं में अपने देश, अपनी मातृभूमि के लिए मर मिटने की, सब कुछ न्योछावर करने की तथा समाज में परिवर्तन लाने की क्षमता होती है। सदियों से असम के वीर युवाओं ने असम पर आनेवाली सभी मुसीवतों का डटकर सामना किया है। अनेक नौजवान 1979 ई. में असम की अस्तित्व रक्षा के संग्राम में कूद परे थे। उन युवाओं को लुइत ने शक्ति, साहस तथा प्रेरणा दी थी। भूपेन हाजरिका ने भी युवाओं को अनुप्राणित करने के लिए अपने गीतों में लुइत को माध्यम बनाया और लाचित की वीरता का स्मरण कराया, जिससे कि उनमें ऊर्जा का संचार हो। उन्हें लुइतपरीया युवा पर विश्वास है कि जिसतरह लुइत की प्रबल धारा सभी अशुद्धियों को दूर बहा ले जाती है, उसी प्रकार लुइत के तट के युवा भी मातृभूमि के दुश्मनों को दूर भगायेंगे। वे 'आकौ यदि याब लागे शराइघाटलै' नामक गीत में युवाओं से आह्वान करते हैं–

'आकौ यदि याब लागे शराइघाटलै
लुइतपारर डेका बन्धु नेथाकिबा रै
थौकि बाथौ बर लुइतर कोबाल साँते पाय
ठग प्रतारक सकलोके नियक उटुवाइ
साहसी पाहोवाल डेका-शंका किहलै?
शंका किहलै ?'[6]

(भावार्थ–शराइघाट के युद्ध के लिए अगर फिर से जाना पड़े, तो लुइत तट के युवाओ रुकना नहीं। लुइत की प्रबल धाराएँ ठगों को बहाकर ले जायें। हे साहसी युवाओ तुम्हें डर किसका है?

सन् 1979 के असम आन्दोलन में पुलिस-मिलटरी के अत्याचार और उसके

ख़िलाफ़ युवा शक्ति का देशप्रेम और अदम्य साहस देख भूपेन हाजरिका गर्व से गदगद हो उठे। युवाओं के प्रति सम्मान तथा आभार प्रकट करते हुए हाजरिका ने 'लुइतपरीया डेका बन्धु' (1980) नामक गीत की रचना की, जिसमें जनशक्ति का प्रतीक लुइत ने भी मानो रौद्र रूप धारण कर युवाशक्ति का ही साथ दिया। इस गीत की रचना के सम्बन्ध में वे लिखते हैं–

'1979 चनर परा असमर नतुन पुरुषे एटा जातिक, जातिर अस्तित्वक जीवन्त करि राखिबर बाबे, यि अहिंसा संग्राम करिछे सेइ संग्रामक सन्मान करि–'[7]

(भावार्थ–सन् 1979 से असम के नवयुवकों ने एक जाति को, जाति के अस्तित्व को जीवन्त रखने के लिए जो अहिंसा संग्राम किया है, उस संग्राम को सम्मान करते हुए–)

वे लिखते हैं–
'लुइतपरीया डेका बन्धु
तोमार तुलना नाइ
जीयाइ थकार युँजत नामिछा
मृत्यु शपत खाइ।'[8]

(भावार्थ–लुइत तट के युवा बन्धु तुम्हारी तुलना नहीं है। मौत की शपथ खाकर तुम जीवन युद्ध में उतरे हो।)

फिर-

लुइते आजि फेने-फोटोकारे
तीव्र बेगेरे बॅले
तोमार साहर जोवार देखि
नत शिरे प्रणामिले।'[9]

(भावार्थ–लुइत आज उफनते हुए तीव्र गति से बह रहा है। तुम्हारा साहस ज्वार देखकर उसने भी तुम्हें नतमस्तक होकर प्रणाम किया है।)

लुइत संस्कृत शब्द 'लोहित' से बना है जिसका असमीया में अर्थ है 'ख़ून'। लुइत के तट स्वदेश-स्वजाति के लिए प्राण त्यागनेवाले सहस्त्र शहीदों के ख़ून से लिखे गये स्वर्णिम दस्तावेज़ हैं। हाजरिका की मान्यता है कि यह स्वर्णिम दस्तावेज़ लुइतपार के युवाओं के अदम्य साहस और शक्ति के कारण ही लिखा जा सका है, अतः 'लुइतपरीया तेजाल डेका' (1984) नामक गीत में शहीदों को श्रद्धांजलि एवं

प्रशंसा करते हुए वे लिखते हैं–

‘लुइतपरीया तेजाल डेका
तुमि आजि अमर हॅला
तुमि आजि शहीद हॅला।’[10]

(भावार्थ–लुइत तट के युवाओं तुम आज अमर हो गये। तुम आज शहीद हो गये।)

फिर-

लुइतपारर सबारे शान्तिर
बाबेइ संग्रामी हॅला
प्रतारणार चिकार है
आजि येन गुचि गॅला।’[11]

(भावार्थ–लुइत तट पर रहने वालों की शान्ति के लिए ही तुम संग्रामी बने। धोखे का शिकार होकर आज मानो चले गये।)

विदेशी नागरिक बहिष्कार आन्दोलन के समय 1983 ई. में साधारण चुनाव बन्द कर दिया गया था, जिसके फलस्वरूप पुलिस, मिलिटेरी के आक्रमण में काफ़ी लोग जख्मी हुए, कई लोगों की जानें ही चली गयीं। चारों तरफ़ की तबाही देखकर उन्होंने ‘जुये पोरा तिराशीर निर्बाचनी बतर’ और ‘श्वहीद प्रणामो तोमाक’ नामक दो गीतों के ज़रिये उन्होंने लुइत पार के युवाओं को श्रद्धांजलि अर्पित की हैं–

‘जुये पोरा तिराशीर निर्बाचनी बतर
मोर भाइति नोहोवा हॅल नेपालौं ख़बर
एदिन देखो चौपाशे दैत्य दानव आहि
लुइतपारत गुलीयाले बहुतो गॅल भाहि।’[12]

(भावार्थ–आग लगने वाला तिरासी के चुनाव का समय है, मेरा भाई गायब हो गया और उसकी कोई ख़बर नहीं मिली। एक दिन देखा चारों ओर दैत्य दानवों ने आकर लुइत तट पर गोली चलायी और बहुत लोग उसी में बह गये।)

वे गाते है–

‘श्वहीद प्रणामो तोमाक
श्वहीद प्रणामो तोमाक

लुइतर पाररे तुमि डेका लॅरा
तुमियेतो बुकु पाति दिला।'[13]

(भावार्थ–शहीद तुम्हें प्रणाम है। लुइत तट के तुम युवा हो, तुम्हीं ने तो सीना तान दिया।)

बाढ़, साम्प्रदायिक भेदभाव, शोषण, राजनैतिक उथल-पुथल आदि अनेकों समस्याओं से पीड़ित असम को देखकर भूपेन हाजरिका के 'आजि ब्रह्मपुत्र हॅल बह्निमान' (1979) शीर्षक गीत में मानो लुइत भी आग उगल रहा है–

'आजि ब्रह्मपुत्र हॅल बह्निमान !
मनर दिगंतत धोवाँ उरे,
आकाशत पपीया तरा घूरे
पदे पदे करे काक अपमान?
आजि ब्रह्मपुत्र हॅल बह्निमान !'[14]

(भावार्थ–आज ब्रह्मपुत्र आग उगल रहा है। हृदय आकाश में धुँआ उड़ रहा है। आकाश में टूटता तारा घूम रहा है। प्रत्येक क्षण किसका अपमान कर रहा है?)

'जिलिकाब लुइतरे पार' शीर्षक गीत भूपेन हाजरिका की अनुपम सृष्टि है। सन् 1954 में गौहाटी विश्वविद्यालय में नये-नये विद्यार्थियों के स्वागत पर्व में गाने के लिए उन्होंने प्रस्तुत गीत की रचना की थी। इस गीत में प्रयुक्त होनेवाला लुइत शब्द असम का ही प्रतिनिधि है, जो असम की आशा आकांक्षा का प्रतीक है। युवा शक्ति सर्वश्रेष्ठ शक्ति है, अतः वे आशावादी हैं कि हर साल यहाँ पढ़ने आनेवाले हज़ारों ज्ञान के प्रदीप रूपी युवाओं से लुइत के दोनों पार आलोकित होंगे–

'जिलिकाब लुइतरे पार
एंधारर भेता भाङि
प्रागज्योतिषत बय
जेउति निजरारे धार,
शत शत बंतिर
ज्ञानरे दीपालीये
जिलिकाब लुइतरे पार।'[15]

(भावार्थ–लुइत के तट चमकेंगे। अँधेरे का बाँध तोड़कर प्रागज्योतिष में प्रकाश की धारा बहेगी। शत-शत दीयों के ज्ञान के प्रकाश से लुइत के तट चमकेंगे।)

लुइत पहचान है असम के साथ साथ पूरे पूर्वोत्तर भारत की। इसके बिना असमीया संस्कृति, समाज, सभ्यता तथा लोक जीवन की कल्पना भी नहीं की जा सकती। अतीत से असम विविध जाति, उपजाति, सभ्यता-संस्कृति की मिलनभूमि रही है। बहुत पहले से ही यहाँ प्रवासियों का स्रोत बहता आया है। 'असमी आइ' ने भी अपने विशाल हृदय से सबको अपना लिया। लुइत असमीया सभ्यता-संस्कृति का प्रमुख अंग है। वह मात्र एक नदी नहीं है, वह है एक दर्शन, एक गवाह समन्वय का, आर्य-अनार्य, मुग़ल-आहोम, मंगोल-तिब्बती संस्कृतियों के मिलन और संघर्ष का। अलग-अलग नदियाँ जिस तरह इसमें मिलकर एक होती हुई आगे बढ़ती हैं, उसी प्रकार कई संस्कृतियाँ भी इसमें मिलकर एक होती हैं। भूपेन हाजरिका इसे समन्वय का प्रतीक मानते हुए 'महाबाहु ब्रह्मपुत्र महमिलनर तीर्थ' (1980) नामक गीत में लिखते हैं–

'महाबाहु ब्रह्मपुत्र महमिलनर तीर्थ
कत युग धरि आहिछे प्रकाशि समन्वयर अर्घ्य।
सुदुर कान्यकुब्जरे परा बरभूँञा आहिछिले
सेई बंशते शंकरदेउ इयाते जनमिले।'[16]

(भावार्थ–महाबाहु ब्रह्मपुत्र महामिलन का तीर्थ है। यह युगों युगों से समन्वय का मार्ग बनता आया है। दूर कान्यकुब्ज से बरभूँञा आये थे और उसी वंश में ही शंकरदेव का जन्म यहाँ हुआ था।)

वे गाते हैं–

लुइतर दुयोपारे कतना अतिथि आदरिले
किछु लब लागे किछु दिब लागे जीण जाबले हॅले।'[17]

(भावार्थ–लुइत के दोनों तटों ने न जाने कितने अतिथियों का स्वागत किया है। मिलने के लिए कुछ लेना या कुछ देना पड़ता ही है।)

लुइत असमीया जाति के हृदय के अत्यन्त क़रीब है। यह लोगों की आशा आकांक्षा, सुख-दु:ख से जुड़ा हुआ है। यह लुइत एक ओर असम का अहंकार है, तो दूसरी ओर दुखों का कारण भी। लुइत जब विध्वंसी रूप धारण कर बाढ़ लाता है, तो सारे सुनहरे सपने मिट्टी में मिल जाते हैं। लुइत की बाढ़ खेत-खलिहान, घर-बार, मनुष्य-पशु किसी को नहीं छोड़ती, यहाँ तक कि बाढ़ में हर वर्ष कई गाँव बह जाते हैं–

'भरा बारिषार बाने
खहाइ निले
पारते उचुपि कांदे
दुखीयार छाओ।'[18]

(भावार्थ–वर्षा की बाढ़ से गाँव बह गये और यह देख ग़रीब लोग लुइत के तट पर बैठे रोते हैं।)

एक ओर हाजरिका लुइत को समन्वय का, जनशक्ति का प्रतीक मानकर श्रद्धा करते हैं, तो दूसरी ओर उसके संहारी रूप के प्रति क्षोभ भी प्रकट करते हैं। कभी लुइत को वे अपना कहते हैं तो कभी पराया। 'लुइतते मोर घर' नामक गीत में उन्होंने लिखा है–

'लुइतते मोर घर
लुइतेइ मोर पर
लुइतेइ ये भाङे गढ़े
सपोन मरमर।'[19]

(भावार्थ–लुइत ही मेरा घर है। लुइत ही मेरा पराया है। लुइत ने ही मेरे प्यारे सपनों को बनाया तथा तोड़ा है।)

सावन-भादों के महीनों में लुइत के किनारे पानी से भर जाते हैं। पानी ही समग्र प्राणियों के प्राण है; पर यही प्राण जब प्राण लेने में उतर आये तो कोई नहीं बचता। लुइत अपने प्रबल स्रोत से सबकुछ ख़ुद में समाहित कर लेता है। हाजरिका आशा करते हैं कि अगर इसी लुइत में उन्नत वैज्ञानिक पद्धति द्वारा बाँध बनाकर उसकी धारा को नियन्त्रित किया जाये, तो इसके प्रलयंकारी रूप का सकारात्मक लाभ उठाया जा सकता है। 'लुइतर पार दुटि' (1947) नामक गीत में वे लिखते हैं–

'राइजे लग लागि भरा लुइत बांधिब
साहसी बुकुखन नाचे।
कॅलीया पिशाचक भदियाइ बधिब
आछे दुइ बाहुत शकति।'[20]

(भावार्थ–जनता मिलकर अपने सामर्थ से लुइत को बाँधेगी और उसका लाभ उठायेगी।)

हाजरिका को लुइत की अपार शक्ति का अनुमान था। वे उसे असम का शक्तिपुंज मानकर उस पर आस्था भी रखते थे; पर उसकी यह शक्ति जब काल का

आमन्त्रण करती है, तो वे उसके संहारी रूप के प्रति क्षोभ प्रकट करते हुए उस पर बाँध बना कर साहस से उसकी शक्ति को छीनकर अपना दास बनाने की बात भी करते हैं। 'लुइतर बलिया बान' (1968) नामक गीत में वे लिखते हैं–

'लुइतर बलिया बान
तइ कॅलैनो ढापलि मेलिछ?
हिर् हिर् शवदे
काल रूप धरि लै
काकनो बारे बारे खेदिछ?'[21]

(भावार्थ–लुइत की पागल बाढ़ तू कहाँ जा रही है? हिर-हिर शब्दों से काल रूप धारण कर तू बार-बार किसका पीछा कर रही है?)

सहस्त्र हातेरे दुपार बांधिम
तोर एइ शक्तिक काढ़ि काढ़ि आनि
तोकेइ आमार भृत्य करिम।'[22]

(भावार्थ–सहस्त्र हाथों से दोनों तटों को बान्धेंगे। तेरी इस शक्ति को छीनकर तुझे अपना दास बनायेंगे।)

भूपेन हाजरिका अपने समसामयिक सामाजिक, राजनीतिक, आर्थिक आदि सभी परिस्थितियों से परिचित थे और इसका प्रमाण उनके गीतों में मिलता है। षाठ के दशक में नील आर्मष्ट्राग चाँद पर गये थे और उसी दशक में शराइघाट के सेतु ने लुइत के दोनों किनारों को मिलाया था। उन दोनों घटनाओं को उन्होंने 'ब्रह्मपुत्रर पार दुटि' नामक गीत में इसप्रकार प्रस्तुत किया है–

ब्रह्मपुत्रर पार दुटि दलङे लग लगाले
चन्द्रर बुकुलै मानुह <u>य</u>ाबलै ओलाले !'[23]

(भावार्थ–ब्रह्मपुत्र के दोनों किनारों को सेतु ने मिलाया और चाँद तक लोग जाने निकले हैं।)

भूपेन हाजरिका असमीया जाति, साहित्य, संस्कृति के अनन्य साधक थे। असमीया साहित्य तथा संस्कृति के उन्नायकों के अमूल्य अवदानों का स्मरण करते समय भी उन्होंने लुइत का उल्लेख किया है–

'शंकर-माधवर महा महा सृष्टिरे
उज्ज्वल लुइतरे पार

कतजने शलागिले असमीया लिखनी
पद्मगोहाँञि बरुवार।'[24]

(भावार्थ–महापुरुष शंकरदेव और मधावदेव की महान सृष्टि से लुइत के तट चमक रहे हैं। कई लोगों ने पद्मगोहाँञि बरुवा द्वारा रचित असमीया साहित्य की प्रशंसा भी की है।)

उन्मत्त लुइत बाढ़ लाकर सबकुछ तबाह कर सकता है; पर जब वह शान्त होता है तब शाम के समय सूरज का क्रीड़ास्थल बन जाता है, उसका सुन्दर दृश्य हाजरिका के 'अस्त आकाशरे' गीत में देखने को मिलता है–

'अस्त आकाशरे सपोन रहन सानि
क्लांत लुइतरे हेङुलीया पानी
बैये याय, बैये याय, बैये याय।'[25]

(भावार्थ–अस्त आकाश में सपनों से रंगकर क्लांत लुइत का सिन्दूरी पानी बहता ही जाता है।)

रुद्र बरुवा के 'लुइतर बुकुते संधियार बेलिटि' नामक गीत में भी लुइत का ऐसा ही सुन्दर दृश्य परिलक्षित होता है, जहाँ वह रंगों का खेल खेलता है–

'लुइतर बुकुते संधियार बेलिटि
किनो खेला खेलि रय।
नीला पानीखिनि रङते रङालि
धौ खेलि खेलि बय॥'[26]

(भावार्थ–लुइत में श्याम का सूरज कैसा खेल खेलता है कि नीला पानी भी रंगों में रंग कर लहर उठाकर बहता है।)

भूपेन हाजरिका अनन्य प्रेमी थे। शैशव में अपनी किसी अन्तरंग प्रेमिका के साथ बिताये हुए प्रेम के उन अनमोल क्षणों का वर्णन करते समय भी वे लुइत का उल्लेख करना नहीं भूले–

'शैशवते धेमालिते
तोमारे ओमला मनत आछे
बहॉग माहर लुइत खनित
दोयो सातौँरा मनत आछे।'[27]

(भावार्थ–बचपन में तुम्हारे साथ खेलना याद है। बैशाख महीने के लुइत में दोनों का एकसाथ तैरना भी याद है।)

भूपेन हाजरिका का लुइत से आजीवन सम्बन्ध रहा। कभी उन्होंने लुइत को फटकारा तो कभी वियोग में उसका स्मरण किया तो कभी उसकी प्रशंसा की। लुइत के अनेक रूप उनके गीतों में मिलते हैं। उसके प्रति उनके दिल में इतना प्रेम, इतनी आस्था थी कि वे चाहते थे उनके जीवन का अन्त लुइत के किनारे ही हो। 'असम अमार रूपही' गीत में वे लिखते हैं–

'लौहित्यरे बहल पारक प्रणिपात करो
जन्म लॅलो इयातेइ, इयातेइ येन मरौँ।'[28]

(भावार्थ–लुइत के विशाल तटों को नमन करता हूँ, यहीं मैंने जन्म लिया है और आशा है कि यहीं मेरी मृत्यु भी हो।)

विश्वमानव, असमीया संगीत जगत का चमकता सितारा भूपेन हाजरिका के एक-एक गीत एक एक अमूल्य रत्न के समान है। लुइत को लेकर उन्होंने अनेक गीतों की रचना की तथा ख़ुद गाया भी। उनके लुइत सम्बन्धी गीतों ने श्रोताओं को हमेशा से मुग्ध किया है। उन्होंने कभी लुइत को लेकर सपने देखे, कभी उसकी शक्ति के प्रति श्रद्धा प्रकट की है, तो कभी उसके प्रति क्षोभ। ऐसा लगता है कि मानो लुइत उनके गीतों का आधार है जिसके प्रति उनका झुकाव सदैव रहा। लुइत के तट पर पलने बढ़ने वाले भूपेन हाजरिका का अन्तिम संस्कार लुइत के तट के गौहाटी विश्वविद्यालय के परिसर में किया गया, जिसे 'समाधि क्षेत्र' के रूप में जाना जाता है।

सन्दर्भ सूची

1. डॉ. भूपेन हाजरिकार गीत समग्रर चमु विश्लेषण-सम्पा.तरणी पाठक और मनोमती पाठक, पृष्ठ संख्या-10
2. लुइत ब्रह्मपुत्रर कथा-रबीन चौधरी, पृष्ठ संख्या-1
3. वही, पृष्ठ संख्या-65
4. वही, पृष्ठ संख्या-65
5. डॉ. भूपेन हाजरिकार गीत समग्रर चमु विश्लेषण-सम्पा.तरणी पाठक और मनोमती पाठक, पृष्ठ संख्या-131
6. वही, पृष्ठ संख्या-312

7. डॉ. भूपेन हाजरिकार गीत समग्र:गीतावली–सम्पा.सूर्य हाजरिका, पृष्ठ संख्या-451
8. वही, पृष्ठ संख्या-452
9. वही, पृष्ठ संख्या-452
10. वही, पृष्ठ संख्या-455
11. वही, पृष्ठ संख्या-455
12. वही, पृष्ठ संख्या-1131
13. वही, पृष्ठ संख्या-1132
14. डॉ. भूपेन हाजरिकार गीत समग्रर चमु विश्लेषण-सम्पा. तरणी पाठक और मनोमती पाठक, पृष्ठ संख्या-302
15. डॉ. भूपेन हाजरिकार गीत समग्र:गीतावली–सम्पा.सूर्य हाजरिका, पृष्ठ संख्या-224
16. *डॉ. भूपेन हाजरिकार गीत और कवितार विश्लेषणात्मक आलोचना*-सम्पा. शैलेनजित शर्मा, पृष्ठ संख्या-103
17. डॉ. भूपेन हाजरिकार गीत समग्रर चमु विश्लेषण-सम्पा.तरणी पाठक और मनोमती पाठक, पृष्ठ संख्या-321
18. *डॉ. भूपेन हाजरिकार गीत और कवितार विश्लेषणात्मक आलोचना*-सम्पा. शैलेनजित शर्मा, पृष्ठ संख्या-423
19. डॉ. भूपेन हाजरिकार गीत समग्र:गीतावली–सम्पा.सूर्य हाजरिका, पृष्ठ संख्या-450
20. वही, पृष्ठ संख्या-453
21. वही, पृष्ठ संख्या-454
22. वही, पृष्ठ संख्या-454
23. वही, पृष्ठ संख्या-1078
24. वही, पृष्ठ संख्या-1083
25. वही, पृष्ठ संख्या-1051
26. रुद्र बरुवार गीत-सम्पा. राम गोस्वामी, पृष्ठ संख्या-7
27. डॉ. भूपेन हाजरिकार गीत समग्र:गीतावली–सम्पा.सूर्य हाजरिका, पृष्ठ संख्या-1039
28. वही, पृष्ठ संख्या-1072

ग्रन्थ सूची

1. ओजा, रत्न, सम्पा. भूपेन हाजरिका. प्रथम. गौहाटी: असम प्रकाशन परिषद, 2013
2. गोस्वामी, राम,सम्पा. *रुद्र बरुवार गीत.* तृतीय. गौहाटी : असम प्रकाशन परिषद, 2014
3. चौधरी, रबीन, *लुइत ब्रह्मपुत्रर कथा.* प्रथम. डिब्रुगढ़: कौस्तुभ प्रकाशन, 2005
4. पराशर, पुलिन कलिता, गोपाल जालान और अनुभव, सम्पा. *विश्वनागरिक भूपेन हाजरिका.* दूसरा. पाणबजार : चन्द्र प्रकाशन, 2007
5. पाठक, तरणी और मनोमती डाकुवा पाठक,सम्पा. डॉ. *भूपेन हाजरिकार गीत समग्रर चमु विश्लेषण.* प्रथम. गौहाटी : आइकण प्रकाशन, 2009
6. शर्मा, शैलेनजित, सम्पा. *डॉ. भूपेन हाजरिकार गीत और कवितार विश्लेषणात्मक आलोचना* . प्रथम. गौहाटी: चन्द्र प्रकाश, 2012
7. हाजरिका, सूर्य, सम्पा. *डॉ. भूपेन हाजरिकार गीत समग्र:गीतावली.* तृतीय. गौहाटी : लावण्य प्रकाशन, 2010

भूपेन हाजरिका के गीत

चमकेंगे लुइत[1] के पार

मूल (असमीया)–डॉ. भूपेन हाजरिका
अनुवाद- डॉ. रीतामणि वैश्य

चमकेंगे लुइत[1] के पार
अँधेरा बाधा न रहे
प्रागज्योतिष में बहे
ज्योति प्रवाह की धार ;
शत-शत दीप के
ज्ञान के प्रकाश से
चमकेंगे लुइत के पार।
साँचिपात[2] देगा भाषा
सिफुङ[3] देगा आशा
रंङघर[4] खोलेगा द्वार;
समाज अपनायेगा
महान मानवता
विज्ञान लायेगा ज्वार।
नवीन की खोज में
निडर तरुण हम
बीसवीं सदी के तार ;
अज्ञान भँवर
यूँ ही छोड़ हम
चलाएँ जीवन पतवार।।

टिप्पणी :

1. ब्रह्मपुत्र नद
2. *साँचि* पेड़ के छिलके से लिखने हेतु तैयार किया हुआ पत्ता।
3. असम के बड़ो संप्रदाय की पारंपरिक वाद्य (बाँसुरी)।
4. असम के शिवसागर में स्थित आहोम राजाओं का रंगमहल।

('चमकेंगे लुइत के पार' भूपेन हाजरिका के 'जिलिकाब लुइतरे पार' शीर्षक मूल असमीया गीत का हिन्दी अनुवाद है। यह गौहाटी विश्वविद्यालय संगीत है। इस गीत में गौहाटी विश्वविद्यालय से असमीया लोगों की जो अपेक्षाएँ हैं, वे स्पष्ट रूप में उभरकर सामने आई हैं। कला, विज्ञान, साहित्य, संस्कृति के क्षेत्र में इस जातीय अनुष्ठान की भूमिका इस गीत में है। यह गीत 1954 ई. में लिखा गया था।)

मानव एक दूजे के लिए

मूल (असमीया)–डॉ. भूपेन हाजरिका
अनुवाद–डॉ. रीतामणि वैश्य

मानव एक दूजे के लिए
थोड़ा भी यदि न जीए
थोड़ी-सी सहानुभूति से
सोचेगा कौन बोलो ? हे बन्धु !

मानव मानव को बेचना चाहे
मानव मानव को ख़रीदे जाये
पुराना इतिहास दोहराए तो
भूल क्यों न होगी बोलो, हे बन्धु !

दुर्बल मानव यदि
जीवन की तेज़ नदी
पार हो तुम्हारे सहारे
खोओगे तुम क्या?

मानव में न रहे मानवता
दानव में होगी क्या मानवता
यदि दानव में आ जाए मानवता
लाज किसे आयेगी बोलो, हे बन्धु !

(‘मानव एक दूजे के लिए’ भूपेन हाजरिका के ‘मानुहे मानुहर बाबे’ शीर्षक मूल असमीया गीत का हिन्दी अनुवाद है। यह गीत असम के भाषा आन्दोलन के समय 1960-61 ई. में रचा गया था।)

कालजयी लहर छोड़कर

मूल (असमीया)–डॉ. भूपेन हाजरिका
अनुवाद–डॉ. रीतामणि वैश्य

कालजयी लहर छोड़कर
छोड़कर
नई डोंगी बह जाती है
जगमगाती लहर छोड़कर
छोड़कर
समय नदी में पट खींचती है
अणु परमाणु हो
किसकी आशा रेणु उड़ती है
आज उड़ती है ?

ॲ ॲ ॲ मेरा मन-गीतकार
आओ देखो देखो
हृदय बाँट कौन जाता है !
जगमगाती लहर छोड़कर
लहर छोड़कर
कमल सुर की डोंगी बह जाती है
अणु परमाणु होकर
किसकी आशा रेणु उड़ती है
आज उड़ती है ?

ऊपरी पानी में
प्यारी धारा में
चित्रलेखी
चिरसुन्दर की
हंसकूची से
इतिहास लिखती है

अॅ अॅ अॅ मेरा मन-गीतकार
आओ गाओ गाओ
सुर की आज कोई सीमा नहीं है।

('कालजयी लहर छोड़कर' भूपेन हाजरिका के 'चिर युगमीया ढौ तुलि' शीर्षक मूल असमीया गीत का हिन्दी अनुवाद है। यह गीत 1963 ई. में कोलकाता में लिखा गया था।)

बचपन में

मूल (असमीया)-डॉ. भूपेन हाजरिका
अनुवाद-डॉ. रीतामणि वैश्य

बचपन में हँसते-खेलते
साथ रहना याद है
वैशाख महीने के लौहित्य में
दोनों का तैरना याद है।

यौवन में दोनों की देह का
शर्मीला स्पर्श याद है।
मेरे बिन फाँसी लगा लोगी तुम
कहा था मुझे याद है।
वैशाख महीने में एक दिन
आयी थी तेज आंधी
उस आंधी में किसी के साथ
तुम तो चली गयी।

मन का मालिक छोड़कर तुमने
धन का मालिक अपनाया
धन और धन के प्रेम से
स्वरूप अपना दिखलाया।

बहुत दिनों बाद अचानक
तुम्हें देखा, मुझे याद है
दूर से देखा तुम्हारा
स्वर्णाभूषण तेज चमकता
तुम्हारे बिन फाँसी लगा लूँगा
अगर ऐसा सोचती हो तुम
गलत सोचती हो मेरी सनम
अलीक सपना देखती हो।

ज़िन्दा रहूँगा।
ज़िन्दा रहकर एक समाज
गढ़ने का मेरा मन है,
ज़िन्दा रहकर एक समाज
गढ़ने का मेरा प्रण है,
जहाँ सोने से मानव की क़ीमत
थोड़ी ही सही, पर अधिक है।

('बचपन में' भूपेन हाजरिका के 'शैशवते' शीर्षक मूल असमीया गीत का हिन्दी अनुवाद है। यह गीत कोलकाता में 1963 ई. में 'शैशवते' शीर्षक से लिखा गया था।)

शिलांग की एक शाम

मूल (असमीया)-डॉ. भूपेन हाजरिका
अनुवाद-डॉ. रीतामणि वैश्य

शिलांग की एक शाम
सपनों के शहर के प्यारी शरद की
स्मृति सुनहली

रंगीन बाज़ार पार होकर
नंगे पैरों दूब पर पैदल
छोटे-छोटे पतले
झरने के तट पर
हँसते हुए उस दिन तुम और मैं
गिर ही जाते !

धीरे-धीरे अँधेरा उतरा
दूरी के खासी गाँव में
तुम और मैं मिलकर
हुए मग्न आपस में।

दो मन झरना जलधि हो गये
ऊँचे चीड़ के वन भिगो दिये
मानो उड़ते-उड़ते
उड़ते जुगनू
हँसते-हँसते चिढ़ा गये

हम हैं उड़ती रहने वाली
शरद के दो मीठे शेफाली।

('शिलांग की एक शाम' भूपेन हाजरिका के 'श्विलङरे गधूलि' शीर्षक मूल असमीया गीत का हिन्दी अनुवाद है। यह गीत 1968 ई. में शिलांग के पाइनउड हॉटल में लिखा गया था।)

मेरे गीत हों

मूल (असमीया)–डॉ. भूपेन हाजरिका
अनुवाद–डॉ. रीतामणि वैश्य

मेरे गीत हों
आस्थाहीनता के
प्रतिकूल
एक गहरी आस्था के गीत।

मेरे गीत हों
कल्पना विलास के
प्रतिकूल
एक सत्य प्रशस्ति का ध्यान॥
मेरी कला-शैली में
मूर्त हों
एक मधुर वैशिष्ट का मान
उन गीतों में जगे
कोई संग्रामी
सैनिक के महाप्राण।

समकालीन संघात
जीवन के ज्योतिप्रपात
उसके गीत हों धन्य
हों समवेत शिल्पी अगण्य॥

विनाशक दृष्टि
या कि मनमुटाव
वे नहीं मेरे गीत के लक्ष्य
लक्ष्य शान्ति अनन्य।

मेरे सुर विन्यास में
मूर्त हों
अतीत वर्तमान
चिर उज्ज्वल भविष्य करें
वहीं हमेशा स्नान–

मेरे गीत हों
बाधा के प्राचीर के
प्रतिकूल
एक तीव्र गति के गान॥

('मेरे गीत हों' भूपेन हाजरिका के 'मोर गीत हओँक' शीर्षक मूल असमीया गीत का हिन्दी अनुवाद है। यह गीत 1969 ई. में कोलकाता में लिखा गया था।)

असम हमारी रूपसी

मूल (असमीया)-डॉ. भूपेन हाजरिका
अनुवाद-डॉ. रीतामणि वैश्य

असम हमारी रूपसी, गुण है विशेष
भारत के पूरब के सूरज का देश।

सारा जीवन खोजेने से भी
अनन्त दिवस रात्रि
असम देश की तरह न मिले
इतनी सरस मिट्‌टी।

चिर सुन्दर तुम्हारा श्यामल परिवेश
भारत के पूरब के सूरज का देश।

वैशाख में हमारी माँ
अटेरन बन घूमती
माघ में सोने के हाथों से
लक्ष्मी है बुलाती।

शरद रात्रि तारे सजाते माँ के केश
भारत के पूरब के सूरज का देश।

पहाड़-मैदान एक करे इन्द्रधनुष की भाँति
भाषा का प्यार तुम्हारा मिलन–सेतु बांधता
लौहित्य के विशाल तट को नमन करता हूँ
जन्म लिया यहीं है,यहीं मैं मर जाऊँ।

मिलेगा कहाँ ऐसा मधुर रूप का परिवेश
भारत के पूरब के सूरज का देश।

('असम हमारी रूपसी' भूपेन हाजरिका के 'असम आमार रूपही' शीर्षक मूल असमीया गीत का हिन्दी अनुवाद है। यह गीत 1969 ई. में बम्बई में लिखा गया था।)

मुलायम मेघ का टुकड़ा

मूल (असमीया)-डॉ. भूपेन हाजरिका
अनुवाद-डॉ. रीतामणि वैश्य

मुलायम मेघ का टुकड़ा तैरता जाता है
मेरा वनहंस राह खोता है
मैं हूँ शारदी खिड़की के सामने
दिल जिसे चाहे, उसका रास्ता देखते।

बिजली दीये के उन तारों में
ओस लटकती बातें करती
विशेष बिन्दु का चेहरा एक
मुट्ठी भर अनुराग बिखेर जाता।

मैं एक यक्ष महानगर का,
झूठे प्यार में हूँ कारारुद्ध
स्मरण के श्रावण में आवद्ध।

बिजली की बत्ती आज चारों ओर से
शरद संध्या महानगर सजाये
(उसकी) मादकता सन आज लिखी है चिट्ठी
चंचल मेघ उसे ले जायें।

('मुलायम मेघ का एक टुकड़ा' भूपेन हाजरिका के ' एटुकुड़ा आलसुवा मेघ भाहि याय' शीर्षक मूल असमीया गीत का हिन्दी अनुवाद है। यह गीत 1969 ई. में गौहाटी के निजरापार में लिखा गया था।)

शीत की भीगी भीगी रात

मूल (असमीया)–डॉ. भूपेन हाजरिका
अनुवाद–डॉ. रीतामणि वैश्य

शीत की भीगी भीगी रात
भीगी भीगी शीत की रात
वस्त्रविहीन किसी किसान की
टूटी हुई झोपड़ी की
तुष अगनि के
धीमे धीमे जलते
रक्तिम एक उत्ताप बनूँ।

शीत की भीगी भीगी रात
भूखे किसी दीन मजदूर के
प्राणों में छिपी
क्षुधा अग्नि के
अचानक जल उठे
प्रचण्ड एक प्रताप बनूँ
प्रताप बनूँ मैं प्रताप बनूँ।

शीत की भीगी भीगी रात
संख्यालघु किसी सम्प्रदाय के
डरते मन का
अस्फुट आर्त्तनाद

स्वयं प्रकाश कर
मीठी एक सुरक्षा बनूँ
सुरक्षा बनूँ सुरक्षा बनूँ।

शीत की भीगी भीगी रात
कण्ठरुद्ध किसी सुगायक के
प्रभात ला सकनेवाला
पर न गाया हो
एक अमर गीत के लिए
मैं एक सुधाकंठ बनूँ
सुधाकंठ बनूँ सुधाकंठ बनूँ।

शीत की भीगी भीगी रात
भीगी भीगी शीत की रात
वस्त्रविहीन किसी किसान की
टूटी हुई झोपड़ी की
तुष अगनि के
धीमे धीमे जलते
रक्तिम एक उत्ताप बनूँ।

प्रचण्ड एक प्रताप बनूँ
मैं एक सुरक्षा बनूँ

('शीत की भीगी भीगी रात' भूपेन हाजरिका के 'शीतरे सेमेका राति' शीर्षक मूल असमीया गीत का हिन्दी अनुवाद है। यह गीत 1970 ई. को लिखा गया था।)

विमूर्त मेरी यह रात

मूल (असमीया)–डॉ. भूपेन हाजरिका
अनुवाद–डॉ. रीतामणि वैश्य

विमूर्त मेरी रात यह
मौन के सूत से बुनी
एक नीली चादर
उसी के एक मीठे मोड़ पर
निश्वास का सुर और
जीवन्त है आदर।
कामना का गहरा लाल रंग
आज के गहरे गर्भ में
नीरव प्रेम-बरसात
श्रावण और भादों
उसी के एक मीठे मोड़ पर
निश्वास का सुर और
जीवन्त है आदर।

निकलती है प्रत्याशित
अस्फुट एक प्रतिध्वनि प्यारी
उसकी प्यारी बोली
परिधिविहीन संगममुखी

निर्मल दो होंठ
कम्पन कातर।

रीति का तोड़ना रीति है यह
नियमाकांक्षी राह की
कोमल आघात प्रति आघात
नीली रात के नाट का
दूर के आर्त्तनाद की नदी
क्रंदन किसी घाट का
परवाह नहीं मिला है मुझे
आलिंगन का आदर।
उसी के एक मीठे मोड़ पर
निश्वास का सुर और
जीवन्त है आदर।

('विमूर्त मेरी यह रात' भूपेन हाजरिका के 'बिमूर्त्त मोर निशाटि' शीर्षक मूल असमीया गीत का हिन्दी अनुवाद है। यह गीत कोलकाता में 1971 ई. में लिखा गया था।)

मेरे गीतों के हज़ारों श्रोता

मूल (असमीया)-डॉ. भूपेन हाजरिका
अनुवाद-डॉ. रीतामणि वैश्य

मेरे गीतों के हज़ारों श्रोता ! तुम्हें नमस्कार !
गीत की सभा में तुम ही हो प्रधान अलंकार॥

चाहता हूँ तुम्हारे चेहरे पर हँसी लाना
चाहता हूँ तुम्हारे दुख में दिल से रोना।
तुम्हारे क्रोध में क्रोधित होकर भी गीत रचता हूँ
व्यक्तिसमूह की ओर से सुर निवेदन करता हूँ
गीत के कुसुम से आज जीवन ज्योतिष्मान
गीत की सभा में तुम ही हो प्रधान अलंकार॥

अगर भूल हो मेरी सृष्टि में
होते हो तुम चिन्तित
समालोचन की आग से तपाकर
करो मुझे उन्नीत।

शैशव में दो एक सभा में गीत गाया
गाते ही तभी दिल में जगह पाया
तुम्हारे सीने की गरमाहट से यहाँ हूँ

जीवन की दोपहरिया में भी गीत गाता हूँ।
गीत की सभा में था मैं तुम्हारा आविष्कार
गीत की सभा में तुम ही हो प्रधान अलंकार।

('मेरे गीतों के हज़ारों श्रोता' भूपेन हाजरिका के 'मोर गीतर हेजार श्रोता' शीर्षक मूल असमीया गीत का हिन्दी अनुवाद है। यह गीत 1973 ई. में कोलकाता में लिखा गया था।)

मैं जब इस जीवन की

मूल (असमीया)–डॉ. भूपेन हाजरिका
अनुवाद–डॉ. रीतामणि वैश्य

मैं जब इस जीवन की
माया छोड़ जाऊँगा
आशा है मेरी चिता के पास
तुम्हारा सहारा पाऊँगा।

नहीं चाहिए मेरी स्मरण सभा
नहीं चाहिए झूठे नाम
तुम्हारे एक बूंद आँसू से
मिलेगा मेरा दाम।

समूह के लिए गीत गाकर
तुम्हें भूल गया
शायद इसीलिए भरे यौवन में
तुम्हें ही खो दिया।
वह क्षोभ मुझे आज भी जलाता
शान्ति कहाँ मिलेगी ?
तुम्हारे एक बूंद आँसू से
मिलेगा मेरा दाम।

मेरे जीवन का संग्राम
झाँकने से मिलेगा
तुमसे न मिला जो प्यार
उसमें था स्वर्गीय धाम
वह स्वर्गीय धाम मुझे
तुम्हारे सीने में मिलेगा।

('मैं जब इस जीवन का' भूपेन हाजरिका के 'मइ येतिया एइ जीवनर' शीर्षक मूल असमीया गीत का हिन्दी अनुवाद है। यह गीत 1978 ई. में कोलकाता में रचा गया था।)

सुहाना संग है प्रिये

मूल (असमीया)–डॉ. भूपेन हाजरिका
अनुवाद–डॉ. रीतामणि वैश्य

सुहाना संग है प्रिये
मीठे हैं ये अंग
तुम्हारे अंग दहकती आग
और मैं पतंग हूँ!

जीवन में रस जितने
प्यास बढ़ती है उतनी
इस रात न छेड़ो प्रिये
बातों का प्रसंग।

चुपके से आना और जाना
कहते हैं प्यार पाना
आकाश ने बरसाया सुनो
मीठी जल-तरंग।

समाज के रीति रिवाज़
तोड़ना नया रिवाज़
आज की रात न जाना प्रिये
करके निस्संग।

तुम्हारे अंग दहकती आग
और मैं पतंग हूँ
कितने सुहाने अंग प्रिये
कितने सुहाने अंग।

('कितने सुहाने संग प्रिये' भूपेन हाजरिका के ' कि ये टोमार संग प्रिया' शीर्षक मूल असमीया गीत का हिन्दी अनुवाद है। यह गीत 1978 ई. में कोलकाता में लिखा गया था।

तुम्हारा कण्ठ छोड़कर मैं अपनी जन्मभूमि का नक्शा नहीं बना सकती (कविता)

मूल (असमीया)–डॉ. मामणि रयछम गोस्वामी
अनुवाद–रीतामणि वैश्य

तुम्हारा कण्ठ छोड़कर मैं
अपनी जन्मभूमि का नक्शा नहीं बना सकती
तुम्हारा कण्ठ फैला है
मेरी माँ के आकाश में, हवा में
बूढ़े लुइत की उत्ताल छाती पर
धनशिरी के रेशमी बालू पर
बूढ़ीदिहिङ की सफ़ेद घाट पर
लखिमपुर की रङानदी की चादर के आँचल पर
जगलीया के सुनहले पानी में।

भूपेन दा, तुम्हारा कण्ठ छोड़कर
मैं अपनी जन्मभूमि का नक्शा नहीं बना सकती
कहाँ जन्मा यह कण्ठ ?
कर्दम में या अमृत में ?
नहीं–यह प्रश्न मेरा नहीं है।
पर कैसा कण्ठ है यह ?
जो कण्ठ अमृत बनकर स्पर्श करता है
मेरी जन्मभूमि के असंख्य हृदय

यह कण्ठ कैसा है ?
जो कण्ठ हृदय के गर्भ में
घुसना जानता है–
पर नहीं जनता है निकलने का रास्ता।
मैं जानती हूँ, हृदय जीता नहीं जाता
बुद्धि या बारूद या राजनीति के चमत्कारी
खेल से
हृदय जीता जाता है
उस कण्ठ से
जिस कण्ठ का स्त्रोत शायद
त्रास और पीड़ा में तड़पते
बलिशाला को लिए गये
पशु के हृदय के गोपन हाहाकार में।
जिस कण्ठ का जन्म शायद
असंख्य जनता के
क्षोभ और वेदना से
फटे
हृदय के गोपन कक्ष में
ना–ये बातें मैं नहीं जानती
सिर्फ़ एक ही बात जानती हूँ
भूपेन दा, तुम्हारा कण्ठ
छोड़कर मैं अपनी जन्मभूमि का
नक्शा नहीं बना सकती।

मनुष्य के नाख़ून की नोच से
रक्ताक्त
बारूद के धुएँ से धूसरित
शंका और त्रास की अग्नि से
भस्मीभूत
मन के इस आकाश को
तुम्हारा कण्ठ देता है

मुक्ति का ममतामय सिहरन
इस कण्ठ में आशा है
है मानवप्रेम का
एक आकुल आह्वान।

भूपेन दा, तुम्हारा कण्ठ
इस युग का कण्ठ है
हवा में उड़ते
इसी युग की सफ़ेद ध्वजा
इस सफ़ेद ध्वजा के नीचे
है मेरी जन्मभूमि की सैकड़ों जनता।
भूपेन दा, तुम्हारा कण्ठ
जो कण्ठ हृदय में
घुस सकता है
पर नहीं जानता निकलने का रास्ता।
भूपेन दा, तुम्हारा कण्ठ छोड़कर
मैं अपनी जन्मभूमि का नक्शा
नहीं, नहीं बना सकती।

'भूपेन दा, डुमडुमा में तुमने मुझे एक गीत सुनाया था, मैंने बड़िहाट और मिर्जा पहाड़ी की छाया में बैठकर उस गीत की ध्वनि सुनी थी। भूपेन दा, तुम्हारे गीत हृदय तक जा सकते हैं, पर निकलने का रास्ता उन्हें नहीं पता। इसीलिए यह कविता तुम्हारे लिए, मेरा एक अनुभव है !! '

('तुम्हारा कण्ठ छोड़कर मैं अपनी जन्मभूमि का नक्शा नहीं बना सकती' मामणि रयछम गोस्वामी की 'तोमार कण्ठ बाद दि मइ मोर जन्मभूमिर नक्शा आँकिब नोवारौं' असमीया कविता का हिन्दी अनुवाद है।)

समाधि (कविता)

मूल (असमीया)-प्राध्यापक अवनी कुमार भागवती
हिन्दी अनुवाद-डॉ. रीतामणि वैश्य

समाधि देखी थी मैंने
पर एहसास नहीं किया था उसका अर्थ
समाधि में ठहरा भी था मैं
पर एहसास नहीं किया था उसका स्पर्श।

अभी समझा हूँ
मृत्यु की भी जड़ होती है
प्राण होते हैं
और होता है मन।

समाधि में नदी होती है
उसकी तेज़ धारा
जनता को जगाती है
कच्चे गाद में
मिलन का इन्द्रधनुष बनाती है।

समाधि में प्रेम रहता है
रहता है मिलन का अदृश्य बन्धन
विरह की अव्यक्त पीड़ा
समाधि को समाहित करती है।

समाधि में शान्ति रहती है
ढाढ़स रहता है
और रहती है
अस्फुट मुस्कुराहट
अनखिले फूलों का स्वप्निल बाग।

समाधि में ख़ून की बाती से
धीमे-धीमे जलता है दीया
रक्तिम उत्ताप वहाँ मीठी सुरक्षा बन
आर्त को उद्दीप्त करता है।

समाधि में सोया रहता है इतिहास
छिपी रहती है सत्ता
सृष्टि, शक्ति और दृष्टि
बहती रहती है स्मृति
स्वप्न अविराम।

समाधि तक उतर आता है उदार आकाश
आरोहण करता है सागर संगम
पूछता है तूफ़ान
बज्र की आर्तध्वनि से वहाँ
अग्नियुग की चिंगारी जलती है।

समाधि में मृत्यु ज़मीन को गले लगाती है
ज़मीन जीवन का आलिंगन करती है
अँधेरे के गर्भ में जन्म
आलोक यात्रा का आरम्भ करता है।

समाधि में हज़ारों शिशु
श्रावणों के सुरों का प्लावन

जागरूकता का बीज बोकर
समाधि को जगाता है।

समाधि में लोग हैं
मुर्दा
ज़िन्दा
जीने की आकांक्षा के साथ
मुमूर्ष हज़ारों लोग हैं।

मनुष्य केवल मनुष्य
एक ही गर्भ के एक ही रक्त के
एक ही नाव से आरोहण-अवरोहण करते
जीवन की कुटिल धारा में
मानवता के छन्द के संधान में
मनुष्य
केवल मनुष्य।

('समाधि' प्राध्यापक अवनी कुमार भागवती की मूल असमीया कविता 'समाधि' का हिन्दी अनुवाद है। डॉ. भूपेन हाजरिका की पुण्यतिथि पर उनके प्रति श्रद्धांजलि देते हुए कवि ने यह कविता लिखी है।)

परिशिष्ट

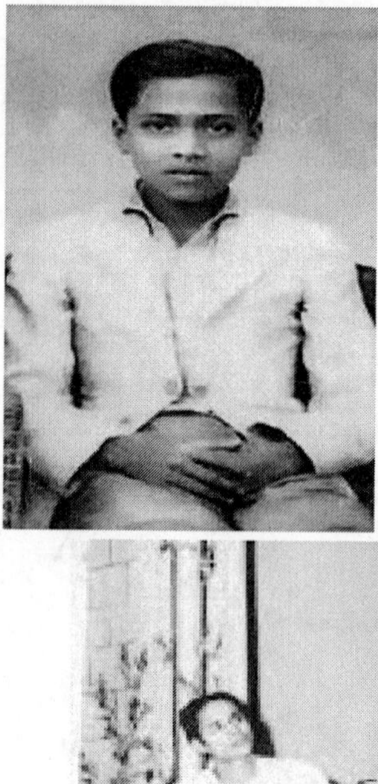

बालक भूपेन हाजरिका

स्टूडियो में गीत रिकॉर्ड करते हुए भूपेन हाजरिका

मोहम्मद रफ़ी के साथ स्टूडियो में भूपेन हाजरिका

लता मंगेशकर के साथ भूपेन हाजरिका

पत्नी प्रियंवदा पटेल और पुत्र तेज के साथ

कल्पना लाज़मी के साथ भूपेन हाजरिका

तेज और भूपेन हाजरिका

राष्ट्रपति शंकरदयाल शर्मा से दादा साहेब फाल्के पुरस्कार (1992) लेते हुए भूपेन हाजरिका

राष्ट्रपति के आर नारायणन से पद्‌म भूषण पुरस्कार लेते हुए (2001)

राष्ट्रपति प्रतिभा पाटिल से संगीत नाटक अकादमी फेलोशिप (2008) लेते हुए भूपेन हाजरिका

राष्ट्रपति रामनाथ कोविंद से पिता भूपेन हाजरिका का भारत रत्न पुरस्कार लेते हुए पुत्र तेज हाजरिका (2019)

भारत रत्न के साथ तेज

अंतिम यात्रा में भूपेन हाजरिका

भूपेन हाजरिका का अंतिम संस्कार करते हुए पुत्र तेज हाजरिका

अपने भाई को समाधिक्षेत्र में श्रद्धांजलि देते हुए
बहन सुदक्षिणा शर्मा

समाधिक्षेत्र का प्रवेश द्वार

समाधिक्षेत्र में भूपेन हाजरिका की प्रतिमा

समाधिक्षेत्र की एक झलक

समाधिक्षेत्र की एक झलक